中華民國

合作社法規彙編

蘇佳善———編著

# 推薦序

　　我國合作事業始於民初，由孫中山先生自歐洲引入國內，在其民生主義中表示，分配之社會化是歐美近年來經濟進化的一種方式，也是一種新發明，這種新發明，叫做合作社，希望未來中國的實業能建立在合作的基礎之上。民國16年6月，薛仙舟先生草擬「全國合作化方案」，作為推動合作事業的藍圖。

　　惟將合作事業當作制度化來推動的，應追溯到民國23年3月1日，國民政府公布的《合作社法》及民國24年8月19日實業部公布的《合作社法施行細則》。迨至民國36年1月1日公布《憲法》時，於第108條至110條規定，中央、省、縣須立法推動合作事業，並於第145條明定「合作事業應受國家之獎勵與扶助」。自此，我國合作事業始具法制化的基礎。

　　日後，隨著抗日、內戰、遷臺，政府為了有效推動總體經濟發展，乃在不同的發展階段發布不同的合作法規，類別為：辦法、章程、準則、規則、條例、細則及規程等；期間，民國82年12月3日頒布《信用合作社法》，民國86年5月21日頒布《儲蓄互助社法》。相較八十餘年前《合作社法》實施之際，今日我國合作事業法制化的架構已較完整，令人欣慰；但在這漫長的發展過程，合作法規的相關文獻始終未曾作過系統的整理，殊感可惜。

　　去年，本人承內政部及中華民國合作事業協會聘請，擔任《中華民國臺灣合作社運動發展史》主編的工作，有幸與國內產、官、學之合作界菁英共事，齊為百年來我國合作社運動走過的足跡寫下忠實的記載，供各界參考。

　　在編撰《中華民國臺灣合作社運動發展史》過程，令我印象深刻的是內政部蘇佳善科長的敬業精神。蘇科長負責編寫第二篇合作

法規的演進，共計三章，依規定，每章以一萬字為原則，蘇科長只要完成三萬字左右即可；然而，由於蘇科長蒐集的資料甚為豐富，若要一一詳述，字數一定會超過許多，與原撰寫計畫頗有出入。史料如何割捨，確實困擾著我。鑒於整體作業的考量，又要保留得之不易的史料，當時我建議蘇科長，可考慮將蒐集的資料另行撰寫一本《合作社法發展史》之類的書籍，以饗讀者。

當時一句試探的期許，蘇科長卻認真地落實下來，今日呈現在各位面前的《中華民國合作社法規彙編》，即是蘇科長努力的成果。可以想像，在其公務繁忙之後，夜夜埋首案頭，蒐集、整理、編撰我國百年來合作社相關的法規，其執著的意念，讓人感佩。尤其是精省後，在大量文獻失散的情況下，欲將史料作系統的蒐集、整理已屬不易，何況還要將零散的史料彙整成具有歷史價值的書籍，更是不易。此書的完成，最具代表的意義是：為我國合作文獻填補了歷史的缺口，為日後學術研究、合作教育及政府研擬合作政策，提供了寶貴的資料，助益頗大，值得讚許。

《中華民國合作社法規彙編》是以《合作社法》、《信用合作社法》、《儲蓄互助社法》為經，以合作社相關的辦法、章程、準則、規則、條例、細則、規程等法規或法條為緯，編撰而成的財經法律工具書。全書分成三篇，第一篇以《憲法》中提到合作事業之條文（4條）為主。第二篇以合作社的專屬法規為主，分成內政（11種）、金融（18種）兩大類。第三篇以非合作社專屬法規的法條為主，亦即以合作社專屬法規之外的法條為對象，條文中涉及到合作社、合作農場、合作事業等事務者，均歸類在此篇，包括內政（19條）、金融（61條）、農業（57條）、財政（28條）、經濟（10條）、勞動（5條）、衛生福利（7條）、原住民（6條）、交通（8條）、教育（1條）、法務（5條）及其他（10條）等十二大類法條。對於因時代環境變遷而廢止的合作法規（84種），不論是以合作社為法規名稱者，或是以法規條文中有合作社、合作農場、

合作事業等字樣者，經彙整後呈現在附錄中。

　　從本書整體架構來觀察，第二篇為我國合作事業的專屬法規。作者以《憲法》作為開端，揭示合作事業應受國家獎勵與扶助，蓋因發展合作事業為我國基本國策，也是各級地方政府須配合推動的政策。其次，作者透過各類合作社的立法，顯示我國合作事業的立法有逐漸走向分業立法的趨勢，這一趨勢可從23年3月1日公布《合作社法》後，又相繼於民國82年12月3日頒布《信用合作社法》，民國86年5月21日頒布《儲蓄互助社法》得知。分業立法，是否為合作界所需？能否激勵我國合作事業再次蓬勃發展？相信在基本國策思維下，這本書給了我們一個具有歷史縱深的探討空間，重構《合作社法》的定位，應定位在示範法（model law）的性質？或是基本法（basic law）的性質？或是多數國家正在推動的架構法（framework law）的性質？種種的可能，皆可從這本書作完整的歷史回顧，找到合宜的答案。

　　第三篇是作者精心創作的貢獻，可以提醒國內各界，從非合作事業的角度來瞭解合作社存在的價值。作者網羅了十二類非合作事業的專屬法規，將各法規中涉及到合作社的條文，一一臚列出來，前後217條文，頗為豐富，可謂是國內合作界的創舉，深具意義。從217條文可瞭解，我國合作事業的法規與其他事業的法規具有競合的關係。透過競合關係的認識，可知合作社能在其他事業領域發展，為研究財經法律的人士提供了新的研究方向，一方面可以探討哪些事業的發展需要合作社？法理為何？另一方面也可以研究合作社對於哪些事業的發展有其重要性？原因為何？這些研討的方向，正是目前國際合作社聯盟（ICA）重視的發展領域。面對這些問題，本書將會帶領我們突破原有的思維，拓展我們研究的視野，重新體認合作事業的功能。

　　若進一步觀察會發現，在217條文中，我國合作事業涉及到金融、農業等領域者居多，其次是涉及到財政、內政、經濟等領域，再其次是涉及到交通、衛生福利、原住民、法務等領域，涉及到教

育領域者甚微。從這一現象得知，若參考歐美國家的發展經驗，未來我國合作事業尚可在衛生福利、原住民及教育等領域擴大推展，嘉惠更多的平民百姓。本書在這一方面的呈現，確實為合作界指出我國合作事業永續發展的利基，同時也提供政府作為未來輔導合作事業有效的發展策略。

近年，我國合作事業或合作經濟的研究，大多偏重在理論的建構與實務的講解，對於合作法規的探討相對較少，縱使有也僅限於修法的研討，能夠從歷史的背景，綜覽我國合作法規並同時結合其他領域有關的合作社法條，本書可謂是首見，其代表的意義不是第一或第二，而是進一步詮釋了「合作法規」這四個字的意義，從傳統合作事業的自我視界，走向融入非合作事業的他人視界，這是作者為合作事業做的新突破，令人欣慰。

從我國合作法規的演變，可以看到我國合作事業的變遷，從我國合作事業的變遷可以察覺我國社會經濟的轉變，例如民國六十年代世界石油價格飛漲，造成全球停滯性通貨膨脹，為了解決這一問題，政府毅然決然地推動消費合作社，訂定相應的合作法規，最後終於平抑物價，度過難關。我們可以這麼認為，合作法規或許是我國社會經濟發展的視窗，看到百年來我國社會經發展的概況。若從這一角度來看，我認為這本書雖屬工具書，但作者卻為我們建立了通向瞭解合作事業變遷、社會經濟轉變的視窗，讓我們知道該去擦亮這片視窗的時候。

最後，站在國內合作界的立場，本人慎重地推薦這本好書，相信讀者可以從閱讀中領悟到合作的理念，看到合作社的優勢，發現合作事業的價值。我衷心盼望合作界能夠繼續出版更多的好書，作為推動合作事業發展的動力。

于躍門

逢甲大學合作經濟學系教授

財團法人台灣合作事業發展基金會董事

# 推薦序

　　合作社是依平等原則，實踐互助合作與民主治理理想，以共同經營方法，謀社員經濟利益與生活改善所成立的非盈利組織。儘管合作社在我國發展已有百年以上歷史，其服務觸角也涵蓋農、漁、消費、金融、醫療、住房、工業、保險、旅遊……等各個領域，可謂是庶民經濟政策最佳典範，也是社會企業最適當的代言者。但國人對合作社的印象可能只是一知半解，聞其名而不解其意。例如較廣為人知的「信用合作社」、「學校員生合作社」、「青果合作社」，或「公教福利社」等等，望文生義即知其是合作社；但例如「主婦聯盟」或「嘉南羊乳」，一般人則未必瞭解他們其實也是合作社。而有些仍然頂著合作社的招牌，事實上已轉型為盈利性的公司型態，例如青果合作社、全聯福利社等。

　　尤其，合作社究竟如何組織？如何營運？社員與合作社的權利義務關係為何？大家恐怕更是一知半解。國內除了制定於1934年、而於一甲子之後的2015年大修的合作社法之外，其實尚有分散在數百個專業法規的相關規定。所謂「工欲善其事，必先利其器」，身處現代法治時代，人民如何充分掌握完整訊息，以維護、保障自身合法權益？政府相關人員如何正確適用法律，以積極活絡合作社發展？在在需要一部實用的法規彙編。但法律浩瀚交疊，如果缺乏專業的訓練、廣闊的視角與抽絲剝繭的能力，如何編纂出這一部法規彙編？

　　作者是我服務內政部時的同事，因業務關係，彼此有較多互動，深知其為人誠懇上進，處事認真負責，治學嚴謹。據悉，於其擔任內政部新聞科科長任內，曾將日積月累的實務經驗，撰寫成一份有關形象塑造與新聞處理策略教戰，受到時任部長（現任監察院

院長）張博雅女士的肯定；之後，又受前部長（現任立法院院長）蘇嘉全拔擢，負責主管全國性社會團體業務，於繁忙的公餘之暇，完成碩士學位，其碩士論文也以業務出發，探討兩岸三地公民社會的問題與發展方向，是政府部門中少數能結合公民社會理論基礎與實務經驗的政府官員[1]。

值內政部將完成組改、可能成立「人民團體與合作司」前夕，欣聞作者將出版《中華民國合作社法規彙編》，央我作序，當看到本書相關目錄時發現，原來與合作社業務有關的部會竟多達十個以上，包括內政部、金融監督管理委員會、經濟部、財政部、勞動部、衛生福利部、行政院農業委員會、教育部、原住民族委員會、交通部，而相關法規也逾二百種以上，作者的整理與發現，不啻是一大貢獻。而本書也是一本專門為合作社界量身定製的工具書，提供國內合作社界重新認識合作社的發展環境與契機，更值政府機關業務參考。我一方面樂於撰文推薦，一方面也期許本書能年年更新、生生不息。

劉文仕

行政院法規委員會主任委員

---

[1] 該論文受到相關領域學者的重視與肯定，作者即以論文論述為基礎，整編增修出版專書，《民主推進器──兩岸三地的公民社會》。作者現仍繼續在中國文化大學國家發展與中國大陸研究所攻讀博士學位，可謂好學不倦。

# 序言

　　合作事業是重要的社會福利政策之一，在全球經濟不景氣及貧富懸殊愈來愈大的社會中，它是協助人們脫貧，互助合作改善生活環境及善盡社會責任的一種絕佳的經濟模式。

　　合作事業與合作運動及合作制度，分別導源於十八世紀中葉歐陸國家，尤其是在法國、英國及德國均曾蓬勃發展，受惠無數經濟弱勢者。合作社之發軔背景，係緣於工業革命及資本主義興起後，對社會所帶來的衝擊與影響，造成空前的社會貧富不均，多數的人們在經濟上處於相對弱勢。在此前提下，這種以合作為基礎，規模較小，資本不多，成本低的合作事業於焉而生。自十九世紀末，合作社傳遍歐洲各國，至二十世紀又由歐洲傳遍全球各地，並為各國競相效法學習，全球逾半以上國家都有合作社，蔚為一股國際性合作社事業運動風潮。

　　合作思想和合作理論大約在1910年前後，從歐洲傳播至中國（指大陸時期），發展迄今已逾一世紀。國民政府奠都南京後，民國17年2月，中國國民黨第二屆四中全會通過「組織合作運動委員會建議案」，此為我國合作政策之發軔；同年10月中央179次常會通過，將合作運動列為下級黨部工作綱領，通令各級黨部遵行。此後，中國國民黨乃積極推行合作運動，策劃建立各種合作體制，以加速合作事業之推展效能，初期合作政策係以「復興農村」為重點。

　　民國26年6月1日政府公布中華民國訓政時期約法，以「發展農村經濟，改善農民生活，增進佃農福利。」；「國家應設立農業金融機關，獎勵農村合作事業，為謀國民經濟之發展，國家應提倡各種合作事業。」同年11月17日第四屆國民大會通過「合作事業之提倡」，為訓政時期國計民生實施方針之一。民國23年3月1日國民政

府公布「合作社法」，民國24年8月19日實業部公布「合作社法施行細則」，並於9月1日由實業部（即今之經濟部）以部令公布合作社法與施行細則同時施行，以為全國合作事業發展之法令依據，為於實業部設置合作司，為全國最高合作行政機關，掌理全國合作行政。翌年10月實業部訂定「合作行政設施原則」。民國35年制定憲法時將「合作事業」明定於憲法條文第108條至110條規定中央、省、縣均應立法推動合作事業；憲法第145條並明定「合作事業應受國家之獎勵與扶助。」列入於基本國策之中。可見合作事業在二戰結束前後，在我國經濟與社會發展上均佔有一席之地。

　　而臺灣合作事業從日據時期開始至政府播遷臺灣發展迄今亦已逾百年歷史，發展根基深厚。合作事業既有憲法的保障及合作社法相關法令的規範，又受政府在背後的大力推動與支持，推行初期，在全省二千多所國民學校辦理合作社和少數社區合作社，營造一股合作事業運動的風潮，成為當時政府施政的重點工作之一。在這樣的根基上，我國合作事業理應有良好的發展與成果才是！但事實卻不然！合作事業在臺灣推展數十年，不僅不如預期，目前還面臨經營上的困難與瓶頸，甚至呈現發展萎縮或倒退的現象，根據合作社從1984年（內政部1984年始有統計資料）的4269家，發展至高峰期時，合作社家數達5500餘，但到2013年僅剩4500多家，合作社的成長宛如經濟成長曲線，由初期的萌芽到成長高峰到衰退。深信這樣的結果絕對不是政府與合作社界人士所樂見。這與政府對合作事業的重視程度，埋下日後合作社積弱不振的重要因素之一有關，民國35年8月在臺灣省行政長官公署民政處下設「合作事業管理委員會」，主管全省合作事業的整理與推展。民國36年6月合作事業管理委員會升格，直隸臺灣省政府，主任委員乙職由省主席兼任，可惜僅僅短短一年多。民國37年改組為「臺灣省合作事業管理處」後，改隸屬於臺灣省政府社會處，改由社會處長兼任，位階由省府的二級機關改為三級機關，以及精省時將原臺灣省合作事業管理處裁撤

併入中央內政部社會司，乃至政府組織改造後，合作社業務更與人民團體合併，定位為民間組織。至此，合作社可謂是從此自社會福利範疇剝離，曝露出政府對合作事業的無知與漠視之態度。而少了政府重視的合作事業如何在競爭激烈環境中走出一條活路，著實是一件非常艱鉅與孤獨的任務。另根據國內學者研究觀察，分析臚列出合作社十大經營困難的問題，這些困難包括：經營規模小、資金短缺、領導者觀念偏差、社員合作意識薄弱、社會大眾缺乏對合作社的正確認知、人才不足、過度依賴政府補助、相關法令未能配合環境的變遷、未建立各類合作事業體系、聯合社功能不彰等問題。另外，主管機關的保守與忽視，未彙整與合作社相關的法規，提供給合作界業參考，導致政府規範與合作社業務相關的法規形同虛設，隱而不顯！讓合作界誤以為政府對推動合作社業務不重視，因而錯失對法規的認識，爭取應有的權益的機會！概不知有法，自然無從著手；反之，既知有法，自可循法申辦。

　　一般人對於合作社的概念，可能大部分停留在員生消費合作社的印象，亦即可以在那裡買到比外面商品店還便宜的日常生活用品！其實，合作社所能發揮的功能，絕對不只是販賣便宜日常用品而已，依據國際合作社聯盟（簡稱ICA）2010年的統計資料，全世界最大的300家合作社總共創造了2兆美元的營收。在全球各地都創下不凡的營運績效。

　　個人因職務關係而接觸此一領域，並有幸參與「臺灣合作社運動史」的撰寫工作，負責該書第二篇合作社行政與法規的演進，得以認識合作社在我國之發展歷程，在完成該篇章後，發現有關合作社的法規似乎不是只有《合作社法及其施行細則》、《信用合作社法及其施行細則》，《儲蓄互助社法》等等十數種相關法規而已！惟從內政部合作事業入口網站中列有17種合作社主要相關法規命令，以及由財團法人台灣合作事業發展基金會印行之「合作社的組織」一書中列有12種法規（有部分與前揭重複）。以這樣有限的資

訊，不啻普羅大眾難以一窺合作社之全貌，導致在業務推動上由於嚴重缺乏法規方面的資訊，許多有關合作社發展的權益可能因而流（錯）失。有鑑於此，遂將個人蒐集之法規數（約70種）向逢甲大學合作經濟系于躍門教授透露與請益，沒想到他不僅一方面肯定個人的用心外，亦覺得不可思議竟有這麼多與合作社有關的法規，遂建議說：「我可以考慮出版合作社法規彙編，以做為合作社的參考工具書！」就是這句話，再加上身在公門擔任合作行政管理主管職務，以及抱著回饋合作社的使命，啟心動念讓一頭栽進合作法規的編撰工作。歷經數月蒐集合作社相關法規結果，發現竟有多達二百多種法規與合作社有關。其中以合作社（合作農場、合作事業或儲蓄互助為名的法規約有30種，如合作社法、信用合作社法等，其中信用合作社適用之相關法規即逾百種以上，這類的法規均全部將條文呈現；而非以合作社為法規名稱，但在法規條文內容有與合作社業務有關的規定竟超過200種以上，如地方制度法、土地法、所得稅法、農會法（其中農會法中有納入「農業合作社法」）、漁會法等是。亦有將合作社定義為農業組織，如菸酒管理法施行細則第5條規定，本法第九條第二項所稱農業組織，指依法設立之農會、農業產銷班、農業合作社、合作農場或其他農業組織。

為了方便查詢，個人將之整理成兩種版本，一種是除將所有以「合作社」為法規名稱暨非以合作社為法規名稱的法規全文呈現外，非以合作社為法規名稱的法規，則於該法規前面將條文內容有與合作社業務有關的規定，另外單獨列出處理，以便查閱；另一種是將所有以「合作社」為法規名稱的法規全文呈現外，至非以合作社為法規名稱的法規，僅將該法規條文內容有與合作社業務有關的規定呈現，既便查閱，又可減少過多的篇幅，兩者落差前者約160萬字；後者約24萬字。

有道是：「工欲善其事，必先利其器」，有關這本工具書，具有幾個特點：

第一獨特性，國內有關法規工具書，像這樣的編輯並不多見，尤其是官方出版之法規彙編，一般只出版該部門（單位）有關的單行法規，很少會出版跨部會的法規，本書涉及中央之部會，包括行政院、立法院、司法院、內政部、金融監督管理委員會、經濟部、財政部、勞動部、衛生福利部、行政院農業委員會、教育部、原住民族委員會、交通部、法務部、國防部、行政院人事總處、行政院公共工程委員會、行政院通訊傳播委員會、中央銀行等等；

第二單一性，這是一本專門為合作社界量身訂製所編撰之合作社法規的工具書；第三價值性，本工具書除可協助合作社界人士瞭解合作社法規所涉及的領域與範圍外，亦可提供社會大眾認識合作社的訊息管道；

第四學術性，本工具書的編輯方式獨特與稀有，如同合作社法規全書，具有學術參考價值。冀望合作社法規全書的出版能為臺灣的合作社界略盡棉薄之力，更期待在104年5月19日立法院三讀通過，總統於104年6月3日公布，這部長達39年未曾大幅度修正的《合作社法》能為臺灣合作社事業注入新的活水與發展契機。再為我國合作事業創造的新史頁與高峰。

本工具書得以出版，要感謝逢甲大學于躍門教授的啟迪與鼓勵，沒有于教授的驚人之語，就不會今天的成果，也要感謝秀威資訊出版社再度的鼎力相助，之前已承該公司之支持，出版個人第一本著作「民主推進器—兩岸三地的公民社會」！然個人才疏學淺，有關合作社相關法規範圍包羅甚廣，或有疏漏之虞，如政府部門訂頒之合作社行政規定或計劃等措施，大多屬內部參考之用並未對外公開，蒐集極為不易，即是其中之一，故不在本書收錄之列。希望本書能提供國內相關合作社界或學術界參考價值！

蘇佳善　謹識於臺北
2016年

# 編輯凡例

一、本工具書之排例方式，係先以合作社法為法規名稱先列（含主
　　管機關）；

二、其次，非以合作社為名，卻與合作社業務有關之法規，依主管
　　機關分類及依法規筆劃排列各該機關所主管法規；

三、再次，為讓使用者瞭解法規之修法紀錄，列出法規之立法沿革。
　　其編列方式如下：

　　（一）以合作社為名之法規，其立法沿革即予全部呈現，如
　　　　　如合作社法「1.」中華民國23年3月1日國民政府制定公
　　　　　布」，「2.」中華民國28年11月17日國民政府修正公布
　　　　　全文77條表示合作社法第一次修正，以下類推，至該立
　　　　　法沿革所列最後序號「9.」，其後並無出現「10.」之序
　　　　　號時，即表示「9.」之序號即是合作社法最近（後）的
　　　　　修正日期，如「9.」中華民國104年6月3日總統華總一
　　　　　義字第10400064411號令修正公布」。

　　（二）非以合作社法規為名之法規，僅以局部呈現，如全民
　　　　　健康保險法施行細則，1.中華民國84年1月28日行政院
　　　　　衛生署（84）衛署健保字第84005705號令訂定發布全文
　　　　　72條及13.中華民國101年10月30日行政院衛生署衛署健
　　　　　保字第1012660265號令修正發布全文73條；並自102年
　　　　　1月1日施行，中華民國102年10月25日行政院院臺規字
　　　　　第1020151451號公告第16條第1項、第2項、第63條第2
　　　　　項所列屬「行政院國軍退除役官兵輔導委員會」之權
　　　　　責事項，自102年11月1日起改由「國軍退除役官兵輔導
　　　　　委員會」管轄（表示該施行細則第13次修正，最新修正

時間為101年10月30日）。又如建築技術規則建築設計施工編之立法沿革：1.中華民國34年2月16日內政部訂定發布；76.中華民國103年11月26日內政部台內營字第1030813211號令修正發布第99-1、128條條文；並自104年1月1日施行。即表示其原始與最近之法規動態，因鑒於非以合作社法規為名之法規每次修法不一定皆與合作社條文有關，且有些法規修達數十次之多，如所得稅法修法60次；保險法修法有23次；農會法修法20次；漁會法修28次等，故省略將全部立法沿革全部呈現。

有道是：「工欲善其事，必先利其器」，有關這本工具書，具有幾個特點：

第一獨特性，國內有關法規工具書，像這樣的編輯並不多見，尤其是官方出版之法規彙編，一般只出版該部門（單位）有關的單行法規，很少會出版跨部會的法規，本書涉及中央之部會，包括行政院、立法院、司法院、內政部、金融監督管理委員會、經濟部、財政部、勞動部、衛生福利部、行政院農業委員會、教育部、原住民族委員會、交通部、法務部、國防部、行政院人事總處、行政院公共工程委員會、行政院通訊傳播委員會、中央銀行等等；第二單一性，這是一本專門為合作社界量身訂製所編撰之合作社法規的工具書；第三價值性，本工具書除可協助合作社界人士瞭解合作社法規所涉及的領域與範圍外，亦可提供社會大眾認識合作社的訊息管道；

第四收藏性，本工具書的編輯方式獨特與稀有，如同合作社法規全書，具有收藏與學術參考價值。冀望合作社法規全書的出版能為臺灣的合作社界略盡棉薄之力，更期待在104年5月19日立法院三讀通過，總統於104年6月3日公布，這部長達39年未曾大幅度修正的《合作社法》能為臺灣合作社事業注入新的活水與發展契機。再為我國合作事業創造的新史頁與高峰。

　　本書得以出版，首先，要感謝逢甲大學于躍門教授的啟迪與鼓勵，沒有于教授的驚人之語，就不會今天的成果；其次，也要感謝秀威資訊出版社再度的鼎力相助，之前已承該公司之支持，出版個人第一本著作「民主推進器—兩岸三地的公民社會」；最後，謹以此書告慰高齡97歲的母親在天之靈（於104年7月仙逝）！在我整理此書時，母親的健康已經出現問題！不久，即離開人世！讓個人深感愧疚與遺憾!!來不及再度和母親分享本書付梓之喜悅！

蘇佳善　謹識於臺北

2016年

# 目次 contents

推薦序／于躍門　　　　　　　　　　　　　　　　　003

推薦序／劉文仕　　　　　　　　　　　　　　　　　007

序言　　　　　　　　　　　　　　　　　　　　　　009

編輯凡例　　　　　　　　　　　　　　　　　　　　014

## 第一篇　中華民國憲法

中華民國憲法　　　　　　　　　　　　　　　　　030

## 第二篇　法規名稱為合作社

一、內政　　　　　　　　　　　　　　　　　　　　034

合作社法　　　　　　　　　　　　　　　　　　　034

合作社法施行細則　　　　　　　　　　　　　　　052

合作社帳目審查辦法　　　　　　　　　　　　　　054

合作事業獎勵規則　　　　　　　　　　　　　　　055

合作社監事會監查規則　　　　　　　　　　　　　058

合作社選舉罷免辦法　　　　　　　　　　　　　　060

合作社組織編制及經費處理準則　　　　　　　　　070

合作社組織編制及人事管理準則　　　　　　　　　071

計程車運輸合作社設置管理辦法　　　　　　　　　073

儲蓄互助社法　　　　　　　　　　　　　　　　　081

儲蓄互助社土地及建築改良物更名作業辦法　　　　089

二、金融                                                                      091

　　信用合作社法                                                              091

　　信用合作社法施行細則                                                      108

　　信用合作社法準用銀行法第三十三條授權規定事項辦法         109

　　信用合作社合併程序及辦法                                                  111

　　信用合作社資金轉存及融通辦法                                              116

　　信用合作社授信審議委員會組織準則                                          119

　　信用合作社社員代表理事監事經理人應具備資格條件及選聘

　　　　辦法                                                                  121

　　信用合作社變更組織為商業銀行之標準及辦法                 136

　　信用合作社業務輔導辦法                                                    140

　　信用合作社資本適足性及資本等級管理辦法                   142

　　信用合作社資產評估損失準備提列及逾期放款催收款呆帳

　　　　處理辦法                                                              146

　　信用合作社年報應行記載事項準則                                            152

　　信用合作社投資有價證券辦法                                                162

　　信用合作社非社員交易限額標準                                              168

　　信用合作社業務區域辦法                                                    170

　　信用合作社對同一人或同一關係人之授信限額標準             173

　　學校餐廳廚房員生消費合作社衛生管理辦法                   177

　　原住民合作社輔導考核及獎勵辦法                                            183


第三篇　法規條文明定有合作社、合作農場、合作事業等條文

一、內政                                                                      188

　　土地法相關條文                                                            188

　　內政部組織法相關條文                                                      188

　　內政部處務規程相關條文                                                    189

　　內政部專業獎章頒給辦法相關條文                                            191

內政部警政署保安警察第一總隊辦事細則相關條文　　191

公有山坡地放領辦法相關條文　　192

平均地權條例相關條文　　192

平均地權條例施行細則相關條文　　194

外國人未依規定使用其投資取得國內土地及其改良物逕為
　　標售辦法相關條文　　195

地方制度法相關條文　　195

地籍清理未能釐清權屬土地代為標售辦法相關條文　　200

建築技術規則建築設計施工編相關條文　　201

國有耕地放租實施辦法相關條文　　203

國有耕地放領實施辦法相關條文　　204

國民涉嫌重大經濟犯罪重大刑事案件或有犯罪習慣不予許可
　　或禁止入出國認定標準相關條文　　204

祭祀公業未能釐清權屬土地代為標售辦法相關條文　　205

都市計畫法臺灣省施行細則相關條文　　206

營造業法施行細則相關條文　　212

二、金融　　213

公正第三人認可及其公開拍賣程序辦法相關條文　　213

合作金庫條例施行細則相關條文　　214

存款保險條例相關條文　　215

存款保險條例施行細則相關條文　　216

行政院金融重建基金設置及管理條例相關條文　　217

金融控股公司及銀行業內部控制及稽核制度實施辦法相關
　　條文　　218

金融控股公司發起人負責人應具備資格條件負責人兼職限制
　　及應遵行事項準則相關條文　　222

金融監督管理委員會指定非公務機關個人資料檔案安全維護
　　辦法相關條文　　224

金融監督管理委員會監理年費檢查費計繳標準及規費收取
　辦法相關條文　225
金融監督管理委員會組織法相關條文　226
金融監督管理委員會銀行局組織法相關條文　227
金融監督管理委員會銀行局處務規程相關條文　227
金融監督管理委員會檢查局處務規程相關條文　229
金融機構申請參加存款保險審核標準相關條文　230
金融機構合併法相關條文　231
金融機構存款及其他各種負債準備金調整及查核辦法相關
　條文　232
金融機構安全維護管理辦法相關條文　233
金融機構作業委託他人處理內部作業制度及程序辦法相關
　條文　233
金融機構非營業用辦公場所管理辦法相關條文　234
金融機構國內分支機構管理辦法相關條文　234
金融機構接管辦法相關條文　238
金融機構監管辦法相關條文　239
金融機構營業場所外自動化服務設備管理辦法相關條文　239
信用卡業務機構管理辦法相關條文　239
信用評等事業管理規則相關條文　241
信託業負責人應具備資格條件暨經營與管理人員應具備信託
　專門學識或經驗準則相關條文　243
保險公證人管理規則相關條文　245
保險代理人管理規則相關條文　248
保險法相關條文　253
保險法施行細則相關條文　258
保險業內部控制及稽核制度實施辦法相關條文　259
保險業負責人應具備資格條件準則相關條文　260

保險業務員管理規則相關條文 262

保險業設立許可及管理辦法相關條文 264

保險經紀人管理規則相關條文 264

財產保險業辦理資訊公開管理辦法相關條文 268

票券商負責人及業務人員管理規則相關條文 271

票據交換及銀行間劃撥結算業務管理辦法相關條文 273

票據法相關條文 274

期貨交易法相關條文 274

期貨信託事業設置標準相關條文 275

期貨商負責人及業務員管理規則相關條文 277

期貨商設置標準相關條文 278

期貨經理事業設置標準相關條文 279

期貨顧問事業管理規則相關條文 280

發行人證券商證券交易所會計主管資格條件及專業進修辦法
    相關條文 281

短期票券集中保管結算機構許可及管理辦法相關條文 282

郵政儲金匯兌業務監督管理辦法相關條文 283

郵政簡易人壽保險監督管理辦法相關條文 285

會計師查核簽證金融業財務報表規則相關條文 288

電子支付機構業務管理規則相關條文 288

電子票證發行機構負責人兼職限制及應遵行事項準則相關
    條文 290

臺灣地區與大陸地區金融業務往來及投資許可管理辦法相關
    條文 291

與境外機構合作或協助境外機構於我國境內從事電子支付
    機構業務相關行為管理辦法相關條文 292

銀行法相關條文 294

銀行相關業務公益信託許可及監督辦法相關條文 295

銀行負責人應具備資格條件兼職限制及應遵行事項準則
　　相關條文　　　　　　　　　　　　　　　　　　295
銀行間資金移轉帳務清算之金融資訊服務事業許可及管理
　　辦法相關條文　　　　　　　　　　　　　　　　299
銀行間徵信資料處理交換服務事業許可及管理辦法相關條文　301
銀行業暨保險業辦理消費者信用交易廣告應揭示總費用範圍
　　及年百分率計算方式標準相關條文　　　　　　　　303
銀行業辦理外匯業務管理辦法相關條文　　　　　　　　303
證券商負責人與業務人員管理規則相關條文　　　　　　305

三、農業　　　　　　　　　　　　　　　　　　　　　306
行政院農業委員會科學技術研究發展成果歸屬及運用辦法
　　相關條文　　　　　　　　　　　　　　　　　　306
行政院農業委員會辦事細則相關條文　　　　　　　　306
行政院農業委員會漁業署組織條例相關條文　　　　　309
行政院農業委員會漁業署辦事細則相關條文　　　　　310
全國農業金庫獨立董事設置及應遵行事項辦法相關條文　312
全國農業金庫獨立監察人及授信審議委員應具備資格條件
　　準則相關條文　　　　　　　　　　　　　　　　314
休閒農業輔導管理辦法相關條文　　　　　　　　　　316
有機農產品及有機農產加工品驗證管理辦法相關條文　　318
乳業管理輔導辦法相關條文　　　　　　　　　　　　318
家畜保險辦法相關條文　　　　　　　　　　　　　　319
畜牧法相關條文　　　　　　　　　　　　　　　　　321
財團法人中央畜產會設置辦法相關條文　　　　　　　322
動物用藥品販賣業管理辦法相關條文　　　　　　　　322
森林法相關條文　　　　　　　　　　　　　　　　　323
農產品市場交易法相關條文　　　　　　　　　　　　323
農產品市場交易法施行細則相關條文　　　　　　　　324

農產品批發市場管理辦法相關條文　　　　　　325

農產品受進口損害救助辦法相關條文　　　　　325

農會法相關條文　　　　　　　　　　　　　　325

農會信用部業務管理辦法相關條文　　　　　　328

農會漁會信用部主任應具備資格條件及聘任解任辦法相關
　　條文　　　　　　　　　　　　　　　　　329

農會總幹事遴選辦法相關條文　　　　　　　　331

農業產銷班設立暨輔導辦法相關條文　　　　　332

農業發展條例相關條文　　　　　　　　　　　333

農民團體共同運銷輔導獎勵監督辦法相關條文　338

農民團體農業企業機構及農業試驗研究機構申請承受耕地
　　移轉許可準則相關條文　　　　　　　　　339

農產品分級包裝標準與實施辦法相關條文　　　341

農會考核辦法相關條文　　　　　　　　　　　342

農業主管機關受理申請許可案件及核發證明文件收費標準
　　相關條文　　　　　　　　　　　　　　　343

農業研究教育及推廣合作辦法相關條文　　　　344

農業科技園區設置管理條例相關條文　　　　　345

農業動力用電範圍及標準相關條文　　　　　　345

農業推廣機關（構）評鑑獎勵辦法相關條文　　346

農業廢棄物共同清除處理機構管理辦法相關條文　347

漁會法相關條文　　　　　　　　　　　　　　347

漁會信用部及其分部主任應具備資格條件準則相關條文　348

漁會信用部業務管理辦法相關條文　　　　　　349

漁業法相關條文　　　　　　　　　　　　　　351

漁業法施行細則相關條文　　　　　　　　　　352

漁船及船員在國外基地作業管理辦法相關條文　354

漁港法施行細則相關條文　　　　　　　　　　354

獎勵經營林業辦法相關條文 356

辦理政策性農業專案貸款辦法相關條文 356

糧食管理法相關條文 360

糧商管理規則相關條文 361

四、財政 363

土地稅法相關條文 363

加值型及非加值型營業稅法相關條文 364

民間參與重大公共建設進口貨物免徵及分期繳納關稅辦法
相關條文 367

民間機構參與交通建設進口貨物免徵及分期繳納關稅辦法
相關條文 367

平衡稅及反傾銷稅課徵實施辦法相關條文 368

印花稅法相關條文 369

各類所得扣繳率標準相關條文 370

所得基本稅額條例相關條文 372

所得稅法相關條文 373

所得稅法施行細則相關條文 386

海關查扣侵害商標權物品實施辦法相關條文 387

海關查扣侵害專利權物實施辦法相關條文 388

海關查扣著作權或製版權侵害物實施辦法相關條文 388

海關實施假扣押或其他保全措施裁量基準及作業辦法相關
條文 389

海關管理承攬業辦法相關條文 390

海關管理保稅運貨工具辦法相關條文 390

海關管理貨櫃集散站辦法相關條文 392

國有邊際養殖用地放領實施辦法相關條文 393

統一發票使用辦法相關條文 393

發展再生能源進口貨物免徵及分期繳納關稅辦法相關條文 396

　　菸酒管理法相關條文　　　　　　　　　　　　　　　396

　　菸酒管理法施行細則相關條文　　　　　　　　　　396

　　進口貨物先放後稅實施辦法相關條文　　　　　　　397

　　運輸工具進出口通關管理辦法相關條文　　　　　　397

　　優質企業認證及管理辦法相關條文　　　　　　　　398

　　營利事業委託會計師查核簽證申報所得稅辦法相關條文　398

　　營利事業所得稅查核準則相關條文　　　　　　　　399

　　關稅法相關條文　　　　　　　　　　　　　　　　402

五、經濟　　　　　　　　　　　　　　　　　　　　　403

　　中小企業發展條例相關條文　　　　　　　　　　　403

　　公司名稱及業務預查審核準則相關條文　　　　　　403

　　出進口廠商登記辦法相關條文　　　　　　　　　　404

　　原產地證明書及加工證明書管理辦法相關條文　　　404

　　商業名稱及所營業務預查審核準則相關條文　　　　407

　　專任電氣技術人員及用電設備檢驗維護業管理規則相關

　　　條文　　　　　　　　　　　　　　　　　　　　408

　　產業創新條例相關條文　　　　　　　　　　　　　409

　　貿易法相關條文　　　　　　　　　　　　　　　　409

　　離島供水營運虧損補助辦法相關條文　　　　　　　411

　　離島供電營運虧損補助辦法相關條文　　　　　　　412

六、勞動　　　　　　　　　　　　　　　　　　　　　414

　　工廠法相關條文　　　　　　　　　　　　　　　　414

　　勞工保險條例相關條文　　　　　　　　　　　　　414

　　勞工保險條例施行細則相關條文　　　　　　　　　415

　　勞工退休金條例施行細則相關條文　　　　　　　　416

　　就業保險法施行細則相關條文　　　　　　　　　　417

七、衛生福利　　　　　　　　　　　　　　　　　　　418

　　全民健康保險法施行細則相關條文　　　　　　　　418

　　老人福利服務提供者資格要件及服務準則相關條文　　419
　　身心障礙者個人照顧服務辦法相關條文　　421
　　身心障礙者家庭照顧者服務辦法相關條文　　422
　　身心障礙者權益保障法相關條文　　423
　　長期照顧服務法相關條文　　423
　　醫療廢棄物共同清除處理機構管理辦法相關條文　　424

八、原住民族　　427
　　民間機構置社會工作人員補助辦法相關條文　　427
　　原住民族基本法相關條文　　427
　　原住民個人或團體經營原住民族地區溫泉輔導及獎勵辦法
　　　　相關條文　　427
　　原住民族工作權保障法相關條文　　428
　　原住民族工作權保障法施行細則相關條文　　429
　　原住民族委員會處務規程相關條文　　430

九、交通　　431
　　公路法相關條文　　431
　　交通部公路總局各區監理所辦事細則相關條文　　431
　　汽車運輸業管理規則相關條文　　432
　　汽車運輸業審核細則相關條文　　433
　　計程車客運服務業申請核准經營辦法相關條文　　438
　　計程車駕駛人執業登記管理辦法相關條文　　439
　　國營航空站噪音防制費分配及使用辦法相關條文　　440
　　道路交通安全規則相關條文　　441

十、教育　　447
　　學校衛生法相關條文　　447

十一、法務　　448
　　中華民國九十六年罪犯減刑條例相關條文　　448
　　受刑人吸菸管理及戒菸獎勵辦法相關條文　　452

受刑人金錢及物品保管辦法相關條文      452

法務部矯正署處務規程相關條文      453

洗錢防制法相關條文      454

十二、其他      457

中央文職公教人員生活必需品配給辦法相關條文      457

外匯收支或交易申報辦法相關條文      457

立法院退卸職委員禮遇辦法相關條文      458

立法院維護安全實施辦法相關條文      459

行政院處務規程相關條文      459

押標金保證金暨其他擔保作業辦法相關條文      460

計程車專用無線電臺設置使用管理辦法相關條文      461

國軍老舊眷村改建零星餘戶處理辦法相關條文      462

督促程序使用電腦或其他科技設備作業辦法相關條文      463

審計機關審核公私合營事業辦法相關條文      463

附錄、廢止之合作社相關法規      465

# 第一篇 | 中華民國憲法

# 中華民國憲法

1.中華民國36年1月1日國民政府令公布

中華民國36年12月25日施行

中華民國35年12月25日國民大會通過

第108條　　左列事項，由中央立法並執行之，或交由省縣執行之：

一、省縣自治通則。

二、行政區劃。

三、森林、工礦及商業。

四、教育制度。

五、銀行及交易所制度。

六、航業及海洋漁業。

七、公用事業。

八、**合作事業。**

九、二省以上之水陸交通運輸。

十、二省以上之水利、河道及農牧事業。

十一、中央及地方官吏之銓敘、任用、糾察及保障。

十二、土地法。

十三、勞動法及其他社會立法。

十四、公用徵收。

十五、全國戶口調查及統計。

十六、移民及墾殖。

十七、警察制度。

十八、公共衛生。

十九、振濟、撫卹及失業救濟。

二十、有關文化之古籍、古物及古蹟之保存。

　　前項各款，省於不牴觸國家法律內，得制定單行法規。

第 109 條　　左列事項，由省立法並執行之，或交由縣執行之：

一、省教育、衛生、實業及交通。

二、省財產之經營及處分。

三、省市政。

四、省公營事業。

五、省**合作事業**。

六、省農林、水利、漁牧及工程。

七、省財政及省稅。

八、省債。

九、省銀行。

十、省警政之實施。

十一、省慈善及公益事項。

十二、其他依國家法律賦予之事項。

前項各款，有涉及二省以上者，除法律別有規定外，得由有關各省共同辦理。各省辦理第一項各款事務，其經費不足時，經立法院議決，由國庫補助之。

第 110 條　　左列事項，由縣立法並執行之：

一、縣教育、衛生、實業及交通。

二、縣財產之經營及處分。

三、縣公營事業。

四、縣**合作事業**。

五、縣農林、水利、漁牧及工程。

六、縣財政及縣稅。

七、縣債。

八、縣銀行。

九、縣警衛之實施。

十、縣慈善及公益事項。

十一、其他依國家法律及省自治法賦予之事項。

　　　　　　前項各款，有涉及二縣以上者，除法律別有規定外，
得由有關各縣共同辦理。

第 145 條　　國家對於私人財富及私營事業，認為有妨害國計民生
之平衡發展者，應以法律限制之。

　　　　　　**合作事業**應受國家之獎勵與扶助。

　　　　　　國民生產事業及對外貿易，應受國家之獎勵、指導及
保護。

第二篇 | 法規名稱為合作社

# 一、內政

## 合作社法

1.中華民國23年3月1日國民政府制定公布全文76條；
並自24年9月1日施行

2.中華民國28年11月17日國民政府修正公布全文77條

3.中華民國36年3月24日國民政府修正公布
第11、16、26、76條條文

4.中華民國37年12月15日總統令修正公布第16條條文

5.中華民國39年6月3日總統令修正公布第16、76條條文

6.中華民國91年12月11日總統華總一義字第09100239590號令
修正公布第3、6、9、10、16、17、24、36、40、49、
57、60、73、74條條文；增訂第2-1、3-1、9-1、10-1、
10-2、40-1、49-1、63-1、68-1、73-1、74-1、75-1條條文；
並刪除第5、38條條文

7.中華民國98年1月21日總統華總一義字第09800015681號令
增訂公布第55-1條條文

8.中華民國100年6月15日總統華總一義字第10000122971號令
修正公布修正第26、66條條文；刪除第13條條文

9.中華民國104年6月3日總統華總一義字第10400064411號令
修正公布第1、3、3-1、6、9、9-1、11、14、19、20、
22～24、30、32、33、36、39、40、45、55-1、60、
73～74-1條條文及第三章章名、第六章章名；
增訂第7-1、54-1～54-3條條文；並刪除第41、75-1條條文

## 第一章　通則

第1條　　為健全合作制度，扶助推展**合作事業**，以發展國民經濟，增進社會福祉，特制定本法。

　　　　　本法所稱**合作社**，指依平等原則，在互助組織之基礎上，以共同經營方法，謀社員經濟之利益與生活之改善，而其社員人數及股金總額均可變動之團體。

第2條　　**合作社**為法人。

第2-1條　**合作社**之主管機關：在中央為內政部；在直轄市為直轄市政府；在縣（市）為縣（市）政府。但其目的事業，應受各該事業之主管機關指導及監督。

第3條　　**合作社**得經營下列業務：

一、生產：經營各種生產、加工及製造之一部或全部業務。

二、運銷：經營產品運銷之業務。

三、供給：提供生產所需原料、機具或資材之業務。

四、利用：購置生產、製造及儲銷等設備，供生產上使用之業務。

五、勞動：提供勞作、技術性勞務或服務之業務。

六、消費：經營生活用品銷售之業務。

七、公用：設置住宅、醫療、老人及幼兒社區照顧相關服務等公用設備，供共同使用之業務。

八、運輸：提供經營運輸業所需服務之業務。

九、信用：經營銀行業務。

十、保險：經營保險業務。

十一、其他經中央主管機關會商中央目的事業主管機關核定之業務。

　　　　　前項第九款、第十款之業務不得與前項其他各款業務併同經營。

第 3-1 條　　**信用合作社**、保險**合作社**，分別依**信用合作社**法、保險法之規定；其未規定者，依本法之規定。

　　　　　　**合作社**經營之業務以提供社員使用為限。但政府、公益團體委託代辦及為**合作社**發展需要，得提供非社員使用。

　　　　　　前項提供非社員使用應受下列限制：

一、政府、公益團體委託代辦業務須經主管機關許可，且非社員使用不得超過營業額百分之五十。

二、為**合作社**發展需要提供非社員使用之業務，不得超過營業額百分之三十。

　　　　　　前二項提供非社員使用之收益，應提列為公積金及公益金，不得分配予社員；其提供非社員使用之業務項目、範圍、基準、限額、收益處理及其他應遵行事項之辦法，由中央主管機關定之。

第 4 條　　　**合作社**之責任，分左列三種：

一、有限責任，謂社員以其所認股額為限，負其責任。

二、保證責任，謂社員以其所認股額及保證金額為限，負其責任。

三、無限責任，謂**合作社**財產不足清償債務時，由社員連帶負其責任。

第 5 條　　　（刪除）

第 6 條　　　**合作社**之責任及主要業務，應於名稱上表明。

　　　　　　非經營本法第三條所規定之業務，經所在地主管機關登記者，不得用**合作社**名稱。

第 7 條　　　**合作社**得免徵所得稅及營業稅。

## 第二章　設立

第 8 條　　　**合作社**非有七人以上，不得設立。

第 9 條　　　**合作社**設立人應召集創立會，通過章程，選舉理事、

監事，組織社務會，於一個月內，檢具創立會會議紀錄、章程及社員名冊，以書面向所在地主管機關為成立之登記。

應登記之事項如下：

一、名稱。

二、業務。

三、責任。

四、社址。

五、理事、監事之姓名、性別、年齡、出生地、職務、住所。

六、社股金額繳納方法。

七、各社員及準社員認購之社股及已繳金額。

八、關於社員、準社員資格及入社、退社、除名之規定。

九、關於社務執行及職員任免之規定。

十、保證責任**合作社**之社員，其保證金額。

十一、關於結餘分配及短絀分擔之規定。

十二、關於公積金、公益金之規定。

十三、定有解散事由時，其事由。

前項登記事項，除第五款年齡、出生地、職務及第七款外，有變更時，應於一個月內為變更之登記。在未登記前，不得以其變更對抗善意第三人。

**合作社**章程有修改時，應經社員大會之決議，並於決議後一個月內，以書面檢具會議紀錄，向主管機關為變更之登記。

第9-1條　　**合作社**章程，應記載下列事項：

一、名稱。

二、責任。

三、社址。

四、組織區域。

五、經營業務種類。

六、社股金額及其繳納或退還之規定。

七、保證責任**合作社**社員之保證金額。

八、社員及準社員之權利及義務。

九、職員名額、權限及任期。

十、營業年度起止日期。

十一、結餘分配及短絀分擔之規定。

十二、公積金及公益金之規定。

十三、社員及準社員資格、入社、退社及除名之規定。

十四、社務執行及理事、監事任免之規定。

十五、定有存立期間或解散事由者，其期間或事由。

十六、其他處理社務事宜。

第 10 條　　主管機關受理第九條規定之申請，應於十五日內為准否之決定。

第 10-1 條　　**合作社**設立後，應於六個月內開始經營業務。但因天災事變或不可抗力之事由，得向主管機關申請展延。

第 10-2 條　　**合作社**於必要時，得設立分社。但應於設立後一個月內，報請主管機關備查。

## 第三章　社員社股及餘絀

第 11 條　　具有下列情形或資格之一者，得為**合作社**社員：

一、有行為能力。

二、受輔助宣告之人經輔助人書面同意。

　　具有下列情形或資格之一者，得依章程規定申請為有限責任**合作社**準社員：

一、六歲以上之無行為能力人，經法定代理人代為申請。

二、限制行為能力人，經法定代理人書面同意。

三、不具章程規定社員資格之有行為能力人。

　　　　　準社員除無選舉權、被選舉權、罷免權及表決權外，其權利、義務與社員同。

　　　　　**合作社**選舉罷免之種類、候選登記、資格審查程序、投開票、選舉結果與罷免方式及其他應遵行事項之辦法，由中央主管機關定之。

第 12 條　　法人僅得為有限責任或保證責任**合作社**社員，但其法人以非營利者為限。無限責任**合作社**社員，不得為其他無限責任**合作社**社員。

第 13 條　　（刪除）

第 14 條　　**合作社**成立後，自願入社者，應有社員二人以上之介紹，或以書面請求，依下列規定決定之：

一、加入有限責任或保證責任**合作社**，應經理事會之同意，並報告社員大會。

二、加入無限責任**合作社**，應由社務會提經社員大會出席社員四分之三以上之通過。

　　　　　新加入之社員或準社員，**合作社**應於許其加入後一個月內，報主管機關備查。

第 15 條　　新社員對於入社前**合作社**所負之債務，與舊社員負同一責任。

第 16 條　　社股金額每股至少新臺幣六元，至多新臺幣一百五十元，在同一社內，必須一律。

第 17 條　　社員認購社股，每人至少一股，至多不得超過股金總額百分之二十；其第一次所繳股款，不得少於所認股款四分之一。

第 18 條　　社員已認未繳之社股金額，不得以對於**合作社**或其他社員所有之債權主張抵銷，亦不得以已繳之社股金額，抵銷其對於**合作社**或其他社員之債務。

第 19 條　　社員欠繳之社股金額，**合作社**得將其應得股息及結餘

撥充之。

第 20 條　　社員非經**合作社**之同意，不得讓與其所有之社股，或以之擔保債務。但社員所有之社股經依法強制執行、行政執行、納入破產財團或依法裁定開始清算程序者，不在此限。

社股受讓人或繼承人，應承繼讓與人或被繼承人之權利義務。受讓人或繼承人為非社員時，除依第十一條及第十四條之規定加入**合作社**者外，退還其股金。

第 21 條　　有限責任**合作社**減少每股金額，保證責任**合作社**減少每股金額或保證金額時，應經社員大會決議，並通知或公告債權人，指定一個月以上之期限，聲明債權人得於期限內提出異議。

前項期限內債權人提出異議時，**合作社**非將其債務清償，或提供相當之擔保，不得減少社股金額或保證金額。

第 22 條　　社股年息不得超過百分之十；無結餘時，不得發息。

第 23 條　　**合作社**結餘，除彌補累積短絀及付息外，應提撥百分之十以上為公積金、百分之五以上為公益金與百分之十以下為理事、監事、事務員及技術員酬勞金。

前項公積金，已超過股金總額二倍時，**合作社**得自定每年應提之數。

社員對於公積金，不得請求分配。

第一項公益金為第三十六條第一項資產負債表項下之負債科目，應供社會福利、公益事業及**合作事業**教育訓練與宣導用途使用，不得移為他用；**合作社**解散後，亦同。

第 24 條　　**合作社**結餘，除依前條規定提撥外，其餘額按社員交易額比例分配。

前項餘額，經提出社員大會決議不予分配時，得移充社員增認股金或撥作公積金。

第 25 條　　公積金應經社員大會之決定，存儲於**信用合作社**或其他殷實銀行。

　　　　　　公積金超過股金總額百分之五十時，其超過部分，經社員大會議決，得用以經營**合作社**業務。

第 26 條　　社員有下列情事之一者為出社：

一、死亡。

二、自請退社。

三、除名。

第 27 條　　社員得於年度終了時退社。但應於三個月前提出請求書。

　　　　　　前項期間，得以章程延長至六個月，社員為法人時，得延長至一年。

第 28 條　　社員之除名，應經社務會出席理事、監事四分之三以上之議決，以書面通知被除名之社員，並報告社員大會。除名之事由，以章程定之。

第 29 條　　出社社員，仍得依第十四條之規定，再請入社。

第 30 條　　出社社員，得依章程之規定，請求退還其股金之一部或全部。股金計算，依**合作社**營業年度終了時之財產定之。但章程另有規定者，依其規定。

第 31 條　　無限責任**合作社**或保證責任**合作社**出社社員，對於出社前**合作社**債權人之責任，自出社決定之日起，經過二年始得解除。

　　　　　　前項**合作社**，於社員出社後六個月內解散時，該社員視為未出社。

## 第四章　理事、監事及其他職員

第 32 條　　**合作社**設理事至少三人，監事至少三人，由社員大會就社員中選任之。

社員受破產宣告、或經依消費者債務清理條例裁定開始清算程序，尚未復權者，不得為**合作社**之理事或監事。

第 33 條　理事、監事之任期不得超過三年；除法律或章程另有規定外，連選得連任。

第 34 條　理事依本法及**合作社**章程之規定，與社員大會之決議，執行任務，並互推一人或數人對外代表**合作社**。

理事違反前項規定致**合作社**受損害時，對於**合作社**負賠償之責。

第 35 條　理事會應置**合作社**章程、社員名簿、社員大會紀錄及其他依法應備之簿冊於**合作社**。

社員名簿應載明左列事項：

一、社員姓名、性別、年齡、籍貫、職業及住所。

二、社員認購社股之日期及其股數與股票字號。

三、社員已繳金額及其繳納之日期。

四、保證責任**合作社**社員之保證金額。

第 36 條　理事會應於年度終了時，製作業務報告書、資產負債表、收支餘絀表、財產目錄及結餘分配或短絀分擔案，至少於社員大會開會十日前，送經監事會審核後，提報社員大會。但召集臨時社員大會，不在此限。

前項財務報表之內容、會計事務之範圍、財務處理、費用支給及其他應遵行事項之準則，由中央主管機關定之。

第一項書類，**合作社**應於社員大會承認後一個月內，以書面報請該管主管機關備查。主管機關得派員實地查核，必要時，並得會同有關機關辦理，**合作社**不得規避、妨礙或拒絕查核。

前項查核種類、方式、程序與主管機關監督及其他應遵行事項之辦法，由中央主管機關定之。

第 37 條　　前二條之書類，社員及**合作社**債權人均得查閱。

第 38 條　　（刪除）

第 39 條　　監事之職權如下：

一、監查**合作社**之財產狀況。

二、監查理事執行業務之狀況。

三、審查第三十五條、第三十六條所規定之書類。

四、**合作社**與其理事訂立契約或為訴訟上之行為時，代表**合作社**。

監事為執行前項職務，認為有必要時，得召集臨時社員大會。

監事行使職權方式、程序、範圍及其他應遵行事項之監查規則，由中央主管機關定之。

第 40 條　　監事不得兼任理事、事務員或技術員。

曾任理事之社員，於其責任未解除前，不得當選為監事。

理事、監事不得兼任其他業務性質相同之同級**合作社**之理事、監事，或與**合作社**有競爭關係之團體或事業之職務。

**合作社**之組織系統、員額編制、人事管理及其他應遵行事項之準則，由中央主管機關定之。

第 40-1 條　　**合作社**之社員，於各級主管機關中之職務，負有監督所屬**合作社**之行政責任者，得當選為監事。但不得當選為理事。

第 41 條　　（刪除）

第 42 條　　理事、監事違反法令或**合作社**章程時，得由社員大會全體社員過半數之決議，解除其職權，其失職時亦同。

第 43 條　　理事、監事違反法令，或有其他足以危害**合作社**之情事者，主管機關認為必要時，得令其解除職權。

第 44 條　　**合作社**因業務之必要，得設事務員及技術員，由理事

會任免之。

## 第五章　會議

第 45 條　**合作社**會議之召開，規定如下：

一、社員大會，每年至少召開一次。

二、社務會，每六個月至少召開一次。

三、理事會，每三個月至少召開一次。

四、監事會，每三個月至少召開一次。

第 46 條　社員大會由理事會召集之。

前項召集，應於七日前，以書面載明召集事由及提議事項，通知社員。

第 47 條　理事會於必要時，得召集臨時社員大會，社員全體四分之一以上，亦得以書面記明提議事項及其理由，請求理事會召集臨時社員大會。

前項請求提出後十日內，理事會不為召集之通知時，社員得呈報主管機關自行召集。

第 48 條　社員大會應有全體社員過半數之出席，始得開會；出席社員過半數之同意，始得決議。

第 49 條　社員大會開會時，每一社員僅有一表決權。但法人為社員時，其表決權由代表人行之，每一代表人有一表決權；其人數，依章程之規定，至多為五人。

第 49-1 條　社員大會之召集程序或決議方法，違反法令或章程者，社員得於決議後一個月內，以書面請求該管主管機關撤銷其決議。但出席社員，對召集程序或決議方法，未當場表示異議者，不在此限。

第 50 條　社員不能出席社員大會時，得以書面委託他社員代理之，同一代理人，不得代理二人以上之社員。

第 51 條　社員大會流會二次以上時，理事會得以書面載明應議

事項，請求全體社員於一定期限內通信表決之，其期限不得少於十日。

第 52 條　　社務會由理事會召集之，其主席由理事、監事互選之。

社務會應有全體理事、監事三分二之出席，始得開會；出席理事、監事過半數之同意，始得決議。社務會開會時，事務員、技術員得列席陳述意見。

第 53 條　　理事會由主席召集之。

理事會應有理事過半數之出席，始得開會；出席理事過半數之同意，始得決議。

理事會主席，由理事互選之。

第 54 條　　前條之規定，於監事會準用之。

## 第六章　監督、解散及清算

第 54-1 條　　主管機關對**合作社**之社務及財務應予指導、監督。

第 54-2 條　　目的事業主管機關對**合作社**之業務應予指導、監督。

中央目的事業主管機關辦理前項業務，得視需要，訂定有關**合作社**業務經營之輔導、管理、獎勵及其他應遵行事項之辦法。

第 54-3 條　　主管機關應對**合作社**實施稽查、考核及獎勵，並得視需要會同目的事業主管機關辦理。

**合作社**對於前項之稽查、考核，不得規避、妨礙或拒絕，並應提供必要之協助。

第一項之稽查及考核，得委託機關（構）、學校或團體辦理。

第一項稽查與考核方式、項目、實施期程及對象、輔導管理措施、程序、等級評定、獎勵項目、方式及其他應遵行事項之辦法，由中央主管機關定之。

第 55 條　　**合作社**因左列各款情事之一而解散：

一、章程所定解散之事由發生。

二、社員大會之解散決議。

三、社員不滿七人。

四、與他**合作社**合併。

五、破產。

六、解散之命令。

　　前項第二款、第四款之決議，應有全體社員四分三以上之出席，出席社員三分之二以上之同意。

第 55-1 條　　**合作社**有下列情事之一者，主管機關得命令解散：

一、申請成立登記，所載事項或繳交文件有虛偽情事，經主管機關撤銷其登記。

二、經主管機關依第五十七條第二項規定公告廢止其登記。

三、依第五十一條規定，經一定期限內通信表決，社員逾半數不表示意見。

四、連續二年未召開年度社員大會，經主管機關以書面通知、公示送達或公告限期召開，屆期仍未召開。

五、違反第十條之一或第五十八條第二款規定，經依第七十三條之一第一款規定，按次處罰逾三次，屆期仍未改善。

六、違反第五十六條規定，經依第七十四條第四款規定，按次處罰逾三次，屆期仍未改善。

七、有第五十五條第一項第一款或第三款情事，未於一個月內向主管機關為解散之登記。

八、違反第五十四條之三第二項規定，經依第七十四條之一第五款規定，按次處罰逾三次，屆期仍未改善。

九、違反第三條之一第三項或第四項之收益處理及中央主

管機關所定有關非社員使用**合作社**服務之業務項目、範圍、基準、限額、收益處理及其他應遵行事項之規定，經依第七十四條之一第一款規定，按次處罰逾三次，屆期仍未改善。

主管機關依前項為解散之命令，除前項第一款及第二款外，應公告廢止其登記，命**合作社**依本法相關規定辦理清算。

第56條　有限責任或保證責任之**合作社**，不能清償其債務時，法院得因理事會、監事會或債權人之聲請，宣告破產。

第57條　**合作社**決議解散，應於一個月內向主管機關聲請登記；其因第五十五條第一項第一款至第四款規定解散者，應敘明解散事由；因第二款或第四款規定解散者，並應檢具社員大會會議紀錄。

未依前項規定期限辦理解散登記者，主管機關得逕予公告廢止其登記。

第58條　**合作社**為合併時，應於一個月內向主管機關分別依左列各款聲請登記：

一、因合併而存續之**合作社**，為變更之登記。
二、因合併而消滅之**合作社**，為解散之登記。
三、因合併而另立之**合作社**，為設立之登記。

第59條　**合作社**解散或為合併時，應於一個月內，分別通知各債權人，並公告之，並應指定一個月以上之期限，聲明債權人得於期限內提出異議。

**合作社**不為前項之通知及公告，或對於在其指定之期限內提出異議之債權人，不為清償或不提供相當之擔保者，不得以其解散或合併對抗債權人。

第60條　**合作社**之解散，其清算人以理事充任。但**合作社**章程另有規定或經社員大會選任者，不在此限。

　　　　不能依前項規定定其清算人時，法院得依主管機關、檢察官或利害關係人之聲請，或依職權選任清算人。

　　　　**合作社**經主管機關命令解散而有可歸責於理事之事由者，法院得依主管機關、檢察官或利害關係人之聲請，或依職權改任清算人。

　　　　清算人應於就任十五日內，將姓名、住所或居所及就任日期，陳報該管主管機關備查；其由法院選任者，並應陳報法院備查。

第 61 條　　清算人之職務如左：

一、了結現務。

二、收取債權，清償債務。

三、分派剩餘財產。

　　　　清算人為執行前項職務，有代表**合作社**為一切行為之權。

第 62 條　　清算人有數人時，關於清算事務之執行，以其過半數決之，但對於第三人，各有代表**合作社**之權。

第 63 條　　清算人就任後，應即檢查**合作社**情形，造具資產負債表及財產目錄，提交社員大會請求承認。社員大會流會時，清算人得呈請主管機關備案。

　　　　清算人遇有詢問時，應將清算情形，隨時答復。

第 63-1 條　主管機關得隨時命清算人報告清算事務及派員檢查之，清算人不得規避、妨礙或拒絕。

第 64 條　　清算人於就任後十五日內，應以公告方法，催告債權人限期報明債權，對於所明知之債權人，並分別通知。

　　　　前項期限，不得少於十五日。

第 65 條　　清算人於清算事務終了後，應於二十日內造具報告書，呈報主管機關，並分送各社員。

　　　　清算人由法院選派者，並應呈報法院。

## 第七章　合作社聯合社

第 66 條　　　二以上之**合作社**或**合作社**聯合社，因區域上或業務上之關係，得設立**合作社**聯合社。

第 67 條　　　**合作社**聯合社為法人。

第 68 條　　　**合作社**之入社或退社，應經各該**合作社**社員大會之決議。

　　　　　　　**合作社**聯合社之入社或退社，應經各該聯合社代表大會之決議。

第 68-1 條　　**合作社**聯合社社股金額，每股不得超過新臺幣一百五十元。

第 69 條　　　**合作社**聯合社之代表大會，以**合作社**或**合作社**聯合社之代表組織之。

　　　　　　　前項代表之名額，依左列各款方式之一定之：

　　　　一、依**合作社**社員或**合作社**聯合社所屬**合作社**社員之人數比例定之。

　　　　二、依**合作社**股金總額或**合作社**聯合社所屬**合作社**股金總額比例定之。

　　　　三、依**合作社**或**合作社**聯合社對於聯合社之出資額比例定之。

第 70 條　　　**合作社**聯合社之責任，限於左列兩種：

　　　　一、有限責任。

　　　　二、保證責任。

　　　　　　　保證責任**合作社**聯合社所屬**合作社**或**合作社**聯合社之保證責任，應依各社或各聯合社加入之股金總額定之。

第 71 條　　　**合作社**聯合社之理事、監事，由聯合社大會就所屬**合作社**或**合作社**聯合社之代表中選任之。

第 72 條　　　除本章及法令別有規定外，本法關於**合作社**之規定，

於**合作社**聯合社準用之。

## 第八章　罰則

第 73 條　　**合作社**理事或清算人，有下列各款情事之一者，處新臺幣二千元以上一萬元以下罰鍰：

一、違反第四十七條第二項關於通知期限之規定。

二、違反第五十一條或第六十四條關於通知或公告期限之規定。

三、違反第六十條第四項規定。

　　有前項第二款或第三款情事者，除處以罰鍰外，並限期令其改善；屆期未改善者，按次處罰。

第 73-1 條　　**合作社**有下列各款情事之一者，處新臺幣二千元以上一萬元以下罰鍰，並限期令其改善；屆期未改善者，按次處罰：

一、違反第九條第一項、第三項、第十條之一、第十條之二、第三十六條第三項、第五十七條第一項或第五十八條關於登記、開始經營、報請備查或核定期限之規定。

二、違反第二十一條第一項或第五十九條第一項關於通知或公告期限之規定。

第 74 條　　**合作社**理事、監事或清算人，有下列各款情事之一者，處新臺幣四千元以上二萬元以下罰鍰，並限期令其改善；屆期未改善者，按次處罰：

一、未依第三十五條、第三十六條第一項、第六十三條第一項或第六十五條規定備置、製作、造具、陳報、報告、提交相關簿冊、書類，或為不實之記載。

二、規避、妨礙或拒絕社員及**合作社**債權人依第三十七條規定查閱書類。

　　三、違反第四十條之一或第六十三條之一規定。

　　四、有第五十六條規定情事，不為宣告破產之聲請。

第74-1條　　**合作社**有下列各款情事之一者，處新臺幣四千元以上五萬元以下罰鍰，並限期令其改善；屆期未改善者，按次處罰：

　　一、違反第三條之一第三項或第四項之收益處理及中央主管機關所定有關非社員使用**合作社**服務之業務項目、範圍、基準、限額、收益處理及其他應遵行事項之規定。

　　二、違反第六條第一項規定。

　　三、違反第二十二條或第二十三條第一項及第四項規定。

　　四、違反第四十條規定。

　　五、違反第五十四條之三第二項規定。


## 第九章　附則

第75條　　各種**合作社**業務之執行，除依本法規定外，於必要時另以法律定之。

第75-1條　　（刪除）

第76條　　本法施行細則由內政部定之。

第77條　　本法自公布日施行。

# 合作社法施行細則

1.中華民國24年8月19日實業部訂定發布同年9月1日施行

2.中華民國25年6月17日經濟部修正發布

3.中華民國25年12月14日經濟部修正發布

4.中華民國34年6月8日社會部修正發布

5.中華民國37年11月26日社會部修正發布

6.中華民國41年12月11日內政部修正發布

7.中華民國89年5月16日內政部（89）台內中社字第8983799號令

修正發布第1、2、4、16、18、26、41、44條條文；

並刪除第42條條文；本細則修正條文自發布日施行

8.中華民國92年10月24日內政部內授中社字第0920087694號令

修正發布全文17條；並自發布日施行

第1條　　本細則依**合作社**法（以下簡稱本法）第七十六條規定
　　　　訂定之。

第2條　　**合作社**之設立，以社員能實行合作之範圍為準。

第3條　　**合作社**之組織區域在直轄市或縣（市）行政區域者，
　　　　以直轄市或縣（市）主管機關為其主管機關；跨越直轄市
　　　　或縣（市）行政區域者，以中央主管機關為其主管機關。

第4條　　**合作社**為增進業務之機動性能，得就生產之種類物品
　　　　或其他標準，將社員分為若干組，每組專營一種業務。

第5條　　依本法第七條規定，**合作社**得向財政主管機關申請免
　　　　徵所得稅及營業稅。

第6條　　主管機關依本法第十條規定，核准**合作社**成立登記
　　　　者，應發給成立登記證。

第7條　　**合作社**得於章程規定每社員應購之股數。

第8條　　社員認購社股，得依章程規定，以貨幣以外之財物估

定價值，代付股款。

第9條　　合作社因減少社股金額或保證金額申請變更登記者，應敘明公告結果，附送社員大會或社員代表大會決議錄、財產目錄及資產負債表。

第10條　　社員大會或社員代表大會開會，以理事會主席為主席，理事會主席缺席時，以監事會主席為主席，監事會主席亦缺席時，臨時公推一人為主席。理事會召集臨時社員大會或臨時社員代表大會時，以理事會主席為主席，監事或社員召集時，臨時公推一人為主席。

第11條　　理事會主席或監事會主席不依規定召集理事會或監事會時，得分別由理事或監事過半數之連署，報請主管機關核准後召集之。

　　　　　理事會與監事會開會時，分別以理事會主席及監事會主席為主席；理事會主席或監事會主席缺席時，臨時公推一人為主席。

　　　　　第一項會議之召集，臨時公推一人為主席。

第12條　　合作社除本法規定之各項會議外，並得舉行各種社務活動，以喚起社員之集會意識，其主要項目，得於章程定之。

第13條　　主管機關得派員審查合作社帳簿及本法第三十五條、第三十六條規定之各種簿錄書表等，於必要時，得指導該書類之製作及記載方法。

第14條　　合作社理事、監事或其他職員，違反本法及本細則之各項規定，或不依章程規定處理社務，致合作社或社員受損害時，除依法處置外，並得由社員大會或社員代表大會依章程規定處理之。

第15條　　本細則關於合作社之規定，於合作社聯合社準用之。

第16條　　本法及本細則所定書表格式，由中央主管機關定之。

第17條　　本細則自發布日施行。

# 合作社帳目審查辦法

1.中華民國26年8月26日實業部訂定發布

2.中華民國41年12月11日內政部修正發布

3.中華民國80年7月22日內政部（80）台內社字第8077103號令
修正發布名稱及全文16條

4.中華民國89年1月10日內政部（89）台內中社字第8983403號令
修正發布第12條條文；並刪除第13條條文

5.中華民國92年3月20日內政部內授中社字第0920087537號令
修正發布全文14條；並自發布日施行

第 1 條　　本辦法依**合作社**法第七十五條之一規定訂定之。

第 2 條　　**合作社**帳目審查分下列二種：

一、根據年度會計報告所為之定期查帳。

二、對有關會計事項所為之特殊查帳。

　　　　前項查帳事務，由**合作社**監事會辦理。

第 3 條　　主管機關對**合作社**帳目之審查，應予指導監督，並派員抽查之。

第 4 條　　監事會於收受理事會所送業務報告書、資產負債表、損益計算表、財產目錄、盈餘分配案等法定書類後，應即開始查帳。必要時得請理事會提供有關資料，並以書面申請主管機關派員指導。

第 5 條　　監事會之查帳，由全體監事互推一人至數人負責辦理。但其查帳結果，應由監事會以會議方法決定之。

第 6 條　　監事會查帳完畢後，應製作查帳報告書，並由全體監事連署後，連同理事會所送各項書類，至少於社員大會或社員代表大會開會三日前，送還理事會。

第 7 條　　**合作社**應於每業務年度終了後三個月內，將經社員大

會或社員代表大會承認之上年度查帳報告書，連同第四條所列書類，陳報主管機關。

第8條　　　監事會對於理事會執行任務發生疑義時，得隨時通知理事會於一定時日內舉行特殊查帳。

第9條　　　監事會辦理特殊查帳之經過情形，主管機關認為必要時，得令其陳報之。

第10條　　監事會辦理查帳，認為紀錄有誤，得請理事會修正之。如理事會不為修正，得將查見情形批註查帳報告書。

　　　　　　前項查帳如發現違反法令或章程等重大情事時，得召集臨時社員大會或社員代表大會處理之。

第11條　　主管機關應根據查帳報告書及第四條所列書類，實地抽查**合作社**總數十分之一以上，並將抽查結果函知**合作社**。

第12條　　辦理查帳之監事及主管機關所派抽查人員，應於查帳完畢後，在經查帳冊最後一行逐一簽章。

第13條　　本辦法關於**合作社**之規定，於**合作社**聯合社準用之。

第14條　　本辦法自發布日施行。

# 合作事業獎勵規則

1.中華民國27年8月30日經濟部訂定發布

2.中華民國30年8月9日社會部修正發布

3.中華民國41年4月21日內政部修正發布

4.中華民國69年2月26日內政部（69）台內社字第2361號令修正發布第8條附件「合作社成績調查評定表」

5.中華民國89年9月4日內政部（89）台內中社字第8983939號令修正發布全文12條；並自發布日起施行

6.中華民國92年4月4日內政部內授中社字第0920087544號令修正發布第1、8條條文

7.中華民國94年4月12日內政部內授中社字第0940720020號令
　　　　　修正發布全文12條；並自發布日施行

第1條　　　本規則依**合作社**法（以下簡稱本法）第七十五條之一
　　　規定訂定之。

第2條　　　依本規則考核與獎勵之**合作社**及**合作社**聯合社，以依
　　　法報請主管機關核准成立登記之日起滿一年者為限。

第3條　　　**合作社**及**合作社**聯合社之考核，於每年度終了時，由
　　　主管機關依下列方法辦理考核：
　　　一、依據各社各種報告評定後抽查。
　　　二、指派人員實施調查。

第4條　　　主管機關應依據**合作社**與**合作社**聯合社報送之業務報
　　　告書及考核結果，評定等級。

第5條　　　**合作社**及**合作社**聯合社之考核結果，依考核評定表所
　　　列各項之規定，以分數表示，其成績等級如下：
　　　一、九十分以上者為優等。
　　　二、八十分以上，未滿九十分者為甲等。
　　　三、七十分以上，未滿八十分者為乙等。
　　　四、六十分以上，未滿七十分者為丙等。
　　　五、未滿六十分者為丁等。
　　　　　前項考核評定表由中央主管機關定之。

第6條　　　主管機關為前條成績等級之評定時，應分別以所屬之
　　　**合作社**及**合作社**聯合社之總數為比例，在同一年度內列入優
　　　等者，不得超過各該總數百分之五，甲等者不得超過百分
　　　之十。但有特殊情形經中央主管機關核准者，不在此限。

第7條　　　**合作社**及**合作社**聯合社成績等級，經主管機關評定
　　　後，依下列規定分別辦理：
　　　一、優等由中央主管機關發給獎牌或獎狀。
　　　二、甲等由主管機關發給獎牌或獎狀。

三、乙等由主管機關嘉獎。

四、丙等及丁等不予獎勵，並由主管機關輔導限期改善。

　　前項評定成績等級列入優等者，應由主管機關檢同各該社之考核評定表及業務報告書，於下年度開始四個月內，報請中央主管機關核辦。

第 8 條　　辦理**合作社**及**合作社**聯合社之考核時，對各該社理事、監事及其他職員應同時考核，除有本法第四十三條情事依法辦理外，由主管機關依下列各款規定考核之：

一、誠實勤勉公正，確為社內外人士所信賴者。

二、處理社務有條不紊，規劃業務切實周詳，致各社員確已獲得福利者。

三、對於**合作事業**有深切認識，並熱心扶助提倡，確具事實，足資楷模者。

四、從事**合作社**理事、監事及其他職員工作合計五年以上者。

　　**合作社**及**合作社**聯合社理事、監事及其他職員經考核後，同時符合前項第一款及第二款規定者，由主管機關發給獎牌或獎狀；同時符合前項各款規定者，由主管機關詳具事實，報請中央主管機關發給獎牌或獎狀。

第 9 條　　主管機關對於**合作社**及**合作社**聯合社之獎勵，除依第三條之規定每年辦理一次外，遇有特殊情形得隨時處理之。

第 10 條　　主管機關依本規則之規定獎勵後，應彙報中央主管機關備查。

第 11 條　　以虛偽取得獎勵並經原給獎之機關查明者，應撤銷其獎勵。

第 12 條　　本規則自發布日施行。

# 合作社監事會監查規則

1.中華民國81年1月15日內政部（81）台內社字第8170075號令
合併「信用合作社監事會監查規則」及
「青果運銷合作社監事會監查規則」修正發布
2.中華民國92年4月8日內政部內授中社字第0920087547號令
修正發布全文13條；並自發布日施行

第1條　　本規則依**合作社**法第七十五條之一規定訂定之。

第2條　　監事輪值及分擔職務規定，由監事會決定之。

監事得個別行使第六條規定之監查事項。但提請理事會辦理之事項，應先經監事會通過。

第3條　　監事行使第六條規定之監查事項，不得影響**合作社**事務之進行。

第4條　　監事會得置監查員若干人，必要時得設監查室負責業務及財務之稽核，稽核結果應提請監事會審定之。

監事會依法執行職務時，得調派監查員協助辦理。

監查員由理事會任免之，並應經監事會之同意。

監查員以遴用大專院校合作經濟、會計、金融及銀行等科系或高級商業職業學校畢業，曾受稽核人員專業訓練或擔任會計稽核工作三年以上，品行端正者為限。

第5條　　監查工作，每半年至少舉行定期實地檢查一次，並得隨時抽查庫存與其他社務及業務。

前項定期實地檢查，每次以一天為原則，必要時得延長之。

第6條　　監查之事項如下：

一、事務、會計、組織及管理。

二、法令之遵守情形。

三、章程及相關規定之遵守情形。

四、社員大會或社員代表大會、社務會、理事會、監事會及其他會議決議案之執行情形。

五、社員名簿、檔案與帳冊之整理及保存情形。

六、業務計畫之執行及運營方法之檢討。

七、各項收入。

八、各項支出。

九、現金、存款與各項流動資產之出納及管理。

十、固定資產之取得、處分及保管。

十一、財產之管理及運用。

十二、預算及決算之審核。

　　前項第十二款決算之審核，應依**合作社**帳目審查辦法規定辦理。

第7條　　監事監查時，得請理事會提供各種簿冊、書表及其他依法應備之書類。必要時，並可請理事或有關職員說明。

第8條　　監事會應置備監查簿，將監查時間、監查人、監查結果及送請理事會辦理要點，分別記載。

　　監事監查結果應向監事會提出監查報告，並由監事會送請理事會辦理。

第9條　　前條送請理事會辦理事項，理事會應以書面答復。

第10條　　年度結束，監事會應提出書面報告，將監查結果報告社員大會或社員代表大會。

第11條　　除依前條規定提出報告者外，監事與監查員對於因監查而知悉之社務、業務及財務情形，應保守祕密，不得對外散布。

　　違反前項規定，致**合作社**權益受損時，除依有關法令辦理外，主管機關得解除監事職權，**合作社**得免除監查員職務。

第 12 條　　本規則關於**合作社**之規定，於**合作社**聯合社準用之。

第 13 條　　本規則自發布日施行。

# 合作社選舉罷免辦法

1.中華民國83年8月10日內政部（83）台內社字第8383448號令
訂定發布全文55條

2.中華民國92年10月8日內政部內授中社字第0920087679號令
修正發布全文54條；並自發布日施行

第 1 條　　本辦法依**合作社**法第七十五條之一規定訂定之。

第 2 條　　本辦法所稱**合作社**之選舉或罷免，指**合作社**選舉或罷免社員代表、理事、監事、理事會主席及監事會主席。

第 3 條　　**合作社**之選舉或罷免，應以會議並採投票方式為之。

前項會議之出席人數須有應出席人數之過半數；其應出席人數，指具出席該次會議資格者之總人數。

**合作社**之選舉會議未達法定出席人數流會者，應於十五日內重新召開會議選舉。但第二次選舉會議仍未達法定出席人數時，得依章程規定以實際出席人數開會選舉；其實際出席人數應有應出席人數三分之一以上。

第 4 條　　**合作社**社員人數超過二百人時，得依章程規定，分組舉行選舉會議選舉社員代表，出席社員代表大會。但章程未規定，經主管機關核准者，亦得分組辦理。

前項代表名額以社員人數百分之十為原則。但其最低人數為五十一人，最高人數為一百九十九人。

第 5 條　　**合作社**理事、監事由社員大會或社員代表大會選舉之，其名額依下列規定：

一、**合作社**之理事至少三人，在縣（市）以下**合作社**不得超過十五人，在省（市）**合作社**不得超過二十五人，

在全國性**合作社**不得超過三十五人。

二、**合作社**之監事至少三人。但超過三人時，其名額不得超過理事名額三分之一。

三、**合作社**得置候補理事、候補監事，其名額不得超過理事、監事名額三分之一。

第6條　**合作社**理事會主席、監事會主席由理事、監事分別互選之，並以得票超過出席人數半數者為當選。無人超過半數時，就得票最多及次多者再行投票，以得票較多者為當選，票數相同時，抽籤決定之。

前項理事會、監事會由原任理事會主席、監事會主席，分別於理事、監事選出後十五日內召集之；許可設立中之**合作社**，由籌備會主任委員召集之。屆期不召集時，由得票最多之理事、監事召集之。

第7條　理事、監事出缺分別由候補理事、候補監事依次遞補。經遞補後，理事、監事人數仍未達章程規定名額半數時，應召開社員大會或社員代表大會補選。

理事會主席、監事會主席出缺時，應即分別召開理事會議、監事會議補選之。

前二項之遞補及補選者，以同一任期為其任期。

候補理事、候補監事以書面向**合作社**聲明放棄遞補者，喪失其候補資格。

第8條　理事會主席、監事會主席、理事、監事或社員代表之辭職，應以書面分別向理事會或監事會為之。

前項辭職經理事會或監事會同意後，不得在同一任期內再行當選原職。

第9條　**合作社**之選舉，其應選出名額為三人以下時，採無記名單記法；超過三人時，採無記名限制連記法，限制連記名額不得超過應選出名額之二分之一。但社員代表之選

舉，得依章程規定，採無記名單記法。

第 10 條　　**合作社**理事、監事之選舉，除章程另有規定、社員大會或社員代表大會決議外，得經社務會之決議，提出候選人參考名單，其人數為應選出名額同額以上。但候選人不以參考名單所列者為限。

前項候選人以其所屬社員或社員代表為限。

創立會之選舉，其候選人參考名單，由籌備會決議提出。

第 11 條　　**合作社**應於社員代表、理事或監事任期屆滿三個月前，由理事會推定理事若干人，成立社員社籍清查小組，並互推一人為召集人，依下列規定清查整理社籍：

一、查對校正原有社員名冊。

二、通知不合章程規定資格社員，應於三十日內辦理領取退社股金等手續。

三、通知死亡社員之繼承人，應於三十日內辦理領取出社股金等手續或申請入社手續。

四、前二款通知無法送達者，應予公告。經通知或公告後，註銷其社籍。

五、機關、學校或團體員工生消費**合作社**社員自原屬單位退休或離職後，經依章程規定保留社籍者，停止其選舉權、被選舉權及罷免權。

第 12 條　　**合作社**應於社員社籍清查整理完畢後，將合格社員、出社社員及保留社籍社員，分別列冊，連同候選人登記之日期、方法，提經理事會通過後公告十五日，並報請主管機關備查。

前項公告應於**合作社**選舉投票日六十日前為之，對社籍有異議之社員得於公告期間內以書面向**合作社**請求更正。

第 13 條　　前條公告日後入社或保留社籍之社員，經依法辦理變

更登記，亦不得行使當屆選舉權、被選舉權及罷免權。

第14條　　**合作社**分組舉行選舉會議選舉社員代表時，社員於**合作社**社員名冊公告日後，住址變更者，仍應回原地開會投票。

第15條　　**合作社**之選舉，採登記候選方式者，得依章程規定，由合格之社員或社員代表申請登記為候選人。

第16條　　符合候選人資格之社員或社員代表，應於受理候選人登記之日起十五日內，向**合作社**申請候選人登記。

　　　　　前項登記應檢具社員或社員代表三人以上之書面連署推薦書，每一社員或社員代表連署推薦以一人為限。同一社員或社員代表不得同時被推薦為理事及監事候選人。

　　　　　**合作社**應由社務會指定社員或社員代表三人以上成立候選人資格審查小組。但申請候選人登記者，不得擔任資格審查小組成員。

第17條　　候選人資格審查小組應於候選人登記截止之日起七日內完成審查工作；經審查不合格者，**合作社**應以書面載明理由通知本人。有異議者，應於接到通知之日起三日內檢附有關書證以書面申請複審，以一次為限，逾期不予受理。

　　　　　候選人資格審查小組接獲複審申請時，應於三日內審查完成，並通知本人。經複審決定者，不得再行異議。

　　　　　候選人資格審查確定後，應由候選人資格審查小組抽籤排定合格候選人先後次序，造具名單，以書面通知候選人。

第18條　　**合作社**應於選舉會議七日前，將會議種類、議程、時間、地點、應選名額、候補名額、候選人名單及選舉方式等公告，並以書面分別通知應出席人員，報請主管機關備查。

第19條　　**合作社**應依規定格式自行印製選舉票，載明**合作社**名

稱、選舉屆次、職稱及年、月、日，由理事會或籌備會就下列方式，擇一採用：

一、按應選出名額或限制連記名額劃定空白格位，由選舉人填寫。

二、將候選人或全體被選舉人姓名印入選舉票，由選舉人圈選。

三、將候選人參考名單印入選舉票，由選舉人圈選，並預留與應選出名額或限制連記名額同額之空白格位，由選舉人填寫。

選舉票應加蓋**合作社**圖記及由監事會推派之監事簽章後，始生效力。召開創立會時，蓋用籌備會戳記及由召集人簽章。但情形特殊經主管機關核准者，得免蓋圖記。

第 20 條　　**合作社**選舉社員代表時，應由理事會就社員中指定若干人為選務人員；選舉理事或監事時，應由社員大會或社員代表大會就出席社員或社員代表互推若干人為選務人員，無法互推時，得由會議主席指定，辦理投票及開票事務。

前項選務人員包括發票員、唱票員、記票員、監票員及代書人。

經依第十八條規定公告之候選人，不得兼任選務人員。

第 21 條　　**合作社**之選舉，在發票前應由會議主席或其指定人員宣布停止辦理報到，並當場說明選舉之屆次、職稱、出席人數、應選出名額、選舉方法、無效票之認定、投票截止時間及選務人員之職責等有關選舉注意事項。

第 22 條　　**合作社**選舉開始時，會議主席得宣布與選舉無關人員暫離會場。

第 23 條　　**合作社**社員或社員代表行使選舉權時，應出示社員證或身分證明文件，經核與社員名冊相符，於本人名下簽名

或蓋章，領取選舉票。

　　**合作社**社員或聯合社之社員代表不能出席會議行使
選舉權時，得以委託書委託其他社員或同社其他代表代理
之。但受託人不得接受二人以上之委託。

　　前項受託人應繳交委託書，並於領取選舉票時登記其
姓名。

　　委託人於發票前親自出席會議者，應以書面終止委
託，並辦理報到後，行使本人之權利。

第 24 條　　選舉人領取選舉票後，應親自圈寫，當場投票。但因
不識字或身心障礙無法圈寫時，得請求經推定或指定之選
務人員依選舉人意旨代為圈寫。

第 25 條　　**合作社**之選舉，應設置票匭，使用前由監票員當眾檢
查後封蓋；必要時，得設置圈（寫）票處。圈（寫）票處
除前條規定人員外，其他人員不得進入。

第 26 條　　**合作社**之選舉，選舉人有下列情事之一者，由監票員
予以警告，不服警告時，報告會議主席，由會議主席予以
制止或令其退出，並將事實列入紀錄：

一、妨礙會場秩序或會議之進行。

二、攜帶武器或危險物品。

三、在旁監視、勸誘或干涉其他選舉人圈投選舉票。

四、集體圈寫選舉票或將已圈寫之選舉票明示他人。

五、未依第二十四條規定圈投。

第 27 條　　**合作社**之選舉，經投票截止時間後，發票員應即會同
監票員清點發出票數，報告會議主席，並將社員名冊及
用餘選舉票分別包封，於封口處會同會議主席共同簽名或
蓋章。

第 28 條　　**合作社**之選舉，經截止投票後，應即當場開票。開票
時應集中一處先行核計投票總數，票數過多時，得分別開

票，再行彙計總得票數。

分組分配社員代表名額者，應分別計算票數。

第 29 條　　**合作社**之選舉，經開票完畢後，應由會議主席當場宣布選舉結果，並由會議主席會同監票員將有效票及無效票分別包封，於封口處共同簽名或蓋章，連同社員名冊及用餘選舉票，由**合作社**保存至任期屆滿為止。選舉會議紀錄應報請主管機關備查。

第 30 條　　**合作社**之選舉，發覺有違法舞弊情事時，會議主席得會同監票員宣布將票匭、社員名冊、已投選舉票、用餘選舉票及有關文件加封，報請主管機關核辦。

第 31 條　　選舉票有下列情事之一者，無效：

一、未依第十九條規定辦理。

二、圈寫之被選舉人超出應選出名額或限制連記名額。

三、圈寫之被選舉人姓名與社員名冊不符。

四、圈寫之位置不能辨別為何人。

五、圈寫後經塗改。

六、書寫字跡模糊不能辨識。

七、污染致不能辨別。

八、夾寫其他文字或符號。但被選舉人有二人以上同姓名，在下端註明區別者，不在此限。

九、附有暗號作用。

十、簽名、蓋章或捺指模。

十一、用鉛筆圈寫。

十二、撕破不完整。

十三、完全空白。

前項第三款至第六款屬部分性質者，該部分無效。

前二項無效票之認定有疑義時，由會議主席及監票員會商決定之。

第 32 條　　合作社之選舉採限制連記法時，在同一選舉票上對同一被選舉人圈寫二次以上，其連人數未超出連記名額者，以一票計算之。

第 33 條　　合作社之選舉，按應選出之名額，以候選人得票較多者為當選，次多者為候補，票數相同時，抽籤決定之，本人未在場或雖在場經唱名三次仍不抽籤者，由會議主席代為抽定。但理事會主席、監事會主席之選舉，仍應依第六條規定辦理。

　　　　　前項當選人及候補人名單，按得票數多寡之次序，由會議主席當場宣布並公告之。

第 34 條　　合作社之選舉，當選人及候補人，不以出席會議者為限。

第 35 條　　合作社之選舉，除依第十五條規定之方式外，同一社員或社員代表同時當選為理事及監事或候補理事及候補監事時，由當選人當場擇一擔任；當選人未在場或在場而未擇定者，以得票較多之職稱為當選；票數相同時，由會議主席抽籤決定之；同時當選為理事及候補監事或監事及候補理事時，以正式當選者為當選。

第 36 條　　合作社應於當選人名單公告後七日內通知當選人，當選人不接受當選者，應於接到通知之日起七日內以書面答覆之，屆期未答覆者，視為接受。

　　　　　當選人不接受當選時，由候補人依次遞補之。

第 37 條　　出席會議之選舉人或被選舉人，對會議主席宣布之選舉結果有異議者，應當場向會議主席提出；未出席會議者，應於會議後三日內以書面向主管機關提出；其以郵寄方式提出者，以郵戳為準。

　　　　　前項選舉結果之異議，選舉人或被選舉人於會議後或逾規定期限提出者，不予受理。

第 38 條　　**合作社**之社員代表、理事、監事、理事會主席及監事會主席，非經就任之日起滿六個月後，不得罷免。

第 39 條　　**合作社**之罷免案應擬具罷免申請書，敘明理由，經原選舉人三分之一以上之簽署，始得向**合作社**提出，並副知主管機關。

第 40 條　　**合作社**經查明罷免申請書簽署人有不實者，或於向**合作社**提出罷免申請書之日起三日內，經原簽署人申請撤回簽署者，應即剔除；其因剔除致不足法定人數時，應於收到該申請書之日起五日內退還，並副知主管機關。

第 41 條　　**合作社**應於收到罷免申請書之日起十五日內，將查明簽署屬實及其人數合於規定之罷免申請書副本，通知被申請罷免人在收到副本之日起十五日內，向**合作社**提出答辯書，屆期視為放棄答辯權利。

　　　　　被申請罷免人應將答辯書之副本副知主管機關。

第 42 條　　**合作社**應在被申請罷免人提出答辯書後或答辯截止日起十五日內，由理事會主席或監事會主席召開會議，經全體應出席人數過半數之同意罷免者為通過罷免，未達全體過半數同意者為否決罷免。

　　　　　理事會主席或監事會主席未依前項規定召集會議或本人為被申請罷免人時，由理事會或監事會互推一人召集之。必要時，主管機關得指定召集人。

第 43 條　　**合作社**應於罷免會議七日前，將罷免申請書與答辯書連同會議通知及議程，一併分發應出席人員，並報請主管機關備查。

第 44 條　　**合作社**之被申請罷免人得出席罷免會議，並於會議時補充答辯。但不得擔任會議主席。

第 45 條　　**合作社**之罷免會議未達法定出席人數流會者，視為否決罷免。

第 46 條　　**合作社**社員代表、理事、監事、理事會主席或監事會主席經罷免後，在同一任期內不得再行當選原職。罷免案經否決者，在同一任期內對同一被申請罷免人，不得再以同一理由提出罷免。

第 47 條　　**合作社**應依規定格式自行印製罷免票，並加蓋**合作社**圖記及由監事會推派之監事簽章後，始生效力。但情形特殊經主管機關核准者，得免蓋圖記。

第 48 條　　**合作社**辦理罷免事務，準用本辦法有關選舉事務之規定。

第 49 條　　罷免票有下列情事之一者，無效：

一、未依第四十七條規定辦理。

二、同時圈寫同意罷免及不同意罷免。

三、圈寫位置不能辨別同意罷免或不同意罷免。

四、有第三十一條第一項規定情事。

　　被罷免人在二人以上時，前項各款屬部分性質者，該部分無效。

第 50 條　　**合作社**之罷免案，在未提出會議前，得由原簽署人全體同意撤回之；提出會議後，應得原簽署人全體同意，並應由會議主席徵詢出席人三分之二以上同意後，始得撤銷。

第 51 條　　本辦法規定各項通知之送達，以社員名冊所登記地址為其送達地址。

　　通知送達，應以郵局回執或送件回單為憑，並準用民事訴訟法有關公示送達之規定。

第 52 條　　本辦法除第四條及第十四條外，於**合作社**聯合社準用之。

第 53 條　　本辦法所定書表格式，由主管機關定之。

第 54 條　　本辦法自發布日施行。

# 合作社組織編制及經費處理準則

1.中華民國92年10月8日內政部內授中社字第0920087682號令
訂定發布全文14條；並自發布日施行

第1條　本準則依**合作社**法第七十五條之一規定訂定之。

第2條　**合作社**應將組織系統及員額編制規定，由理事會提經社員大會或社員代表大會決議通過，報請主管機關備查。

第3條　**合作社**得將其事務員及技術員，訂定人事編制規定，並視業務需要，置總經理或經理、副總經理或副理、主任、文書、會計、出納、助理員或其他人員等級次，由理事會提經社員大會或社員代表大會決議通過，報請主管機關備查。

第4條　**合作社**應建立人事制度，規定職員之薪給、考核、獎懲、升遷、調免、出勤、差假、教育訓練、保險、退休（職）、資遣、撫卹及其他有關事項，並應有內部人事管理規定。

前項人事管理規定，由理事會提經社員大會或社員代表大會決議通過，報請主管機關備查。

第5條　**合作社**之帳務處理及財物管理，應分由不同人員辦理。

前項人員，**合作社**得規定其須辦理保證或信用保險。

第6條　**合作社**之職員，應由理事會公開考選任用，或授權總經理或經理遴選，提請理事會通過後任用。

第7條　**合作社**理事不得兼任職員。但情形特殊經主管機關核准者，不在此限。

第8條　**合作社**理事會主席或理事駐社辦公，監事會主席或監事駐社監查期間，**合作社**得酌給公費。

第9條　**合作社**理事、監事出席理事會、監事會或社務會，**合**

作社得酌給出席費。

　　　　但已支領前條公費人員，不得支領出席費。

第 10 條　　**合作社**理事、監事或職員對**合作社**有特殊貢獻者，得由社務會通過後，酌給慰勞金或酌贈紀念品。

第 11 條　　**合作社**理事、監事或職員出國或在國內參觀考察，應編列預算。但情形特殊經理事會通過，並報請主管機關核准者，不在此限。

第 12 條　　**合作社**依本準則支給之各項費用，應參酌業務收益，由社務會分別訂定基準，提經社員大會或社員代表大會決議通過，報請主管機關備查。

第 13 條　　本準則關於**合作社**之規定，於**合作社**聯合社準用之。

第 14 條　　本準則自發布日施行。

# 合作社組織編制及人事管理準則

1.中華民國105年3月18日內授中團字第1051400904號令
訂定發布全文9條；並自發布日施行

第 1 條　　本準則依**合作社**法第四十條第四項規定訂定之。

第 2 條　　**合作社**之組織系統結構包含社員、社員組織及聘任職員。

　　　　**合作社**之社員係**合作社**所有者、經營者、使用者及結餘分配者。

　　　　**合作社**之社員組織如下：

一、社員大會或社員代表大會：由社員或社員代表組織之，係**合作社**決策及最高權力機關。

二、理事會：由理事組織之，係**合作社**之執行機關。

三、監事會：由監事組織之，係**合作社**之監察機關。

四、社務會：由理事、監事組織之，係**合作社**之協議機關。

合作社因經營業務需要，得聘任職員。

第 3 條　　**合作社**應就聘任職員，訂定員額編制規定。

前項員額編制，得視業務需要置總經理、經理、副總經理或副理、主任、文書、會計、出納、助理員或其他人員等級次，並訂定各級次員額規定。

第 4 條　　**合作社**應建立聘任職員人事制度，規定職員之薪給、考核、獎懲、升遷、調免、出勤、差假、教育訓練、保險、退休（職）、資遣、撫卹及其他有關事項，並應有內部人事管理規定。

第 5 條　　**合作社**之聘任職員，應由理事會公開考選任用，或授權總經理或經理等主管公開遴選，提請理事會通過後任用。

前項授權，應明定於人事管理規定。

第 6 條　　**合作社**依本準則訂定之組織系統、員額編制及人事管理規定，由理事會提經社員大會或社員代表大會決議通過，報請主管機關備查，修正時亦同。

第 7 條　　**合作社**理事不得兼任聘任職員。但情形特殊經主管機關同意者，不在此限。

第 8 條　　本準則關於**合作社**之規定，於**合作社**聯合社準用之。

第 9 條　　本準則自發布日施行。

# 計程車運輸合作社設置管理辦法

1.中華民國93年8月9日交通部交路發字第093B000055號令、
內政部內授中社字第0930722116號令會銜訂定發布全文35條；
並自發布日施行
2.中華民國100年5月3日交通部交路字第1000002658號令、
內政部內授中社字第1000733248號令會銜修正發布第19條條文
3.中華民國101年10月18日交通部交路字第10150133482號令、
內政部內授中社字第10150325802號令會銜修正發布第5條條文

## 第一章　總則

第1條　　本辦法依據公路法（以下簡稱本法）第五十六條第二項規定訂定之。

第2條　　計程車運輸合作社及其社員之營運管理，除依本辦法辦理外，並依其他相關法令規定辦理。

第3條　　計程車運輸合作社以直轄市、縣（市）行政區域為組織之區域。

第4條　　本辦法所稱計程車運輸合作社，係指依合作社法、公路法、地方制度法暨相關法令規定，由合作社主管機關及公路主管機關視實際需要輔導核准成立，其社員以在核定區域內，以小客車出租載客為營業之運輸合作社。

第5條　　本辦法之合作社主管機關，在中央為內政部；在地方為合作社所在地之直轄市政府或縣（市）政府。

　　　　　本辦法之公路主管機關，在直轄市為直轄市政府；直轄市政府以外區域為交通部，由交通部委任交通部公路總局辦理。

第6條　　計程車運輸合作社採有限責任，各社員以其所認股額

為限，負其責任。

## 第二章　設立

第7條　　合作社主管機關輔導籌備計程車運輸合作社作業程序如下：

一、調查分析：調查籌備計程車運輸合作社之主、客觀因素，並據以分析研判籌備可行性。

二、合作教育宣導：對發起人及預定社員對象等進行合作宣導與教育工作，強化其合作信念。

三、輔導籌設：輔導發起人等依程序進行籌設及辦理成立登記等相關工作。

第8條　　計程車運輸合作社之籌備，應由發起人七人以上，檢具下列文件向該管合作社主管機關提出申請，經合作社主管機關於十五日內完成前條規定事項後，會請公路主管機關核准籌備：

一、計程車運輸合作社發起組織申請書。

二、計程車運輸合作社籌備申請書。

三、籌備計畫書。

第9條　　計程車運輸合作社經合作社主管機關核准籌備後，應積極召募社員組織籌備會，辦理下列籌備工作：

一、擬訂章程草案。

二、擬訂業務計畫書草案及籌備計畫執行進度。

三、擬制各種章則草案。

四、舉辦合作教育二次以上。

五、召募社員達一百五十人以上。

六、收足社員應納之股金。

七、應有合法之營業場所及設備。

　　前項社員人數得由該管合作社主管機關會商公路主管

機關視當地經營環境及因地制宜需要調整。

第10條　　計程車運輸**合作社**經核准籌備後，應於六個月內籌備完成，如因正當理由未能如期籌備完成並召開創立會時，得報請**合作社**主管機關會請公路主管機關同意後准予延期一次，其期間以六個月為限，逾期由**合作社**主管機關廢止核准籌備。

　　　　　經廢止核准籌備者，應於廢止核准籌備之日起三十日內，將社員股金及孳息所得，扣除已發生之費用依社員已繳股金比率退還。

第11條　　計程車運輸**合作社**召開創立會時，應通過章程、業務計畫書、收支預算表、選舉理事及監事。

　　　　　計程車運輸**合作社**應於召開創立會後一個月內，檢附下列文件報請該管**合作社**主管機關會請公路主管機關同意後，發給計程車運輸**合作社**成立登記證，並由公路主管機關發給計程車客運服務業營業執照，逾期辦理者，廢止其核准籌備：

一、成立登記申請書。

二、章程。

三、創立會決議錄。

四、選任理事、監事及聘僱職員簡歷冊各一份。

五、社員名冊。

　　　　　計程車運輸**合作社**召集創立會，應報請**合作社**主管機關及公路主管機關派員列席指導。

第12條　　計程車運輸**合作社**章程，應記載下列事項：

一、名稱。

二、責任。

三、社址。

四、組織區域。

五、經營業務種類。

六、社股金額及其繳納或退還之規定。

七、社員之權利及義務。

八、職員名額、權限及任期。

九、營業年度起止日期。

十、盈餘處分及損失分擔之規定。

十一、公積金及公益金之規定。

十二、社員資格、入社、退社及除名之規定。

十三、社務執行及理事、監事任免之規定。

十四、定有存立期間或解散事由者，其期間或事由。

十五、其他處理社務事宜。


## 第三章　社員

第 13 條　　申請加入計程車運輸**合作社**為社員應具下列資格：

一、設籍組織區域內。

二、領有當地有效之營業小客車駕駛人執業登記證或經查證已考取執業登記證尚未領證者。

三、持有有效職業駕駛執照者。

第 14 條　　申請加入計程車運輸**合作社**為社員者，對於入社前該**合作社**所負之債務與舊社員負同一責任。

　　　　　　入社股金新臺幣壹萬元以上，以現金繳納為限，社股金額每股至少新臺幣六元，至多新臺幣一百五十元，在同一社內，必須一律。

第 15 條　　有下列情形之一者，不得加入計程車運輸**合作社**為社員：

一、經營計程車客運業（不含個人經營計程車客運業者）或本法第五十六條第一項之計程車客運服務業者。

二、已加入其他計程車運輸**合作社**為社員者。

## 第四章　營運與管理

第16條　　計程車運輸**合作社**成立登記後，應於六個月內開始營業，並報請該管**合作社**主管機關及公路主管機關備查；但因天災、事變或其他不可抗力之事由，得報請該管**合作社**主管機關會請公路主管機關核准延期，期間以六個月為限，逾期廢止其成立登記證及計程車客運服務業營業執照。

　　　　計程車運輸**合作社**開業後，應於二個月內辦妥社員車輛一次領牌，如情形特殊未能如期完成時，得報請該管公路主管機關會請**合作社**主管機關同意後准予延期一次，以二個月為限，逾期廢止其核准未領牌照、成立登記證及計程車客運服務業營業執照。

第17條　　已領有個人經營計程車客運業營業執照申請加入計程車運輸**合作社**者，**合作社**應報請該管公路主管機關於其原領行車執照及牌照登記書上，登記**合作社**名稱，不另發牌照。

　　　　前項社員退出**合作社**或喪失社員資格時，**合作社**應報請該管公路主管機關於其原領行車執照及牌照登記書上，登記退社時間，原發牌照不予註銷。

第18條　　未領有汽車運輸業營業執照及牌照之社員，其汽車運輸業營業執照及牌照之請領，由**合作社**檢具社員名冊及社員執業登記證，向該管公路主管機關申請。

　　　　前項社員有下列情事之一者，應廢止其汽車運輸業營業執照並註銷其營業車輛牌照：

一、有**合作社**法第十三條規定情事之一者。

二、死亡。

三、除名。

四、喪失本辦法第十三條應具備資格之一者。

五、自請退社。

第 19 條　　計程車運輸**合作社**服務社員之業務如下：

一、社員計程車車輛牌照之請領、換發、繳銷、車輛檢驗
　　及各種異動登記。

二、社員計程車車輛違規罰鍰及稅費等之繳納。

三、社員計程車強制汽車責任險或其他保險之投保。

四、社員計程車行車事故之有關處理事項。

五、社員福利互助業務。

六、乘客申訴業務。

七、社員教育訓練業務。

八、社員車輛貸款及動產擔保之登記。

九、依計程車客運服務業申請核准經營辦法申請核准籌設
　　計程車客運服務業後，辦理社員計程車輛派遣業務。

十、其他經公路主管機關核准之業務。

第 20 條　　計程車運輸**合作社**新加入社員所需營業之車輛由社員
自備，每一社員以一輛為限。公路主管機關應於牌照登記
申請書及行車執照登載該社員為車輛產權所有人，並註記
所屬**合作社**名稱。

第 21 條　　計程車運輸**合作社**成立後社員如有入社或退社時，應
提理事會通過後，檢附理事會議紀錄連同**合作社**社員增減月
報清冊，報請該管**合作社**主管機關及公路主管機關備查。

第 22 條　　計程車運輸**合作社**為社員辦理請領牌照應檢附**合作社**
理事會審查同意社員入社會議紀錄。

　　　　　公路主管機關廢止計程車運輸**合作社**社員汽車運輸業
營業執照及吊（註）

銷車輛牌照，應通知**合作社**及**合作社**主管機關。

第 23 條　　計程車運輸**合作社**每月應將下列報表報請**合作社**主管
機關備查：

一、收支月報表。

二、社員增減月報清冊。

　　計程車運輸**合作社**應建立財務管理制度，**合作社**理事會應依規定設置會計憑證與帳簿，按時編製報表提監事會審查。

　　計程車運輸**合作社**理事會應於年度終了時，製作業務報告書、資產負債表、損益計算表、財產目錄及盈餘分配表，至少於社員（代表）大會開會十日前，送經監事會審核後，提報社員（代表）大會。

第24條　　計程車運輸**合作社**之營運，不得有下列行為：

一、買賣營業車輛牌照。

二、於汰換車輛，向社員收取不當費用。

三、強制代社員購置營業車輛。

四、巧立名目向社員收取不當費用。

第25條　　計程車運輸**合作社**社員，除報請公路主管機關核准得將車輛交予符合第十三條規定及無第十五條規定情事之配偶或直系親屬輪替駕駛營業外，不得擅自轉讓車輛牌照或僱用他人或將車輛交予他人駕駛營業。

第26條　　計程車運輸**合作社**監事不得兼任理事、事務員或技術員。

　　曾任理事之社員，於其責任未解除前，不得當選為監事。

　　理事、監事不得兼任其他業務性質相同之同級計程車運輸**合作社**之理事、監事，或與計程車運輸**合作社**有競爭關係之團體或事業之職務。

第27條　　計程車運輸**合作社**社員辦理各項監理證照、車輛異動變更登記，應檢附**合作社**出具該申辦業務之證明文件，向該管公路主管機關辦理。

第 28 條　　各級**合作社**主管機關每年應會同公路主管機關對計程車運輸**合作社**實施稽查、考核或評鑑。

　　　　　　計程車運輸**合作社**經主管機關考核列名丁等以下者，由**合作社**主管機關輔導改善。

第 29 條　　**合作社**主管機關及公路主管機關對於經考核績優計程車運輸**合作社**得予以獎勵，並通知各計程車運輸**合作社**。

　　　　　　**合作社**主管機關應將計程車運輸**合作社**年度考核成績名冊通知公路主管機關，公路主管機關應提供計程車運輸**合作社**名冊供入社者選擇參考。

第 30 條　　計程車運輸**合作社**每年應辦理社員合作教育講習，並應將辦理成果陳報**合作社**主管機關。

　　　　　　計程車運輸**合作社**應派員參加各級主管機關辦理之分區合作教育講習，參加講習人員所需之交通費、膳雜費等應由**合作社**經費支應。

第 31 條　　計程車運輸**合作社**應訂定社員自律公約，並督導社員遵守。

## 第五章　解散及清算

第 32 條　　計程車運輸**合作社**決議解散時，應於一個月內向該管**合作社**主管機關辦理解散登記，並於清算完成時將成立登記證、計程車客運服務業營業執照及社員汽車運輸業營業執照、車輛牌照繳回。其社員有繼續營業之必要者，應在解散登記後一個月內，以原車辦理重新加入，申請公路主管機關換發汽車運輸業營業執照並辦妥車輛異動登記，如因天災、事變或其他不可抗力之事由，得於申請期間屆滿前申請展延一次，以一個月為限。

　　　　　　計程車運輸**合作社**解散應依**合作社**法相關規定辦理解散登記並完成清算。

第33條　　計程車運輸**合作社**決議合併者，因合併而消滅之**合作社**原社員自動成為因合併而存續之**合作社**社員。該社員應於合併後一個月內向公路主管機關申請換發社員汽車運輸業執照及辦妥車輛異動登記。

## 第六章　附則

第34條　　計程車運輸**合作社**違反第二十四條第一項規定者，依本法第七十七條第三項規定處罰。

第35條　　本辦法自發布日施行。

# 儲蓄互助社法

1.中華民國86年5月21日總統（86）華總（一）義字第8600119880號令制定公布全文35條

2.中華民國89年1月26日總統（89）華總一義字第8900022110號令修正公布第2、5、7～9、11、15、22、29條條文；並刪除第10條條文

3.中華民國91年2月6日總統（91）華總一義字第09100025060號令修正公布第2、13、22、29、30條條文；並增訂第13-1條條文
中華民國101年6月25日行政院院臺規字第1010134960號公告第27條第2項所列屬「財政部」之權責事項，經行政院公告自93年7月1日起變更為「行政院金融監督管理委員會」管轄，自101年7月1日起改由「金融監督管理委員會」管轄

4.中華民國104年2月4日總統華總一義字第10400013401號令修正公布第9、19、22、27條條文；增訂第7-1條條文；並刪除21條條文

第1條　　為健全儲蓄互助社經營發展，維護社員權益，改善基層民眾互助資金之流通，發揮社會安全制度功能，特制定

本法。

第2條　　儲蓄互助社為法人。

　　　　本法所稱儲蓄互助社，係指本法公布施行前已成立或依法新設立，且具共同關係之自然人及非營利法人所組成之非營利社團法人。

　　　　前項所稱共同關係，乃指工作於同一公司、工廠或職業團體、或參加同一社團或宗教團體或原住民團體、或居住於同一鄉、鎮者。

　　　　無共同關係而參加儲蓄互助社者無效。但於本法修正前已參加者，不在此限。

　　　　社員喪失共同關係者，於喪失共同關係起二年內仍為社員。

第3條　　儲蓄互助社採有限責任制，社員以其股金為限負其責任。

第4條　　本法所稱中華民國儲蓄互助協會（以下簡稱協會），係指由全體儲蓄互助社共同組成之社團法人，凡已成立之儲蓄互助社均應參加協會為會員。

　　　　儲蓄互助社之管理與監督，由協會依本法之規定執行。

第5條　　儲蓄互助社之主管機關：在中央為內政部；在直轄市為直轄市政府；在縣（市）為縣（市）政府。

第6條　　儲蓄互助社應於名稱上標明；非依本法規定，不得使用儲蓄互助社之名稱。

第7條　　儲蓄互助社之設立、管理、監督與輔導，由協會辦理。

　　　　前項設立、管理、監督與輔導辦法由協會定之，並送中央主管機關核備。

第7-1條　為協助弱勢族群、擔保能力不足之社員取得改善生活及促進生產所需資金，協會得辦理儲蓄互助信用保證業務，政府應提供必要之協助，並得予獎勵。

　　前項保證業務之資金由協會自籌，辦理之範圍、對象、規模、額度及其他應遵循事項，由協會定之，並送中央主管機關會商相關機關同意。

　　政府應為下列款項提供存放於金融機構之制度：

一、各社提存於協會之穩定金。

二、各社存放於協會之餘裕資金。

三、各社自有之餘裕資金。

　　為活絡資金之運用，協會得將前項第二款及第三款資金之一定比例交付信託。

　　儲蓄互助社餘裕資金提供於存放金融機構之辦法，由中央主管機關會商中央銀行及金融監督管理委員會等機關定之。

第8條　　依本法設立之儲蓄互助社組織，依法經營者，免徵所得稅及營業稅。

第9條　　儲蓄互助社之任務如下：

一、收受社員股金。

二、得為社員設備轉金帳戶。

三、辦理社員放款。

四、參加協會辦理之各項互助基金業務。

五、代理收受社員水電費、瓦斯費、學費、電話費、稅金、罰鍰及其他收付款項業務。

六、參加協會資金融通。

七、參與社區營造，協助發展社區型產業。

八、參加協會辦理之各項**合作事業**型態之社會企業業務。

九、購買國家公債或金融商品。

十、接受政府或公益團體委託代辦事項。

十一、其他經中央主管機關核可之相關事項。

　　儲蓄互助社收受社員股金不得有保本保息或固定收益

之約定。

　　第一項第九款儲蓄互助社購買金融商品之辦法由協會定之，並送中央主管機關核備。

　　儲蓄互助社執行第一項第七款、第八款及第十款任務，其銷售與非社員之貨物或勞務，應依所得稅法、加值型及非加值型營業稅法規定課徵所得稅及營業稅，不適用第八條規定。但政府委託其代辦之業務免徵營業稅。

第 10 條　　（刪除）

第 11 條　　儲蓄互助社對單一社員之放款總額不得超過該社股金與公積金總額百分之十。

　　儲蓄互助社放款總額不得超過該社自有資金總額。

　　前項所稱自有資金係指：社員股金、留置股金、資本公積、公積金、特別公積，未分配盈餘及本期損益。

第 12 條　　儲蓄互助社不得對非社員為收受股金及放款之服務。

第 13 條　　社股金額為每股新臺幣一百元，每一社員股金，至多不得超過社股金總額百分之十。

　　前項股金繳納係社員之義務，具有儲蓄性質。

第 13-1 條　　儲蓄互助社社員之儲蓄股金未達一百萬元者，其股息所得免稅。

第 14 條　　社員申請退股，須以書面提出之，並經理事會之同意。理事會於必要時得遲延支付退股之股金，但最遲不得超過同意退股之日起六十日。

　　社員於年度中退股，該部分當年度不得分配股息。

　　第一項社員退股，於儲蓄互助社發生經營重大危機時，理事會得暫停社員退股申請，並於一個月內召開臨時社員大會。

第 15 條　　儲蓄互助社之年度盈餘，依下列優先順序提撥或分配：

一、彌補累積虧損。

二、利息攤還。

三、公積金百分之二十以上。

四、公益金及教育金百分之五。

五、社股股息。

　　前項所稱公積金達股金總額百分之二十時，得酌減提撥比率。

第16條　　儲蓄互助社以全體社員組成之社員大會為最高權力機構。

　　社員大會應有全體社員五分之一之出席，或成年社員一定人數以上之出席，始得開會。

　　社員大會每一社員有一票之表決權，不得委託他人行使權利。

第17條　　社員大會分常年大會及臨時大會。常年大會應於每一會計年度終了兩個月內召開，並於七日前，以書面通知社員；臨時大會依章程規定召開。

第18條　　儲蓄互助社設理事會，執行社員大會之決議，對儲蓄互助社負連帶責任。

　　理事七至二十一人，由社員大會選任之，任期三年，連選得連任。

　　理事會設理事長一人，由理事互選之，連選得連任一次。

第19條　　儲蓄互助社設監事會，對儲蓄互助社負連帶責任。

　　監事三人至七人，由社員大會選任之，任期三年，連選得連任。

第20條　　理事、監事均為無給職，且不得支領酬勞金。

第21條　　（刪除）

第22條　　理、監事應依照法令、章程及社員大會之決議執行職務。

　　理、監事會之決議違反前項規定，致儲蓄互助社受損害時，理、監事對儲蓄互助社應負賠償責任。但經表示異議並有會議紀錄可證者，不在此限。

　　理、監事因怠忽職務或違反規定，致儲蓄互助社受損害時，對儲蓄互助社應負賠償責任。

第 23 條　　儲蓄互助社因下列各款情事之一而解散，應由協會呈報主管機關核准：

一、社員大會之解散決議。

二、社員不滿五十人。

三、經破產宣告。

四、經協會命令解散。

　　前項第一款之決議，應有全體社員四分之三以上之出席，出席社員三分之二以上之同意。

第 24 條　　儲蓄互助社因解散清算時，應受協會監督，其清算人由社員大會選任之。

　　如社員大會不選任時，由理事充任之。

第 25 條　　儲蓄互助社年度決算或清算後有虧損時，以各項準備金、公積金、股金順序抵補之；清算有賸餘時，依社員股金分配之。

第 26 條　　清算人於清算事務終了後，應於二十日內造具報告書，送協會轉呈主管機關，並分送社員。

第 27 條　　協會之任務如下：

一、輔導儲蓄互助社訂定章程。

二、辦理有關互助之教育訓練。

三、審核設立儲蓄互助社並保障其權益。

四、監督、稽核及輔導各儲蓄互助社。

五、辦理儲蓄互助社各項互助基金業務。

六、管理儲蓄互助社提存之公積金。

七、辦理儲蓄互助社資金融通及運用管理儲蓄互助社餘裕資金。

八、協助儲蓄互助社購買國家公債。

九、辦理儲蓄互助社社員之托育及安養護等互助業務。

十、參與**合作事業**型態之社會企業，辦理公益事業項目。

十一、其他經核可之事項。

　　協會執行任務之資金需求及運用，得依前項第七款辦理，該款辦理資金融通、運用管理餘裕資金及其他應遵循事項，由協會定之，並送中央主管機關核備。

　　協會辦理第一項第十款任務，應送中央主管機關核備。

　　協會執行任務，由中央主管機關予以監督及輔導。但涉及相關目的事業主管機關者，得由中央主管機關會商相關機關協助。

第28條　　協會於每一年度終了後三個月內，應將所屬儲蓄互助社營運之有關資料，呈報主管機關。

第29條　　儲蓄互助社違反法令、章程，或無法健全經營而損及社員權益之虞時，主管機關得為下列之處分，協會為處分時並應報主管機關核備：

一、撤銷會議之決議。

二、停止或解除理事、監事職務。

三、命令儲蓄互助社處分失職人員。

四、停止部分業務。

五、命令解散。

六、其他必要之處置。

　　前項情形，得對理事、監事處新台幣六萬元以上三十萬元以下之罰鍰。

第30條　　本法公布施行前已成立之儲蓄互助社，應自本法修正施行後一年內向主管機關備案登記。

本法修正施行前，既有儲蓄互助社登記有案，其以自有資金取得而以自然人或協會名義登記之土地及建築改良物，得更名為該儲蓄互助社所有。

儲蓄互助社辦理前項更名所需證明文件，向直轄市、縣（市）主管機關申請之，有關更名作業辦法，由中央主管機關定之。

第 31 條　　違反第六條規定，或未依法設立、成立儲蓄互助社或類似組織而營業者，處二年以下有期徒刑，得併科新臺幣三十萬元以下罰金。

法人犯前項之罪者，處罰其行為負責人。

第 32 條　　儲蓄互助社理事、監事或其他職員有下列情形之一者，處一年以下有期徒刑、拘役或科或併科新臺幣六十萬元以下罰金：

一、拒絕移交者。

二、隱匿或毀損社之財產或帳冊文件者。

三、偽造債務或承認不真實之債務者。

第 33 條　　儲蓄互助社有下列情形之一者，由協會報請主管機關按情節輕重，處新臺幣六萬元以上三十萬元以下之罰鍰。

一、違反第九條規定，經營未經核准之業務項目者。

二、違反第十一條規定，放款逾越限制者。

三、違反第十二條規定，對非社員營業者。

四、違反第十三條規定，吸收個人股金逾越上限者。

五、違反第十四條規定，未依規定辦理退股者。

六、違反第十五條規定，盈餘分配不當者。

七、違反第二十條規定，支付酬勞金者。

前項所定罰鍰之受罰人為儲蓄互助社。儲蓄互助社經依前項受罰後，對應負責之人有求償權。

第 34 條　　協會有下列情事之一者，主管機關得依情節輕重，處

新臺幣六萬元以上三十萬元以下之罰鍰。

一、違反第二十七條規定，經營未經核准之業務項目。

二、違反第二十八條規定，未呈報資料或呈報不實者。

第35條　　本法自公布日施行。

# 儲蓄互助社土地及建築改良物更名作業辦法

1.中華民國91年12月18日內政部臺內中社字第0910082787號令
訂定發布全文6條；並自發布日施行

第1條　　本辦法依儲蓄互助社法（以下簡稱本法）第三十條第
三項規定訂定之。

第2條　　本辦法適用之對象，為本法中華民國九十一年二月六
日修正施行前，以自有資金取得土地及建築改良物，而以
自然人或中華民國儲蓄互助協會（以下簡稱協會）名義登
記之登記有案之儲蓄互助社。

第3條　　儲蓄互助社有本法第三十條第二項所定情形者，得檢
附下列文件，送協會審查：

一、申請書。

二、證明以自有資金購買該土地、建築改良物之文件。

三、儲蓄互助社登記證影本。

四、前一年度決算報告書。

五、土地、建築改良物登記簿謄本。

六、土地、建築改良物所有權人、其繼承人或遺產管理人
印鑑證明。

七、其他經中央主管機關指定之文件。

第4條　　前條第二款文件係指下列文件之一：

一、買賣契約（賣渡書）：記載該土地、建築改良物為儲
蓄互助社名義購買。

二、社員大會會議紀錄：記載決議購買該土地、建築改良
物之會議紀錄。

三、帳簿及報表：記載購買該土地、建築改良物之經費支
出，及資產負債表或財產目錄。

四、協會同意書：以協會名義登記者，由協會出具更名同
意書。

五、土地、建築改良物所有權人、其繼承人或遺產管理人
切結書：載明該土地、建築改良物非自然人所有，且
同意更名為儲蓄互助社所有。

六、其他經中央主管機關認定之文件。

第5條　　協會就審查合格之案件，應報請直轄市、縣（市）主
管機關發給證明書。

　　　　儲蓄互助社得持前項證明書向該管地政事務所申請更
名登記。

第6條　　本辦法自發布日施行。

# 二、金融

## 信用合作社法

1. 中華民國82年12月3日總統（82）華總（一）義字第6402號令
   制定公布全文51條
2. 中華民國83年2月4日總統（83）華總（一）義字第0645號令
   增訂公布第49-1條條文
3. 中華民國91年5月15日總統華總一義字第09100093820號令
   修正公布第5、8、22、27條條文
4. 中華民國91年5月29日總統華總一義字第09100108340號令
   修正公布第21條條文；並增訂第16-1條條文
5. 中華民國93年4月4日總統華總一義字第09300016531號令
   修正公布第38～40條條文；並增訂第38-1～38-4、40-1、
   48-1、48-2條條文
6. 中華民國94年5月18日總統華總一義字第09400072531號令
   修正公布第21、32、47、49條條文；
   並增訂第12-1、21-1、38-5、38-6、49-2條條文
7. 中華民國95年5月30日總統華總一義字第09500075811號令
   修正公布第38-4、51條條文；並自九十五年七月一日施行
   中華民國101年6月25日行政院院臺規字第1010134960號
   公告第5條所列屬「財政部」之權責事項，
   經行政院公告自93年7月1日起變更為「行政院金融
   監督管理委員會」管轄，自101年7月1日起改由
   「金融監督管理委員會」管轄
8. 中華民國103年6月4日總統華總一義字第10300085311號令
   修正公布第5條條文

## 第一章　總則

第1條　　　為健全**信用合作社**經營，維護社員及存款人權益，適應國民經濟需求，配合國家金融政策，特制定本法。

第2條　　　本法稱**信用合作社**，謂依本法組織登記之**合作社**，並經中央主管機關許可經營銀行業務之機構。

第3條　　　**信用合作社**之設立，應先經中央主管機關之許可後，再向**合作社**之主管機關辦理**合作社**之設立登記。

　　　　　　依前項規定設立之**信用合作社**，非經中央主管機關發給營業執照，不得營業。

　　　　　　**信用合作社**申請設立之程序及標準，由中央主管機關定之。

第4條　　　**信用合作社**之管理，依本法之規定；本法未規定者，依其他有關法律之規定。

第5條　　　本法稱主管機關：在中央為金融監督管理委員會；在直轄市為直轄市政府；在縣（市）為縣（市）政府。

第6條　　　本法稱**信用合作社**之負責人為理事。

　　　　　　**信用合作社**之經理人、清算人、監管人、監事，在執行職務範圍內，亦為**信用合作社**負責人。

第7條　　　**信用合作社**之業務區域，得不受行政區域限制，由中央主管機關審酌各**信用合作社**所在地經濟金融情形及其業務經營狀況訂定或調整之。

　　　　　　**信用合作社**得在其業務區域內設立分支機構，其設立辦法與銀行設立分支機構者同。

第8條　　　**信用合作社**章程，應載明下列事項：

一、社名。

二、本社所在地；設有分社者，其所在地。

三、業務項目。

四、業務區域。

五、責任種類。

六、社員之資格及入社、出社、除名之方法。

七、每股社股金額及其繳納或退還。

八、實收股金之最低總額。

九、社員之權利及義務。

十、保證責任**信用合作社**之保證金額。

十一、社員大會、理事會及監事會之組織與職權。

十二、社務、業務執行之方式及理事、監事之人數與任期。

十三、總經理及副總經理聘任之規定。

十四、盈餘分配及損失分擔。

十五、公積金及公益金之使用。

十六、公告方法。

十七、解散事由。

十八、其他經中央主管機關指定之事項。

十九、章程訂立及修改之日期。

　　章程之訂定及修正應報經縣（市）主管機關轉請中央主管機關或報請直轄市主管機關核定。

　　章程或理事、監事變更時，應於一個月內為變更登記。在未為登記前，不得以其變更對抗善意之第三人。

第9條　　**信用合作社**資金之融通，餘裕資金之轉存，由中央銀行洽商中央主管機關，由中央銀行或其指定之機構辦理，其辦法由中央銀行定之。

　　**信用合作社**存款準備金之收管，由中央銀行或其指定之金融機構辦理。

第10條　　**信用合作社**經中央主管機關之許可，得組織全國性**信用合作社**聯合社，由中央主管機關指導與監督；其章程之訂定及修正應報經中央主管機關核定。

## 第二章　社員及社股

第 11 條　　凡於業務區域內設籍或從業而有證明之自然人或設有事務所之非營利法人，得申請加入**信用合作社**為社員。

　　　　　凡於業務區域內設有營業所、事務所之中小企業，得加入**信用合作社**為準社員，準社員除無選舉權、被選舉權外，其權利義務與一般社員同。

　　　　　前項中小企業之範圍準用銀行法之規定。

　　　　　中小企業法人為**信用合作社**準社員者不適用營業稅法第八條第一項第十款之規定。

第 12 條　　**信用合作社**社股每股金額與每一社員最低及最高認購社股數，由中央主管機關訂定之。

第 12-1 條　**信用合作社**社員得於年度終了時退社。但應於三個月前提出請求書。

　　　　　前項期間，得以章程延長至六個月；社員為法人時，得延長至一年。

　　　　　出社社員，得依章程之規定，請求退還其股金。每股應退股金之計算，依**信用合作社**營業年度終了時經社員代表大會決議通過之決算淨值除以股數定之。但每股應退股金之上限金額，不得超過社股每股面額。

　　　　　前項決算淨值，社員代表大會決議前，應先確認**信用合作社**業以會計師查核簽證所列可能遭受損失之金額提足評價準備，未提足者，應補提調整之。

　　　　　第三項股金之退還，**信用合作社**應於社員代表大會決議通過後三個月內為之。

　　　　　**信用合作社**社員申請減少股金及其應退股金之計算，準用前五項規定。

第 13 條　　**信用合作社**社員人數超過二百人以上者，得推選社員

代表，並得召開社員代表大會，以行使社員大會職權。

社員代表之人數應為社員人數百分之十，但其最低人數為五十一人，最高人數為一百五十一人為限。

社員代表之任期為三年，連選得連任。

第14條　　與**信用合作社**交易達一定標準，設籍或設有事務所於業務區域內之社員，入社滿一年者始有選舉權，入社滿二年者始有被選舉權。但於創立之第一年入社者，不在此限。

如非營利法人為社員被選為社員代表，應指定自然人代表行使職務。

第一項之交易標準，由各社於章程中定之。

## 第三章　業務

第15條　　**信用合作社**得經營之業務項目，由中央主管機關就下列範圍內核定之，並於營業執照載明之。

一、收受支票存款。

二、收受活期存款。

三、收受定期存款。

四、收受儲蓄存款。

五、辦理短期、中期及長期放款。

六、辦理票據貼現。

七、投資公債、短期票券、公司債券及金融債券。

八、辦理國內匯兌。

九、辦理信用卡業務及相類似業務。

十、辦理商業匯票之承兌。

十一、簽發國內信用狀。

十二、辦理國內保證業務。

十三、代理收付款項。

十四、代銷公債、國庫券、公司債券及公司股票。

十五、辦理與前列各款業務有關之倉庫、保管及代理服務業務。

十六、辦理一般銀行外匯業務之代收件。

十七、其他經中央主管機關核准辦理之有關業務。

前項非社員交易之標準及限額，由中央主管機關定之。

## 第四章　組織及業務

第 16 條　理事、監事任期均為三年，連選得連任。

理事卸任滿三年，且於其責任解除後始得選任為監事。

理事、監事任期屆滿而不及改選，最長不得逾一個月。屆期未改選者，主管機關應於一個月內令其改選或召集改選。

理監事之選舉，採登記候選方式，由社員（代表）大會以無記名限制連記法行之，其連記人數，不得超過應選名額二分之一。

**信用合作社**社員代表、理事、監事及經理人應具備之資格條件及選聘辦法，由中央主管機關定之。

第 16-1 條　**信用合作社**理事、監事及社員代表之費用支給，除理事、監事考察研習費、公費與社員代表車馬費及中央主管機關指定之費用項目外，不得發給。

前項費用支給標準，由中華民國**信用合作社**聯合社擬訂，報請中央主管機關核定。

第 17 條　**信用合作社**理事、監事、經理人或職員不得兼任其他**信用合作社**、銀行、保險、證券事業或其他金融機構之任何職務。但因投資關係，並經中央主管機關核准者，得兼任被投資銀行之董事或監察人。

第 18 條　理事應依照法令、章程及社員大會之決議執行職務。

理事會之決議違反前項規定，致**信用合作社**受損害

時，參與決議之理事，對於**信用合作社**負賠償之責。但經表示異議之理事，有紀錄或書面聲明可證者，免其責任。

監事因怠忽監察職務，致**信用合作社**受有損害者，對**信用合作社**負賠償責任。

監事對**信用合作社**或第三人負損害賠償責任，而理事亦負其責任時，應連帶負賠償之責。

第19條　　**信用合作社**不能清償存款債務時，其理事及經理人，應負連帶清償之責。

前項責任於理事或經理人解任後，經過二年方得解除。但因可歸責於理事或經理人個人之原因者，不得解除。

## 第五章　內部制度

第20條　　**信用合作社**之會計制度應依照中央主管機關訂定之統一會計制度辦理。

第21條　　**信用合作社**應建立內部控制及稽核制度；其目的、原則、政策、作業程序、內部稽核人員應具備之資格條件、委託會計師辦理內部控制查核之範圍及其他應遵行事項之辦法，由中央主管機關定之。

**信用合作社**應設置授信審議委員會；其授信審議委員會組織準則，由中央主管機關定之。

**信用合作社**對資產品質之評估、損失準備之提列、逾期放款催收款之清理及呆帳之轉銷，應建立內部處理制度及程序；其辦法，由中央主管機關定之。

**信用合作社**作業委託他人處理者，其對委託事項範圍、客戶權益保障、風險管理及內部控制原則，應訂定內部作業制度及程序；其辦法，由中央主管機關定之。

第21-1條　　**信用合作社**對其營業處所、金庫及出租保管箱（室）、自動櫃員機及運鈔業務等，應加強安全之維護；

其辦法，由中央主管機關定之。

第22條　　**信用合作社**應建立人事制度，規定員工任免、升遷、教育訓練、考核、薪給、福利、獎懲、輪調、退休及撫卹等事項，並應有內部人事管理之規定。

　　　　前項人事管理之規定應經社員大會通過，報經縣（市）主管機關轉請中央主管機關或報請直轄市主管機關核備後實施。

## 第六章　盈餘及公積

第23條　　**信用合作社**稅後盈餘應先彌補累積虧損，其餘額再依下列優先順序提撥或分配：

一、提列百分之四十以上為法定盈餘公積。

二、分配社股股息，但當年度無盈餘時不得分配。

三、依前二款分配後之餘額提列百分之五為公益金。

四、提列理事及監事酬勞金。但其提列比率不得超過當年提列法定盈餘公積之百分之五。

五、社員交易分配金。

第24條　　前條提列之公積超過股金總額十倍，且符合銀行法第四十四條有關自有資本與風險性資產之比率規定時，**信用合作社**得自定每年應提撥數，但其比率不得低於百分之十五。

　　　　除法定盈餘公積外，**信用合作社**得以章程規定或經社員大會決議，另提列特別盈餘公積；中央主管機關於必要時，亦得令其提列之。

第25條　　左列金額應累積為資本公積：

一、處分固定資產之溢價收入。

二、受領贈與之所得。

三、固定資產重估增值，扣除估價減值之溢額。

四、自因合併而消滅之**信用合作社**，所承受之資產價額，減除自該**信用合作社**所承擔之債務額及向該**信用合作社**社員給付額之餘額。

## 第七章　監督

第26條　　**信用合作社**對於主管機關對其業務缺失所為處分或限令改善事項，應提報理事會及監事會，並作成會議紀錄。

前項業務缺失事項，應由理事會及監事會討論具體改善辦法，作成決議，立即執行並由監事追蹤考核。

第27條　　**信用合作社**違反法令、章程或無法健全經營而有損及社員及存款人權益之虞時，主管機關得為左列處分：

一、撤銷各類法定會議之決議。但其決議內容違反法令或章程者，當然無效。

二、撤銷經理人、職員，或命令**信用合作社**予以處分。

三、限制發給理事、監事酬勞金。

四、停止或解除理事、監事職務。

五、停止部分業務。

六、勒令停業清理或合併。

七、命令解散。

八、其他必要之處置。

前項第一款至第四款，由縣（市）主管機關或直轄市主管機關逕行處理，並報中央主管機關備查；第五款至第八款，應轉請中央主管機關處理。

理事、監事或經理人涉嫌侵占背信或其他刑責者，**信用合作社**應即移送法辦。

理事、監事經依本法規定解除職務後，其有候補理事、監事者，由候補理事、監事充任，其理事、監事缺額達二分之一者，應即辦理補選。

## 第八章　解散、合併、變更組織及清算

第 28 條　　**信用合作社**經決議解散者，應申敘理由，附具社員大會會議紀錄、清償債務計畫等文件，報請中央主管機關核准。

第 29 條　　**信用合作社**決議合併或經中央主管機關命令合併時，其合併程序及辦法由中央主管機關定之。

　　　　因合併而消滅之**信用合作社**，其權利義務，應由合併後存續或另立之**信用合作社**承受。

第 30 條　　**信用合作社**合於一定標準，經全體社員或社員代表四分之三以上出席，出席社員或社員代表三分之二以上決議變更為股份有限公司組織之商業銀行者，應報經中央主管機關許可。

　　　　前項之決議，如由社員代表大會行之者，**信用合作社**應將決議內容以書面通知全體社員，並指定二十日以上之期限為異議期間。不同意之社員應於指定期限內以書面聲明異議，異議之社員達全體社員三分之一以上時，原決議失效。逾期未聲明異議者，視為同意。

　　　　**信用合作社**變更組織為商業銀行之標準及辦法，由中央主管機關定之。

　　　　**信用合作社**經許可變更組織為商業銀行者，其章程之訂立準用第一項之決議方式辦理。

第 31 條　　**信用合作社**之規模達一定標準者，不適用營業稅法第八條第一項第十款有關免徵營業稅之規定。

　　　　**信用合作社**達前項一定標準者，得依前條之規定變更組織為商業銀行。

　　　　第一項所稱一定標準，由中央主管機關定之，並報請立法院核備。

第 32 條　　**信用合作社**依前條變更組織為商業銀行時，每一社員社股可依一定轉換比率，轉換取得變更後之公司股份。

對變更組織有異議之社員，得於決議變更之日起二十日內，以書面請求退還股金，每股應退股金之計算，依第十二條之一第三項及第四項有關出社時請求退還股金之規定。

第一項股份之轉換，應由**信用合作社**依社員入社年數、股金額數及交易積數等作成權數，設算轉換比率，併同轉換辦法明列於組織變更計畫中。

第 33 條　　**信用合作社**經中央主管機關許可變更為商業銀行者，應公告並分別向登記機關辦理**合作社**註銷登記，向經濟部辦理公司設立登記，並檢附有關文件，申請中央主管機關換發營業執照。

前項註銷登記、公司登記及換發營業執照，以換發營業執照日為其生效日。

辦理第一項註銷登記，應檢具第三十條第一項之會議紀錄及中央主管機關之許可文件。辦理公司設立之登記及申請核發銀行營業執照，不適用公司法第四百十九條第一項、第四百二十條第一項及銀行法第五十四條之規定，其設立登記應檢具之文件及有關事項，由中央主管機關會同經濟部定之。

第 34 條　　**信用合作社**變更組織為商業銀行時，其權利義務由變更組織後之商業銀行承受。

第 35 條　　解散之**信用合作社**，除因合併、破產而解散者外，應行清算。

## 第九章　準用條款

第 36 條　　**信用合作社**監事之權責準用公司法第二百十八條第一

項、第二項、第二百十八條之一至第二百十九條第二項、第二百二十條至第二百二十三條及第二百二十五條之規定。

第 37 條　　**信用合作社**之管理，準用銀行法第五條至第九條、第十一條至第十七條、第二十二條至第二十四條、第二十六條、第三十條至第三十五條、第三十六條至第四十五條、第四十八條、第四十九條、第五十一條、第五十五條至第五十七條、第六十二條至第六十九條、第七十四條至第七十六條及第七十九條規定。

## 第十章　罰則

第 38 條　　違反第三十七條準用銀行法第三十五條之規定者，處三年以下有期徒刑、拘役或科或併科新臺幣五百萬元以下罰金。但其他法律有較重之處罰規定者，依其規定。

第 38-1 條　　散布流言或以詐術損害**信用合作社**之信用者，處五年以下有期徒刑，得併科新臺幣一千萬元以下罰金。

第 38-2 條　　**信用合作社**負責人或職員，意圖為自己或第三人不法之利益，或損害**信用合作社**之利益，而為違背其職務之行為，致生損害於**信用合作社**之財產或其他利益者，處三年以上十年以下有期徒刑，得併科新臺幣一千萬元以上二億元以下罰金。其犯罪所得達新臺幣一億元以上者，處七年以上有期徒刑，得併科新臺幣二千五百萬元以上五億元以下罰金。

　　　　　　**信用合作社**負責人或職員，二人以上共同實施前項犯罪之行為者，得加重其刑至二分之一。

　　　　　　第一項之未遂犯罰之。

第 38-3 條　　意圖為自己或第三人不法之所有，以詐術使**信用合作社**將**信用合作社**或第三人之財物交付，或以不正方法將虛偽資料或不正指令輸入**信用合作社**電腦或其相關設備，製

作財產權之得喪、變更紀錄而取得他人財產，其犯罪所得達新臺幣一億元以上者，處三年以上十年以下有期徒刑，得併科新臺幣一千萬元以上二億元以下罰金。

以前項方法得財產上不法之利益或使第三人得之者，亦同。

前二項之未遂犯罰之。

第38-4條　　犯第三十八條之二或第三十八條之三之罪，於犯罪後自首，如有犯罪所得並自動繳交全部所得財物者，減輕或免除其刑；並因而查獲其他正犯或共犯者，免除其刑。

犯第三十八條之二或第三十八條之三之罪，在偵查中自白，如有犯罪所得並自動繳交全部所得財物者，減輕其刑；並因而查獲其他正犯或共犯者，減輕其刑至二分之一。

犯第三十八條之二第一項及第三十八條之三第一項、第二項之罪，其犯罪所得利益超過罰金最高額時，得於所得利益之範圍內加重罰金；如損及金融市場穩定者，加重其刑至二分之一。

第38-5條　　第三十八條之二第一項之**信用合作社**負責人、職員或第三十八條之三第一項之行為人所為之無償行為，有害及**信用合作社**之權利者，**信用合作社**得聲請法院撤銷之。

前項之**信用合作社**負責人、職員或行為人所為之有償行為，於行為時明知有損害於**信用合作社**之權利，且受益人於受益時亦知其情事者，**信用合作社**得聲請法院撤銷之。

依前二項規定聲請法院撤銷時，得並聲請命受益人或轉得人回復原狀。但轉得人於轉得時不知有撤銷原因者，不在此限。

第一項之**信用合作社**負責人、職員或行為人與其配

偶、直系親屬、同居親屬、家長或家屬間所為之處分其財
產行為，均視為無償行為。

　　第一項之**信用合作社**負責人、職員或行為人與前項以
外之人所為之處分其財產行為，推定為無償行為。

　　第一項及第二項之撤銷權，自**信用合作社**知有撤銷原
因時起，一年間不行使，或自行為時起經過十年而消滅。

第 38-6 條　　第三十八條之二第一項及第三十八條之三第一項之
罪，為洗錢防制法第三條第一項所定之重大犯罪，適用洗
錢防制法之相關規定。

第 39 條　　**信用合作社**違反第三十七條準用銀行法第三十二條、
第三十三條、第三十三條之二或準用第三十三條之四第一
項而有違反規定者，其行為負責人，處三年以下有期徒
刑、拘役或科或併科新臺幣五百萬元以上二千五百萬元以
下罰金。

　　**信用合作社**依第三十七條準用銀行法第三十三條辦理
授信達中央主管機關規定金額以上，未經理事會三分之二
以上理事之出席及出席理事四分之三以上同意者或違反中
央主管機關依第三十七條準用銀行法第三十三條第二項所
定有關授信限額、授信總餘額之規定者，其行為負責人
處新臺幣二百萬元以上一千萬元以下罰鍰，不適用前項
規定。

第 40 條　　違反中央主管機關依第三十七條準用銀行法第六十二
條第一項規定所為之處置，足以生損害於公眾或他人者，
其行為負責人處一年以上七年以下有期徒刑，得併科新臺
幣二千萬元以下罰金。

　　**信用合作社**理事、監事、經理人或其他職員於中央主
管機關指定機構派員監管或接管或勒令停業進行清理時，
有下列情形之一者，處一年以上七年以下有期徒刑，得併

科新臺幣二千萬元以下罰金：

一、於中央主管機關指定期限內拒絕將**信用合作社**業務、財務有關之帳冊、文件、印章及財產等列表移交予中央主管機關指定之監管人、接管人或清理人，或拒絕將債權、債務有關之必要事項告知或拒絕其要求不為進行監管、接管或清理之必要行為。

二、隱匿或毀損有關**信用合作社**業務或財務狀況之帳冊文件。

三、隱匿或毀棄**信用合作社**財產或為其他不利於債權人之處分。

四、對中央主管機關指定之監管人、接管人或清理人詢問，無正當理由不為答復或為虛偽之陳述。

五、捏造債務或承認不真實之債務。

第 40-1 條　法人之負責人、代理人、受雇人或其他職員，因執行業務違反第三十八條至第四十條規定之一者，除依各該條規定處罰其行為負責人外，對該法人亦科以各該條之罰鍰或罰金。

第 41 條　**信用合作社**理事、監事、經理人或職員違反第十七條規定兼職者，處新臺幣十五萬元以上一百八十萬元以下罰鍰，並予解任。

　　前項兼職係經**信用合作社**指派者，受罰人為**信用合作社**。

第 42 條　有下列情事之一者，處新臺幣十五萬元以上一百八十萬元以下罰鍰：

一、違反第十五條第一項之規定而為營業者。

二、違反中央主管機關依第十五條第二項所為之規定者。

三、違反中央主管機關依第三十七條準用銀行法第三十三條之三或第三十六條規定所為之限制者。

　　　四、違反中央主管機關依第三十七條準用銀行法第四十三條之規定，所為之通知未於限期內調整者。

　　　五、違反中央主管機關依第三十七條準用銀行法第四十四條第一項規定所為之限制者。

　　　六、違反中央主管機關依第三十七條準用銀行法第五十七條之規定，而為營業者。

　　　七、理事或監事違反第三十七條準用銀行法第六十四條第一項之規定怠於申報者。

第 43 條　　違反中央銀行依第三十七條準用銀行法第四十條所為之規定而放款者，處新臺幣九萬元以上一百二十萬元以下罰鍰。

第 44 條　　有下列情事之一者，處新臺幣三萬元以上六十萬元以下罰鍰：

　　　一、違反第三十七條準用銀行法第三十四條之規定吸收存款者。

　　　二、違反第三十七條準用銀行法第四十五條或第四十九條之規定，不申報營業書表或不為公告或報告者。

第 45 條　　違反本法或中央主管機關或中央銀行依本法所為之規定者，除本法另有規定外，處新臺幣三萬元以上六十萬元以下罰鍰。

第 46 條　　前四條除第四十二條第七款規定外，所定罰鍰之受罰人為**信用合作社**或其分社。

　　　**信用合作社**或其分社經依前項受罰後，對應負責之人有求償權。

第 47 條　　罰鍰經限期繳納而屆期不繳納者，自逾期之日起，每日加收滯納金百分之一；屆三十日仍不繳納者，移送強制執行，並得由中央主管機關勒令該**信用合作社**或分社停業。

第 48 條　　**信用合作社**經依本章規定處以罰鍰後，於規定限期內

仍不予改正者，得對其同一事實或行為再予加一倍至五倍處罰。其屢違而情節重大者，並得責令限期撤換負責人或撤銷其許可。

　　**信用合作社**經中央主管機關撤銷許可後，應由中央主管機關通知登記機關撤銷其登記。

第48-1條　　犯本法之罪，因犯罪所得財物或財產上利益，除應發還被害人或得請求損害賠償之人外，屬於犯人者，沒收之。如全部或一部不能沒收時，追徵其價額或以其財產抵償之。

第48-2條　　犯本法之罪，所科罰金達新臺幣五千萬元以上而無力完納者，易服勞役期間為二年以下，其折算標準以罰金總額與二年之日數比例折算；所科罰金達新臺幣一億元以上而無力完納者，易服勞役期間為三年以下，其折算標準以罰金總額與三年之日數比例折算。

## 第十一章　附則

第49條　　**信用合作社**應申請中央主管機關核發營業執照，經核准設立分社時亦同。

　　營業執照所載事項變更時，應經中央主管機關許可，並申請換發營業執照。

　　本法施行前，未申請營業執照者，應申請補發。

第49-1條　　本法公布施行前之現任監事，其任期均仍為一年。

　　民國八十三年未改選理事之**信用合作社**，其現任監事之任期延長至現任理事任期屆滿時，一併改選。

第49-2條　　法院為審理違反本法之犯罪案件，得設立專業法庭或指定專人辦理。

第50條　　本法施行細則，由中央主管機關定之。

第51條　　本法自公布日施行。

　　　本法中華民國九十五年五月五日修正之條文，自中華民國九十五年七月一日施行。

# 信用合作社法施行細則

　　　1.中華民國86年8月15日財政部（86）台財融字第86254350號令
訂定發布全文9條
　　　2.中華民國87年11月13日財政部（87）台財融字第87370264號令
發布刪除第6條條文

第 1 條　　　本細則依**信用合作社**法（以下簡稱本法）第五十條規定訂定之。

第 2 條　　　本法所稱經理人，指總經理、副總經理（協理）、經理及副經理。
　　　前項副經理依本法第十九條規定應負連帶清償責任時，以可歸責於副經理個人原因者為限。

第 3 條　　　**信用合作社**依本法第八條第一項第十款規定於章程載明之保證金額，以不超過其股金之十倍為原則。

第 4 條　　　**信用合作社**依本法第八條第一項第十二款規定於章程內載明之理事、監事人數，理事最多不得超過十五人，監事最多不得超過五人；其有候補理、候補監事者，其人數分別不得超過理事、監事人數之半數。

第 5 條　　　**信用合作社**依本法第八條第一項第十五款規定於章程內載明公積金之使用，應依左列各款為之：
一、法定之盈餘公積、資本公積及特別盈餘公積限於彌補虧損。但特別盈餘公積依長期發展之資本性支出計畫所提撥，並報經縣（市）政府或直轄市政府財政局核准使用者，不在此限。
二、盈餘公積非於填補虧損仍有不足時，不得以資本公積

補充之。

第6條　　　（刪除）

第7條　　　**信用合作社**依本法第三十七條準用銀行法第四十九條
規定，將各項財務及營業書表提請社員（代表）大會承認
者，其社員（代表）大會應於每營業年度終了後三個月內
召集之。但有正當事由經報請縣（市）政府或直轄市政府
財政局核准者，不在此限。

前項書表，經金融檢查單位檢查結果，認為有調整之
必要者，**信用合作社**應配合調整之，並應於下次理、監事
會議及社員（代表）大會提出報告，作成紀錄。

第8條　　　本法第三十三條所稱登記機關，指縣（市）政府府或
直轄市政府財政局。

第9條　　　本細則自發布日施行。

# 信用合作社法準用銀行法第三十三條授權規定事項辦法

1.中華民國103年11月27日金融監督管理委員會
金管銀合字第10330003760號令訂定發布全文7條；
並自發布日施行

第1條　　　本辦法依**信用合作社**法第三十七條準用銀行法第三十
三條第二項規定訂定之。

第2條　　　銀行法第三十三條第一項所稱授信達中央主管機關
規定金額者，係指**信用合作社**對其本社負責人、職員，或
對與本社負責人或辦理授信之職員有利害關係者為擔保授
信，其對同一授信客戶之每筆或累計金額達新臺幣三千萬
元或各該**信用合作社**核算基數百分之五孰低者。

第3條　　　銀行法第三十三條第二項之授信限額、授信總餘額、

授信條件及同類授信對象規定如下：

一、所稱授信限額，指**信用合作社**對其本社負責人、職員、或對與本社負責人或辦理授信之職員有利害關係者為擔保授信，其中：

（一）對同一營利法人之擔保授信總餘額不得超過各該**信用合作社**核算基數百分之二十，但最高以新臺幣一億二千萬元為限；未達新臺幣一千二百萬元者，得以新臺幣一千二百萬元為限額。

（二）對同一自然人或非營利法人之擔保授信總餘額不得超過各該**信用合作社**核算基數百分之十，但最高以新臺幣六千萬元為限；未達新臺幣六百萬元者，得以新臺幣六百萬元為限額。

二、所稱授信總餘額，指**信用合作社**對其本社負責人、職員，或對與本社負責人或辦理授信之職員有利害關係者為擔保授信，其總餘額不得超過各該**信用合作社**核算基數之二倍。

三、所稱授信條件包括：

（一）利率。

（二）擔保品及其估價。

（三）保證人之有無。

（四）授信期限。

（五）本息償還方式。

四、所稱同類授信對象，係指最近一年內同一**信用合作社**、同一授信用途及同一會計科目項下之授信客戶。

第4條　　以公債、國庫券、中央銀行儲蓄券、中央銀行可轉讓定期存單或本社存款為擔保品之授信，得不計入本辦法所稱授信限額及授信總餘額。

第5條　　本辦法所稱核算基數，係指各**信用合作社**上一會計年

度決算後淨值減上一會計年度決算時社員已繳股金總額半數。

第6條　　**信用合作社**對其本社負責人、職員，或對與本社負責人或辦理授信之職員有利害關係者授信限額及授信總餘額，應由各社社員（代表）大會於第三條第一款及第二款限額內自行訂定最高限額。

第7條　　本辦法自發布日施行。

# 信用合作社合併程序及辦法

1.中華民國86年5月14日財政部（86）台財融字第86621820號令
訂定發布全文17條
中華民國101年6月25日行政院院臺規字第1010134960號公告
第4條第3項、第10條第1項序文、第7款、第2項序文、
第5款、第3項、第11條第1項、第2項、第3項、第15條
所列屬「財政部」之權責事項，經行政院公告自93年7月1日起
變更為「行政院金融監督管理委員會」管轄，
自101年7月1日起改由「金融監督管理委員會」管轄

第1條　　本辦法依**信用合作社**法第二十九條第一項規定訂定之。

第2條　　**信用合作社**之合併，除法律另有規定外，依本辦法之規定。

第3條　　本辦法稱消滅社，係指因合併而消滅之**信用合作社**；稱存續社，係指合併後存續之**信用合作社**；稱新設社，係指因合併而另立之**信用合作社**；稱合併各社，係指辦理合併之各該**信用合作社**。

第4條　　辦理合併之**信用合作社**，以總社位於緊鄰三縣市者為限。

　　　　**信用合作社**合併後之業務區域，包括合併各社原業務

區域及其總社所在地之縣市，但合併各社之總社均位於同一縣市者，其合併後之業務區域得增加一緊鄰縣市；合併後之主管機關，為其合併後總社所在地之主管機關。

存續社或新設社於合併後之分社總數不得超過合併各社依金融機構增設遷移或裁撤國內分支機構管理辦法得設分社總數之合計數。但經財政部命令合併時，不在此限。

第5條　　　**信用合作社**決議合併時，理事會應就合併有關事項作成合併契約書，並附具經監事會審核通過之資產負債表、損益表及財產目錄，提出於社員或社員代表大會。

前項合併契約書應記載下列事項：

一、存續社或新設社之名稱、總社地址、業務區域及最低實收股金總額。

二、對消滅社之社員配發社股之方法及其他有關事項。

三、存續社之章程變更事項或新設社之章程。

第6條　　　**信用合作社**合併之決議，應有全體社員或社員代表四分之三以上出席，出席社員或社員代表三分之二以上同意。

前項決議如由社員代表大會行之者，**信用合作社**應將決議內容及合併契約書於各營業單位門首公告至少七日，並於公告期間內於當地發行之報紙刊登至少三日，該公告應指定二十日以上之期限，不同意之社員得於指定期限內請求返還股金，**信用合作社**應於合併日前返還之。

**信用合作社**得依視員或社員代表大會之決議，於前項指定期限屆滿時至合併日前之期間，限制社員申請出社或減少、轉讓其股金。

第7條　　　合併各社，自決議合併之日起一個月內，應對債權人公告之；對於已知之債權人，除存款人、保管契約之債權人及其他銀行業務之定型化契約債權人外，應個別通知

之，該公告及通知應指定一個月以上期限，聲明債權人得於期限內以書面提出異議。

　　**信用合作社**不為前項通知及公告，或對於在其指定期限內提出異議之債權人，不為清償或不提供相當之擔保者，不得以其合併對抗債權人。

第8條　　　新設社之設立人由合併各社全體理監事擔任之。但經書面表示不願擔任者，喪失設立人資格。設立人不得代理。

　　設立人應推選召集人，並由召集人擔任創立會主席。

　　設立人應經全體之同意訂立章程，提交創立會決議。

第9條　　　新設社之創立會由設立人及合併各社全體社員代表組成之。但經書面表示不願擔任者，喪失成員資格。各成員應親自出席。

　　創立會由創立會主席召集之，其決議應有全體成員過半數之出席，以出席成員過半數之同意行之。但修改章程應有全體成員三分之二以上之出席，以出席成員過半數之同意行之。

　　前條第三項及前項章程，不得違反合併契約書之規定。

　　創立會之會議紀錄、決議之撤銷及無效、決議事項登記之撤銷，準用公司法第一百八十三條第一項及第二項、第一百八十九條至第一百九十一條之規定。

　　創立會應選舉理事及監事，其選舉採登記候選方式。設立人應於選舉一個月前將創立會成員總數、應選名額、候選人應具條件及申請候選登記起訖日期，通知各創立會成員，並於各營業單位門首公告至少七日及於公告期間內於當地發行之報紙刊登至少三日。

　　理事、監事候選人資格之審查，應由全體設立人推選設立人至少五人組成資格審查委員會辦理。

其他有關創立會選舉理事、監事，除依本辦法規定外，準用**信用合作社**社員代表理監事及經理人應具備資格條件及選聘辦法之規定。

第 10 條　　存續社應提出合併申請書，並附具下列書件向財政部申請核准：

一、合併計畫書：載明合併後之業務區域概況（包括人文、地理及經濟發展情形）、業務之範圍、業務之原則與方針、業務發展計畫及未來三年財務預測。

二、合併契約書。

三、合併各社社員或社員代表大會會議紀錄。

四、合併各社上月底之合併資產負債表、損益表及財產目錄。

五、已依第六條第二項、第七條第一項規定公告及通知之證明文件。

六、依第六條第二項請求退還股金之社員社籍資料及其股金金額清冊。

七、其他經財政部規定應是出之文件。

新設社應由設立人為前項之申請，並同時由設立人向財政部提出下列書件申請設立之許可：

一、設立人名冊。

二、創立會會議紀錄。

三、新設社理事、監事名冊及其資格證明文件。

四、新設社之章程。

五、其他經財政部規定應提出之文件。

前二項書件之記載事項不完備不充分者，財政部得駁回其申請案件，其情形可補正，經限期補正而未辦理者，亦同。

第 11 條　　辦理合併之**信用合作社**，自財政部核准之日起一個月

內，存續社應聲請變更登記；消滅社應聲請解散登記；新設社應聲請設立登記。

新設社應於辦妥設立登記後一個月內，檢同**合作社**登記證件，向財政部申請核發營業執照，並繳銷消滅社之營業執照。

存續社因合併而增加之分支機構，應於辦妥變更登記後一個月內，檢同**合作社**登記證件，向財政部申請核發營業執照，並繳銷消滅社之營業執照。

第 12 條　存續社得於辦妥變更登記後三個月內辦理社員代表之改選，並於改選後召開社員代表大會改選理事、監事。

第 13 條　新設社或存續社得經營消滅社原有業務項目。

消滅社原經主管機關停止或限制部分業務處分者，原處分不及於合併後之新設社或存續社。

第 14 條　新設社或存續社應承受消滅社之權利義務。

新設社或存續社自消滅社承受之資產價額，減除自消滅社承擔之債務額及向消滅社社員給付額之餘額，應列為資本公積。

第 15 條　財政部就**信用合作社**合併之有關事宜，得隨時派員，或請省（市）政府財政廳（局）或適當機構派員查核，並得令**信用合作社**於限期內提出必要文件、資料或指定人員說明。

第 16 條　第十一條第一項、第三項、第十二條至第十五條之規定，於命令合併時準用之。

第五條至第七條於命令合併之存續社準用之。

第 17 條　本辦法自發布日施行。

# 信用合作社資金轉存及融通辦法

1. 中華民國83年5月31日中央銀行（83）台央業字第620號令
訂定發布全文10條

2. 中華民國85年2月14日中央銀行（85）台央業字第178號令
修正發布第8條條文；並增訂發布第7-1條條文

3. 中華民國86年11月5日中央銀行（86）台央業字第0201307號令
修正發布全文10條

4. 中華民國89年9月13日中央銀行（89）台央業字第000024267號令
修正發布第4、6條條文

5. 中華民國93年12月1日中央銀行臺央業字第0930055243號令
修正發布第3、4條條文

6. 中華民國95年8月30日中央銀行台央業字第0950040827號令
修正發布全文11條；並自發布日施行

7. 中華民國98年8月29日中央銀行台央業字第0970042512號令
修正發布第4條條文；並增訂第4-1條條文
中華民國101年6月25日行政院院臺規字第1010134960號
公告第6條所列屬「行政院金融監督管理委員會」之權責事項，
自101年7月1日起改由「金融監督管理委員會」管轄

8. 中華民國103年1月24日中央銀行台央業字第1030003600號令
修正發布第6條條文

第1條　　　本辦法依**信用合作社**法第九條規定訂定之。

第2條　　　**信用合作社**資金之轉存及融通，除法律另有規定外，
依本辦法之規定，本辦法未規定者，適用其他有關規定。

第3條　　　各**信用合作社**餘裕資金於中華民國八十四年二月二十
八日以前已轉存合作金庫商業銀行（以下簡稱合作金庫）
之餘額應繼續存放合作金庫，於屆期時得辦理續存。

　　　　前項續存之存期每次以一年以內為限，並按合作金庫存款牌告利率機動計息，其未辦理續存之額度不予保留。

第4條　　　前條限額以外之餘裕資金，由合作金庫統籌核計，依資金增加之時序，分別按下列方式辦理續存或轉存；未續存或轉存之額度不予保留，得由**信用合作社**存入其他銀行或**信用合作社**：

一、中華民國八十四年二月二十八日起至本辦法中華民國九十七年八月三十一日修正生效日止，原轉存合作金庫、臺灣銀行、台北富邦銀行或高雄銀行部分，屆期依原存款期限，於合作金庫或臺灣銀行辦理續存或轉存。

二、本辦法中華民國九十七年八月三十一日修正生效之次日起，新增餘裕資金依下列所定期限，按各百分之五十之比例，轉存合作金庫及臺灣銀行：

（一）原收受存款期限為一年以上者，轉存期限為一年。

（二）原收受存款期限未達一年者，轉存期限為六個月。

　　　　前項各款續存或轉存金額，按合作金庫、臺灣銀行之牌告利率機動計息。

　　　　第一項第二款新增餘裕資金，最高以個別**信用合作社**轉存前一個月定期存款加定期儲蓄存款總額之日平均數與中華民國九十七年五月同類存款日平均數比較之增加金額為限。

第4-1條　　**信用合作社**將資金轉存指定銀行以外之其他銀行或**信用合作社**者，應就轉存機構之淨值（或社員權益）、資本適足率、逾期放款比率、經營績效及財務狀況等，自訂轉存標準與限額等相關規範，提報其理事會通過，作為續存與轉存之依據。

第5條　　　**信用合作社**業務上所需短期週轉資金，得向合作金庫及其他收受轉存款之銀行申請融通，其融通最高額度，以

　　　　　　不超過銀行法有關規定為限。

第 6 條　　　合作金庫及其他收受轉存款之銀行及**信用合作社**辦理**信用合作社**資金融通之相關作業規範，由各銀行及**信用合作社**自行訂定，並報中央銀行（以下簡稱本行）及金融監督管理委員會（以下簡稱金管會）備查。

第 7 條　　　**信用合作社**申請緊急融通，由合作金庫報經本行洽商金管會核准後辦理之；惟其總額度應受該**合作社**社員（代表）大會決議向外借款最高金額之限制。

　　　　　　合作金庫於辦理前項緊急融通時，應報**信用合作社**之地方主管機關。

第 8 條　　　**信用合作社**間為資金融通緊急需要，得由中華民國**信用合作社**聯合社洽商合作金庫及各**信用合作社**，就各**信用合作社**以轉存於合作金庫之定期性存款提供融通擔保，訂定**信用合作社**資金緊急相互支援辦法，報金管會及本行備查。

第 9 條　　　合作金庫因辦理**信用合作社**資金融通，致有資金調度需要時，得依「中央銀行對銀行辦理融通作業要點」向本行專案申請融通。

第 10 條　　　**信用合作社**之業務經營，由主管機關委託合作金庫或適當機構輔導之，其輔導辦法，由金管會洽商本行定之。

第 11 條　　　本辦法自發布日施行。

# 信用合作社授信審議委員會組織準則

1. 中華民國83年10月18日財政部（83）台財融字第83321785號令
訂定發布全文12條
2. 中華民國87年2月17日財政部（87）台財融字第87708156號令
修正發布第2～10條條文
3. 中華民國92年7月15日財政部台財融（三）字第0928011109號令
修正發布第7條條文

第1條　　　本準則依**信用合作社**法第二十一條第二項規定訂定之。

第2條　　　授信審議委員會由總經理提名副總經理一人及經理人四人以上報經理事會通過後組成之，並應優先提名總社經理人，理事會改選時，應重新提報。

　　　　　　授信審議委員會委員名單應報請縣市政府（直轄市為財政局）備查，其有變更者亦同。

第3條　　　擔任授信審議委員會委員之經理人，非有重大具體過失，不得解雇、降職或降級。

第4條　　　授信審議委員會應由副總經理擔任召集人，並由召集人任會議主席，召集人因故不克出席者，由出席委員中互推一人為主席。

第5條　　　授信審議委員會應有全體委員四分之三以上之出席始得開會，出席委員三分之二以上之同意始得決議。

第6條　　　授信審議委員會認為必要時，得於開會時要求辦理授信有關人員列席。

第7條　　　應經授信審議委員會審議完成始得核准辦理之案件如下：

一、一定金額以上之授信案件。

二、一定金額以上授信案件之展期。

　三、與逾期放款債務人及其保證人進行一定金額以上之和
　　　解或協議案件。

　　　前項所稱一定金額，其額度由各社理事會視業務情形
訂定之。該一定金額以下之案件，由副總經理、營業單位
各級主管依分層負責之授權制度決定其准駁。

　　　授信案件之審議，應以徵信資料及借款用途計畫，為
重要之依據，並應以審議借款戶、資金用途、還款來源、
債權保障及授信展望等要項為基本原則。

第 8 條　　　經授信審議委員會審議通過之案件，應依分層負責之
授權制度，送請總經理、理事主席或理事會決定其准駁。
理事會、理事主席或總經理對於授信審議委員會通過之授
信條件有所調整者，應敘明具體理由。

　　　前項所稱授信條件如下：

一、利率。

二、擔保品及其估價。

三、保證人之有無。

四、貸款期限。

五、本息償還方式。

第 9 條　　　授信審議委員會會議應每次作成紀錄備查，並分送理
事會及監事會。

第 10 條　　　未依第七條之規定提報授信審議委員會審議而辦理授
信者，應追究失職人員責任。

第 11 條　　　授信審議委員會委員，對審核本人或與本人有利害關
係者之案件時，應行迴避。

第 12 條　　　本準則自發布日施行。

# 信用合作社社員代表理事監事經理人應具備資格條件及選聘辦法

1. 中華民國84年12月8日財政部（84）台財融字第84788210號令
   訂定發布全文50條
2. 中華民國85年6月8日財政部（85）台財融字第85525305號令
   修正第7、8、46、48條條文
3. 中華民國87年8月18日財政部（87）台財融字第87741103號令
   修正發布第4、5、7、8、19、22、50條條文；
   刪除第48條條文；並增訂第48-1條條文
4. 中華民國90年6月29日財政部（90）台財融（一）字第90708153號令
   修正發布第4、5條條文
5. 中華民國90年11月27日財政部（90）台財融（三）字
   第0903000342號令修正發布名稱及全文52條
   （原名稱：信用合作社社員代表理監事暨經理人
   應具備資格條件及選聘辦法）
6. 中華民國92年1月7日財政部台財融（三）字
   第0913000929號令修正發布名稱及第7、11、14、40～42條條文
   （原名稱：信用合作社社員代表負責人應具備資格條件及選聘辦法）
7. 中華民國92年8月19日財政部台財融（三）字第0923000625號令
   修正發布第44條條文
8. 中華民國93年6月10日財政部台財融（三）字第0933000432號令
   修正發布第6條條文
9. 中華民國94年8月25日行政院金融監督管理委員會金管銀（三）字
   第0943001120號令修正發布第2～4、6、12、13、
   39、44、46、51條條文；並增訂第14-1條條文

10.中華民國103年12月10日金融監督管理委員會金管銀合字
第10330003880號令修正發布第9、52條條文；並自104年6月10日施行

11.中華民國104年9月4日金融監督管理委員會金管銀合字
第10430002060號令修正發布第4、7、11、21、29、52條條文

## 第一章　總則

第1條　　本辦法依**信用合作社**法（以下簡稱本法）第十六條第
五項規定訂定之。

第2條　　**信用合作社**社員代表、理事、監事、理事主席、監事
主席之資格條件及其選舉暨總經理、副總經理、總稽核、
協理及總分社經理或與其職責相當之人之資格條件及聘
任，依照本辦法辦理，本辦法未規定者，適用其他有關法
令之規定。

前項之選舉一律採投票方式行之。

## 第二章　資格條件

### 第一節　社員代表候選人應具備資格

第3條　　社員代表候選人應具備下列各條件：

一、入社滿二年以上者。但因改組經中央主管機關核准
者，不在此限。

二、國民中學以上學校畢業或曾任本社社員代表者。

三、過去一年認繳股金維持新臺幣三萬元以上，或過去一
年內在本社之存款額，經扣除以存單質借後之淨額，
其每日餘額最少達新臺幣五萬元者。

四、符合本社章程規定條件者。

第4條　　有下列情事之一者，不得登記為社員代表候選人：

一、無行為能力、限制行為能力或受輔助宣告尚未撤銷者。

二、曾犯偽造貨幣、偽造有價證券、侵占、詐欺、背信、

貪污、重利罪、組織犯罪防制條例規定之罪，經宣告
有期徒刑以上之刑確定，尚未執行完畢，或執行完
畢、緩刑期滿或赦免後尚未逾五年者。

三、曾犯偽造文書、損害債權罪或違反公司法、商業會計
法，經宣告有期徒刑確定，尚未執行完畢，或執行完
畢、緩刑期滿或赦免後尚未逾五年者。

四、違反本法、銀行法、金融控股公司法、信託業法、票
券金融管理法、金融資產證券化條例、不動產證券化
條例、保險法、證券交易法、期貨交易法、證券投資
信託及顧問法、管理外匯條例、農業金融法、洗錢防
制法，受刑之宣告確定，尚未執行完畢，或執行完
畢、緩刑期滿或赦免後尚未逾五年者。

五、曾犯第二款至前款以外之罪，經宣告有期徒刑以上之
刑確定，尚未執行或執行未完畢者。但受緩刑宣告，
或易科罰金執行完畢者，不在此限。

六、受保安處分或感訓處分之裁定確定，或因犯竊盜、贓
物罪，受強制工作處分之宣告，尚未執行、執行未完
畢或執行完畢尚未逾五年者。

七、因違反本法、銀行法、金融控股公司法、信託業法、
票券金融管理法、金融資產證券化條例、不動產證券
化條例、**合作社**法、保險法、證券交易法、期貨交易
法、證券投資信託及顧問法、農業金融法、農會法、
漁會法、或其他金融管理法、或**信用合作社**章程經主
管機關或**信用合作社**予以解職、解聘或免職處分尚未
逾五年者。

八、受破產之宣告，尚未復權者。

九、曾任法人宣告破產時之負責人，破產終結尚未逾五
年，或調協未履行者。

十、使用票據經拒絕往來尚未恢復往來者。

十一、過去三年內在金融機構之授信，有三個月以上延滯本金或利息之紀錄；或對金融機構有保證債務，經通知其清償而逾三個月以上未清償者。

十二、為同一業務區域內其他**信用合作社**之社員者。

　　非營利法人為社員當選社員代表時，其被指定代表行使職務之自然人，準用前條第二款及前項規定。

第 5 條　　社員代表不得兼任理事、監事及職員。

第二節　理事、監事候選人應具備資格

第 6 條　　理事、監事候選人應具備下列各條件：

一、入社滿二年以上者。但因改組經中央主管機關核准者，不在此限。

二、高級中學以上學校畢業或具備同等學歷或普通考試以上及格，或曾任金融機構董（理）事或監事（監察人）或副經理以上職務而有證明者。

三、過去一年認繳股金維持新臺幣五十萬元以上，或過去一年內在本社之存款額，經扣除以存單質借後之淨額，其每日餘額最少達新臺幣五十萬元者。

四、理事須卸任滿三年，且無本法第十八條規定應負之損害賠償責任者，始得選任為監事。

五、監事須曾修習會計課程或曾從事會計工作達一年以上，或曾任金融機構監事（監察人）職務而有證明者。

六、符合本社章程規定條件者。

第 7 條　　有下列情事之一者，不得登記為理事、監事候選人：

一、無行為能力、限制行為能力或受輔助宣告尚未撤銷者。

二、曾犯組織犯罪防制條例規定之罪，經有罪判決確定者。

三、曾犯偽造貨幣、偽造有價證券、侵占、詐欺、背信罪，經宣告有期徒刑確定，尚未執行完畢，或執行完

畢、緩刑期滿或赦免後尚未逾十年者。

四、曾犯貪污罪，受刑之宣告確定，尚未執行完畢，或執行完畢、緩刑期滿或赦免後尚未逾五年者。

五、曾犯偽造文書、妨害秘密、重利、損害債權罪或違反稅捐稽徵法、商標法、專利法、公司法、商業會計法，經宣告有期徒刑確定，尚未執行完畢，或執行完畢、緩刑期滿或赦免後尚未逾五年者。

六、違反本法、銀行法、金融控股公司法、信託業法、票券金融管理法、金融資產證券化條例、不動產證券化條例、保險法、證券交易法、期貨交易法、證券投資信託及顧問法、管理外匯條例、農業金融法、洗錢防制法，受刑之宣告確定，尚未執行完畢，或執行完畢、緩刑期滿或赦免後尚未逾五年者。

七、曾犯第二款至前款以外之罪，經宣告有期徒刑以上之刑確定，尚未執行完畢，或執行完畢、緩刑期滿或赦免後尚未逾三年者。

八、受保安處分或感訓處分之裁定確定，或因犯竊盜、贓物罪，受強制工作處分之宣告，尚未執行、執行未完畢或執行完畢尚未逾十年者。

九、因違反本法、銀行法、金融控股公司法、信託業法、票券金融管理法、金融資產證券化條例、不動產證券化條例、**合作社**法、保險法、證券交易法、期貨交易法、證券投資信託及顧問法、農業金融法、或其他金融管理法，經主管機關命令撤換或解任，尚未逾五年者。

十、受主管機關處分停職中者。

十一、受破產之宣告，尚未復權者。

十二、曾任法人宣告破產時之負責人，破產終結尚未逾五

年，或調協未履行者。

十三、使用票據經拒絕往來尚未恢復往來者，或恢復往來後三年內仍有存款不足退票紀錄者。

十四、過去三年內在金融機構之授信，有三個月以上延滯本金或利息之紀錄；或對金融機構有保證債務，經通知其清償而逾三個月以上未清償者。

十五、其他重大喪失債信情事尚未了結、或了結後尚未逾五年者。

十六、有事實證明從事或涉及其他不誠信或不正當之活動，顯示其不適合擔任**信用合作社**負責人者。

十七、為同一業務區域內其他**信用合作社**之社員者。

第 8 條　　第三條、第四條、第六條及第七條所定年限之計算，均以**信用合作社**公告候選登記事宜日之前一日為準。

第 9 條　　**信用合作社**理事應具備良好品德，且其人數在五人以下者，應有一人，人數超過五人者，每增加四人應再增加一人，具備下列資格之一。但法定業務區域位於離島之**信用合作社**，每增加五人應再增加一人：

一、國內外專科以上學校畢業或具有同等學歷，於**信用合作社**或銀行工作經驗二年以上，並曾擔任**信用合作社**經理以上或同等職務或銀行相當職務，成績優良者。

二、國內外專科以上學校畢業或具有同等學歷，擔任金融行政或管理工作經驗三年以上，並曾任薦任七職等以上或相當職務，成績優良者。

三、**信用合作社**或銀行工作經驗三年以上，並曾擔任**信用合作社**經理以上或同等職務或銀行相當職務，成績優良者。

四、有其他經歷足資證明其具備金融專業知識或銀行經營經驗，可健全有效經營**信用合作社**業務者。

第10條　　具有配偶、三親等以內之血親或一親等姻親關係者，不得同時分任同一**信用合作社**之理事、監事或同任監事；同任理事者以二人為限。

理事、監事當選人有前項情形之一者，應於就任日前自行協調就任，逾期者，其當選無效。

第三節　經理人應具備資格

第11條　　**信用合作社**經理人不得有第七條所列各款情事。

第12條　　**信用合作社**總經理或與其職責相當之人應具備良好品德、領導及有效經營**信用合作社**之能力，並具備下列資格之一：

一、國內外專科以上學校畢業或具有同等學歷，於**信用合作社**或銀行工作經驗五年以上，並曾擔任**信用合作社**經理以上或同等職務或銀行相當職務，成績優良者。

二、**信用合作社**或銀行工作經驗三年以上，並曾擔任**信用合作社**副總經理以上或同等職務或銀行相當職務，成績優良者。

三、其他經歷足資證明其具備主管領導能力、金融專業知識或經營銀行之能力，可健全有效經營**信用合作社**業務者。

擔任**信用合作社**總經理或與其職責相當之人者，其資格應事先檢具有關文件報經中央主管機關審查合格後，始得充任。

第13條　　**信用合作社**副總經理、總稽核、協理、總分社經理或與其職責相當之人應具備良好品德、有效經營**信用合作社**之能力，並具備下列資格之一：

一、國內外專科以上學校畢業或具有同等學歷，於**信用合作社**或銀行工作經驗三年以上，並曾擔任**信用合作社**副經理以上或同等職務或銀行相當職務，成績優

良者。

二、**信用合作社**或銀行工作經驗五年以上，並曾擔任**信用合作社**副經理以上或同等職務或銀行相當職務，成績優良者。

三、有其他經歷足資證明其具備主管領導能力、金融專業知識或經營銀行之能力，可健全有效經營**信用合作社**業務者。

第 14 條　現任總經理（含代理）與理事主席（含代理）或監事主席（含代理）不得尤其配偶或二親等以內血親、姻親同時擔任。

第 14-1 條　**信用合作社**理事會負有選任經理人之責任，應確實審核經理人應具備之資格條件，並就經理人資格條件之維持與適任性，負監督之責。

## 第三章　選舉程序

### 第一節　選務規劃作業

第 15 條　**信用合作社**各項選任人員任期屆滿三個月前，應由理事會決議籌辦選務工作與時程。

第 16 條　選舉社員代表時，應由理事會就各組社員中聘定選務人員（包括發票、唱票、記票）及監選人員各若干人；選舉理事及監事時，應由社員（代表）大會就出席社員（代表）中，公推若干人為選務人員及監選人員，辦理有關投票選舉事宜。選舉理事主席及監事主席時，由直轄市政府財政局或縣（市）政府派員擔任監選人。

各項選舉之候選人不得擔任選務及監選人員。

第 17 條　**信用合作社**辦理社員代表選舉，應於選舉四十五日前完成社員社籍清理，並將入社年資計至**信用合作社**公告候選登記事宜日前一日止滿一年，符合章程規定具有選舉權

之社員編成選舉人名冊，在各營業單位門首公告，公開陳
列十日。選舉人名冊有錯誤者，社員應於陳列期間向**信用
合作社**請求更正。

前項名冊公告裁止後，社員仍得申請社籍地址變更，
但應依**合作社**原編訂之分區組別行使其選舉權與被選舉權。

以從業證明入社之社員於選舉人名冊公告截止後，遷
籍於業務區域內者，不得行使當屆之選舉權、被選舉權。

第18條　　　**信用合作社**社員行使選舉權與被選舉權，應以其向**合
作社**登記社籍之地址為準，社籍登記之地址應與戶籍或事
務所地址相符。

第19條　　　**信用合作社**辦理社員代表選舉，得依地域之便利分組
辦理。各組社員代表名額，應就各組具有選舉權社員人數
之多寡，依同一比例決定之。

第20條　　　社員代表、理事及監事之選舉，採登記候選方式。**信
用合作社**應於選舉一個月前將選舉人總數、應選名額、候
選人應具條件、及申請候選登記起訖日期，於各營業單位
門首公告至少七日，並於公告期間內於當地發行之報紙刊
登至少三日。

候選人登記截止後或經資格審查結果，其人數未達應
選名額之半數或理事、監事候選人數各未達三人時，應依
前項規定重行辦理候選人登記，已登記之候選人毋需重行
登記。

依前項規定登記之候選人，其各項候選資格條件年限
之計算與已登記候選人同。

同一社員不得同時登記為理事及監事候選人。

第21條　　　候選人資格之審查，應由理事會、監事會分別推選理
事、監事至少五人組成資格審查委員會，應不分專業或一
般資格之候選人，按其登記順序審查資格，並確定是否具

專業資格，且該委員會於本屆選舉結束後自動解散。資格審查委員如其本人、配偶、二親等以內之親屬或與其自身有利害關係者為候選人，應於審查該候選人資格時自行迴避。

　　**信用合作社**應將審查結果分別通知各候選人，其經審查不合格者，應准限期申請複審一次。

第 22 條　　經審查合格之候選人，其號次之排列，由資格審查委員會於候選人名單公告前抽籤決定。

第 23 條　　候選人候選登記之撤銷，應於抽籤排列號次前，以書面向**信用合作社**為之，逾期不予受理。已撤銷登記者不得申請回復候選登記。

第 24 條　　**信用合作社**之選舉，應於選舉七日前通知直轄市政府財政局或縣（市）政府，理事、監事、理事主席及監事主席之選舉，並應報請派員指導監督。

　　社員代表、理事及監事之選舉，**信用合作社**應於選舉七日前將選舉時間、地點、應選名額及候選人名單，分別通知選舉人。社員代表選舉並應於各營業單位門首公告至少七日。

第 25 條　　**信用合作社**各項選任人員之選舉票，應由**信用合作社**印製並加蓋圖記。理事、監事、理事主席及監事主席之選舉票，並應經直轄市政府財政局或縣（市）政府監督人員簽章。

第二節　投票選舉

第 26 條　　**信用合作社**理事、監事、理事主席、監事主席之選舉，應以會議方式行之。出席人數須有選舉人總數之過半數，始得進行選舉。

第 27 條　　**信用合作社**之選舉，選舉人應親自出席，不得委託他人代理。

第28條　　社員代表、理事及監事之選舉，選舉人經選務人員查核國民身分證與選舉人名冊符合時，即於本人名下簽章，領取選票，當場投入票箱。

第29條　　**信用合作社**之選舉，選舉人應親自圈寫，但因不識字或身體失能致無法圈選時，得請求監選人依其意旨，代為圈寫。

第30條　　社員代表之選舉，採用無記名單記法行之，由各組社員就各該組候選人中圈選之。

第31條　　理事、監事之選舉，在同一選票上對同一候選人圈選二次以上，其連記人數未超過規定連記名額者，以一票計算之。

第32條　　理事主席及監事主席之選舉，應將全體理事或監事姓名印列於選票，分別由理事或監事以無記名單記法圈選之。

第33條　　**信用合作社**之選舉，應於投票完畢後當場開票，選舉票應由監選人員及選務人員會同加封，並由**信用合作社**保存三年。

第三節　當選

第34條　　社員代表之選舉按應選出之名額，以候選人得票數較多者為當選者與候補者，但得票數相同時，當場以抽籤決定之。

　　　　　理事及監事之選舉，不分專業或一般資格之候選人，合併應選出之名額，以候選人得票數較多者為當選者與候補者，但符合第九條所列資格之專業理事當選人少於規定名額時，應按規定名額，以符合該資格候選人得票數較多者當選。得票數相同時，當場以抽籤決定之。

　　　　　理事主席及監事主席之選舉，以得票數超過出席人數半數者為當選；無人超過半數時，就得票最多及次多者

再行投票，以得票數較多者為當選，票數相同時，抽籤決定之。

以抽籤方式決定當選人時，如候選人未在場或雖在場經唱名三次仍不抽籤者，由監選人員代為抽定。

第 35 條　　社員代表、理事及監事之選舉，**信用合作社**應當場宣布並揭示當選人及候補人名單，其符合第九條所列資格者並應註明。

當選人及候補人不以在場者為限，其如當場聲明退讓者，視同放棄。

第 36 條　　**信用合作社**於選舉結果揭曉後，應當場將當選人姓名及當選票數作成紀錄，於七日內報請直轄市政府財政局或縣（市）政府備查。

第 37 條　　理事、監事選舉結果揭曉後，**信用合作社**應將當選者符合第六條、第九條、第四十條及第四十一條規定之證明文件影印加蓋與原件相符之章戳，列冊置於總社，供社員本人閱覽。

第四節　當選異議及選舉遞補

第 38 條　　選舉人或被選舉人對選舉結果有異議者，應當場向監選人員提出。其未出席之選舉人或被選舉人如有異議，得於選舉揭曉後三日內以書面向直轄市政府財政局或縣（市）政府提出，郵寄者以郵戳為憑，逾期不予受理。

第 39 條　　**信用合作社**應於選舉結果揭曉後三日內通知當選人，不願或不能就任者，須於接到通知三日內以書面告知**合作社**，由候補當選人依次遞補，其未設置候補者，以次高票者遞補，但專業理事出缺致不符規定名額時，應由具有該資格之候補理事遞補，並報請直轄市政府財政局或縣（市）政府備查。若無公告專業候補理事者，如缺額未達專業理事名額半數，得延至下年度社員代表大會時舉行補

選。若專業理事足額當選又告出缺，候補理事中無人具備該項資格，準用之。

候補者以書面向**信用合作社**聲明放棄遞補者，喪失其候補資格。

理監事選舉倘理事參選人數未達三人或就任人數未達三人又無人可資遞補，或監事無人時，經公告二次後，仍無法選出，則由理事會提報社員代表大會決議解散，決議不成，中央主管機關得指派以補足必要人數之人員代行理事、監事職權，代行期限至補選完成。

## 第四章　就任及解任

第40條　理事、監事當選就任前，應個別認繳股金不得少於就任前一年底**信用合作社**實收股金總額百分之十五除以依前條規定確定當選理事、監事總人數之平均數額，以擔保本法規定理事、監事應負之責任。

前項股金規定，理事、監事得於其應認繳股金二分之一範圍內，以提供存單、公債、金融債券或有擔保公司債券，設定等額之質權予**信用合作社**。

理事、監事於卸任一年後，由**信用合作社**報經直轄市政府財政局或縣（市）政府備查後，始得辦理前二項股金之減退或質權解除。但經**信用合作社**查證其於任期內無應負連帶清償責任情事，經當事人切結，並經理事會決議通過，由同意之理事在上該一年之剩餘期間內，就所減退或質權解除之數額共同承擔其應負擔保責任者，得不受上述一年期間之限制。

前項申請減退股金或質權解除之最遲期限，應於理事、監事卸任一年後六個月內，以最近一次檢查報告或會計師查核簽證二者孰低，並經社員代表大會決議通過之決算每

股淨值為準，計算每股退還股金。但不得超逾每股面額。

未於前項期限內申請減退之股金，應依一般社員減退股金程序之規定辦理。

第41條　新當選之理事、監事於召開首次理事會、監事會三日前，未依前條規定辦理者不得就任，由**信用合作社**通知候補者或選舉次高票者遞補。遞補者於**信用合作社**通知遞補後，應於就任前依前條第一項、第二項規定辦理。

理事、監事於任期內發生個別認繳股金少於前條第一項規定之數額者，當然解任，並由直轄市政府財政局或縣（市）政府註銷其相關登記；其設有候補者，由**信用合作社**通知候補者遞補。遞補者於**信用合作社**通知遞補後，應於就任前依前條第一項、第二項規定辦理。

第42條　**信用合作社**新當選理事、監事之首次理事會、監事會，應由原任理事主席或監事主席於選舉紀錄報經直轄市政府財政局或縣（市）政府備查後十日內通知並開會。

原任理事主席或監事主席逾期不召集首次理事會、監事會時，由得票數最多之理事或監事召集之，得票數最多者亦不召集時，由二分之一以上當選之理事或監事連署自行召集之，且均應報請直轄市政府財政局或縣（市）政府核准。

第43條　當選之理事、監事自召開首次理事會、監事會之日起就任。新舊任理事、監事應於當日完成移交。

第44條　理事、監事出缺時，其設有候補者，由候補者依次遞補，專業理事出缺，應由具有該資格之候補理事遞補，並報請直轄市政府財政局或縣市政府備查。

理事、監事出缺遞補後仍有不足時，除理事、監事人數未達章程規定名額半數，應自出缺之日起二個月內舉行補選外，得由各社自行斟酌是否辦理補選。其中符合第九

條所列資格者，其缺額應分別計算，並依第三十九條規定辦理。如理事未達三人未能成會或監事無人時，中央主管機關得指派以補足必要人數之人員代行理事、監事職權，代行期限至補選完成。

理事主席或監事主席出缺時，應即由理事或監事二分之一以上之連署，向直轄市政府財政局或縣（市）政府報備召開理事會或監事會選舉之。

第 45 條　　遞補之理事、監事自**信用合作社**通知遞補後首次召開理事會、監事會之日起就任。其任期至同屆理事、監事之任期屆滿為止。

第 46 條　　社員代表、理事、監事於任期內發生或不符第三條、第四條、第六條或第七條情事之一者，當然解任，並由直轄市政府財政局或縣（市）政府註銷其相關登記。

經理人於任內發生第十一條情事之一者，當然解任。

理事、監事、經理人受主管機關處分停職中者，得不適用解任之規定。理事、監事、經理人有發生本辦法當然解任情事時，當事人應立即通知**信用合作社**。

**信用合作社**知其負責人有當然解任事由後應即主動處理，並向主管機關申報。

第 47 條　　社員代表、理事、監事、理事主席或監事主席之辭職，除章程另有約定外，應以書面向**信用合作社**為之，並即生效。辭職後不得在同一任內再行當選原職。

第 48 條　　理事會或監事不為或不能行使職權，致**信用合作社**有受損害之虞時，主管機關得指派臨時管理人，代行理事主席、理事會及監事之職權。但不得為不利於**信用合作社**之行為。

## 第五章　聘任及解聘

第 49 條　　**信用合作社**總經理及副總經理之聘任，應經理事二人以上之連署推薦，經理事會全體理事過半數之同意。

第 50 條　　總經理及副總經理於任期內，非經理事會全體理事三分之二以上之同意，不得解聘。

## 第六章　附則

第 51 條　　**信用合作社**現任經理人升任或本辦法發布施行後充任者，應具備本辦法所定資格條件，其不具備而升任或充任者，當然解任。

第 52 條　　本辦法自發布日施行。

　　　　　　本辦法中華民國一百零三年十二月十日修正之條文，自一百零六年六月十日施行。

# 信用合作社變更組織為商業銀行之標準及辦法

1.中華民國84年12月6日財政部（84）台財融字第84784492號令

訂定發布全文11條

2.中華民國90年5月15日財政部（90）台財融（一）字第90706113號令

修正發布第8條條文

3.中華民國90年6月21日財政部（90）台財融（三）字第90707222號令

修正發布第2、4、6～9條條文

中華民國101年6月25日行政院院臺規字第1010134960號

公告第3條第1項第13款、第6條第2項、第8條序文、第5款、

第10條所列屬「財政部」之權責事項，經行政院公告自93年7月1日起

變更為「行政院金融監督管理委員會」管轄，

自101年7月1日起改由「金融監督管理委員會」管轄

第 1 條　　　　本辦法依**信用合作社**法（以下簡稱本法）第三十條第三項規定之，本辦法未規定者，適用其他有關法令之規定。

第 2 條　　　　**信用合作社**申請單獨或合併變更組織為商業銀行，應依本辦法規定辦理。

　　　　　　　**信用合作社**申請變更組織為商業銀行之標準如下：

一、最低實收股金達新台幣二十億元，且依最近一次檢查報告所列可能遭受損失金額為最低標準提足備抵呆帳後，無累積虧損者。

二、自有資本與風險性資產之比率，不得低於百分之八。

三、上一年度及截至申請時負責人未因業務上故意犯罪經判刑確定。

四、上一年度及截至申請時未有重大違反金融法規受處分。

五、上一年度及截至申請時未發生情節重大之舞弊案。

　　　　　　　**信用合作社**申請合併並變更組織為商業銀行者，得不受前項標準第一款、第二款之限制，但合併後仍須符合前項第一款、第二款之規定。

第 3 條　　　　**信用合作社**申請變更組織為商業銀行，應檢具申請書及下列書件：

一、營業計畫書：載明業務區域、業務範圍、業務之原則與方針及具體執行之方法（包括場所、內部組織分工、業務發展計畫及未來三年財務預測）等。

二、理事會及社員（代表）大會會議紀錄。

三、社股與股份轉換辦法。

四、股東名冊。

五、股權結構分析表。

六、同一關係人持股明細表。

七、經會計師簽證之風險性資產對自有資本比率報告。

八、最近三年財務報告書。

九、辦理與銀行法第三十三條有關利害關係人授信明細表及大額授信明細表。

十、不動產明細表。

十一、預定董事、監察人、經理人資格符合銀行負責人應具備資格條件準則規定之聲明或證明。

十二、銀行章程。

十三、其他經財政部規定應提出之文件。

　　前項銀行章程之訂立，應依本法第三十條第四項規定之程序辦理。

第 4 條　　**信用合作社**申請變更組織為商業銀行，由理事會召集第一次股東會，選任變更組織為商業銀行後之董事、監察人，並決議其任期之起算日。

第 5 條　　**信用合作社**申請變更組織為商業銀行時所發行股份之面值總額以實收股金總額為限，其股東權益超過實收股金部分應轉列為銀行之資本公積。

第 6 條　　**信用合作社**經核准變更組織為商業銀行者，其業務區域以縣市為單位，所稱市為直轄市，省轄市則併入縣計算，其範圍規定如下：

一、單獨變更組織者，其業務區域除總社所在地之縣市外，增加緊鄰二縣市。

二、合併變更組織者，其業務區域除各總社所在地之縣市外，增加緊鄰一縣市。總社位於同一縣市者，增加緊鄰二縣市。

三、五家以上合併變更組織，且股金達新台幣三十億元以上者，其業務區域為十縣市。

四、十家以上合併變更組織，並包括台灣北、中、南部各至少一家，且股金達新台幣五十億元以上者，其業務區域為全國。

財政部得視國內經濟、金融情形，就變更組織個案狀況調整其業務區域。

第7條　**信用合作社**經核准變更組織為商業銀行者，其銀行各級負責人及職員應有二分之一以上具有商業銀行業務經驗，或曾參加台灣金融研訓院舉辦之下列訓練：

一、董事、監察人及經理級以上人員應參加銀行高層經營管理專業訓練。

二、襄理級以上人員應參加銀行經營管理或相關業務專業訓練至少三十小時以上。

三、其餘職員應參加銀行相關業務專業訓練至少六十小時以上。

第8條　**信用合作社**經核准變更組織為商業銀行，應自財政部核准之日起一年內，向**信用合作社**登記機關申請辦理註銷登記，向經濟部申請辦理公司設立登記，並檢具下列書件向財政部申請換發營業執照：

一、營業執照申請書。

二、驗資證明書。

三、銀行章程。

四、前條規定之具有商業銀行業務經驗或參加專業訓練人員名冊。

五、其他經財政部規定應提出之文件。

第9條　**信用合作社**申請合併並變更組織為商業銀行之決議及銀行章程之訂立，由各社社員（代表）大會依本法第三十條規定辦理；其第一次股東會之召集及合併並變更組織之申請，由各社理事會聯名為之。

第10條　**信用合作社**申請核准變更組織為商業銀行後，經查核其檢具之各項文件有隱匿或虛偽不實情事或有未能確實依照本辦法規定辦理者，財政部得停止其部分業務或撤銷其

許可。

第 11 條　　本辦法自發布日施行。

# 信用合作社業務輔導辦法

1.中華民國88年6月29日財政部（88）台財融字第88731012號令
訂定發布全文10條；並自發布日起施行

第 1 條　　本辦法依據**信用合作社**資金轉存及融通辦法第九條規定訂定之。

第 2 條　　輔導**信用合作社**之工作目標在於促進其健全經營，藉由輔導各項經營管理制度及改進業務缺失，以保障存款人權益。

第 3 條　　**信用合作社**之輔導，除由主管機關本於職掌辦理者外，有關業務輔導部分，由財政部、直轄市政府財政局分別委託臺灣省合作金庫負責辦理。但金門縣**信用合作社**之業務輔導，由財政部另行委託之金融機構辦理。

受委託輔導機構辦理輔導工作，得洽請縣、市政府（直轄市為財政局）會同辦理。

第 4 條　　輔導機關（構）輔導**信用合作社**業務經營之工作項目如下：

一、輔導釐定業務規章，建立各項經營管理制度及成本觀念。

二、輔導依**信用合作社**統一會計制度處理會計帳務及編製各項表報。

三、輔導建立內部控制制度，並落實遵守法令主管制度之執行。

四、輔導依規定提繳存款準備金及流動準備。

五、輔導辦理餘裕資金之轉存事宜。

六、輔導辦理代理票據交換及通匯業務。

七、輔導代理公庫及代理收付款項業務。

八、輔導改善金融業務檢查缺失，並視業務經營狀況成立
　　專案輔導小組，辦理專案輔導。

九、輔導員工訓練及新種業務之辦理。

十、受理相關法令之諮詢服務。

十一、輔導逾期放款及催收款之清理。

十二、其他經財政部指定之輔導事項。

第5條　　　受委託輔導機構於辦理**信用合作社**輔導工作，發現有
不符規定情事，經追蹤輔導仍未改善者，應報請縣、市政
府（直轄市為財政局）處理，並副知財政部、中央銀行及
中央存款保險公司。

　　　　　縣、市政府（直轄市為財政局）經評估**信用合作社**之
業務經營有損及社員及存款人權益之虞時，專案輔導小組
應即派員列席**信用合作社**理事會及授信審議委員會，並促
請研提自救或合併方案，報經縣、市政府（直轄市為財政
局）研提處理意見後，函報財政部處理，並副知中央銀行
及中央存款保險公司。

第6條　　　**信用合作社**之業務經營，如遇有重大偶發事件，輔導
機關（構）應即協助處理。其情節重大或違反法令規定事
項者，縣、市政府（直轄市為財政局）應即擬具處理意見
函報財政部處理，並副知中央銀行及中央存款保險公司。

第7條　　　輔導機關（構）辦理**信用合作社**輔導工作，如需查閱
或索取有關憑證表報資料，**信用合作社**應配合辦理。

　　　　　前項有關資料，輔導機關（構）除提供主管機關或中
央銀行及中央存款保險公司外，應保守機密。

第8條　　　縣、市政府（直轄市為財政局）應按季將專案輔導報
告，函報財政部備查，並副知中央銀行及中央存款保險

公司。

第9條　　本辦法如有未盡事宜，悉依有關法令之規定辦理。

第10條　　本辦法自發布日施行。

# 信用合作社資本適足性及資本等級管理辦法

1.中華民國87年11月13日財政部（87）台財融字第87756252號函
訂定發布全文10條；並自中華民國87年12月31日施行

2.中華民國92年6月30日財政部台財融（三）字第0928011014號令
修正發布名稱及全文10條；並自發布日施行，
但第5條第1項第3款規定自94年1月1日施行
（原名稱：信用合作社自有資本與風險性資產範圍
計算方法及未達標準之限制盈餘分配辦法）

3.中華民國95年5月9日行政院金融監督管理委員會金管銀（三）字
第09530002230號令修正發布第3、5條條文

4.中華民國96年9月6日行政院金融監督管理委員會金管銀（二）字
第09620006291號令修正發布第8條條文

5.中華民國99年2月9日行政院金融監督管理委員會金管銀合字
第09830006360號令修正發布名稱及第1、7、8條條文；
增訂第2-1、8-1條條文；並刪除第9條條文
（原名稱：信用合作社資本適足性管理辦法）

6.中華民國101年11月1日金融監督管理委員會金管銀合字
第10130002750號令修正發布全文11條；並自101年12月31日施行

第1條　　本辦法依**信用合作社**法（以下簡稱本法）第三十七條
準用銀行法第四十四條第四項規定訂定。

第2條　　本辦法用詞定義如下：

一、自有資本與風險性資產之比率（以下簡稱資本適足
率）：指合格自有資本除以風險性資產總額。

二、合格自有資本：指第一類資本及合格第二類資本之合計數額。

三、合格第二類資本：指可支應信用風險、市場風險及作業風險之第二類資本。

四、股金：指最近半年日平均股金總額、最近一個月日平均股金總額及填報基準日股金總額之孰低者。

五、風險性資產總額：指信用風險加權風險性資產總額，加計市場風險及作業風險應計提之資本乘以十二‧五之合計數。但已自合格自有資本中減除者，不再計入風險性資產總額。

六、信用風險加權風險性資產：指衡量交易對手不履約，致**信用合作社**產生損失之風險。該風險之衡量以**信用合作社**資產負債表內表外交易項目乘以加權風險權數之合計數額表示。

七、市場風險應計提之資本：指衡量市場價格（利率、匯率及股價等）波動，致**信用合作社**資產負債表內表外交易項目產生損失之風險，所需計提之資本。

八、作業風險應計提之資本：指衡量**信用合作社**因內部作業、人員及系統之不當或失誤，或因外部事件造成損失之風險，所需計提之資本。

第3條　　本法第三十七條準用銀行法第四十四條第一項所稱**信用合作社**自有資本與風險性資產之比率（即資本適足率），不得低於一定比率，係指資本適足率不得低於百分之八。

　　本法第三十七條準用銀行法第四十四條第二項所稱之資本等級，其劃分標準如下：

一、資本適足：指資本適足率為百分之八以上者。

二、資本不足：指資本適足率為百分之六以上，未達百分

之八者。

三、資本顯著不足：指資本適足率為百分之二以上，未達
百分之六者。

四、資本嚴重不足：指資本適足率低於百分之二者。**信用
合作社**淨值占資產總額比率低於百分之二者，視為資
本嚴重不足。

第4條　　第一類資本之範圍為下列各項目之合計數額，減商
譽、出售不良債權未攤銷損失及依**信用合作社**自有資本與
風險性資產之計算方法說明及表格所規定之應扣除項目之
金額：

一、股金。

二、資本公積（固定資產增值公積除外）。

三、法定盈餘公積。

四、特別盈餘公積。

五、累積盈虧（應扣除營業準備及備抵呆帳提列不足之金
額）。

六、社員權益其他項目（重估增值及備供出售金融資產未
實現利益除外）。

第5條　　第二類資本之範圍為下列各項目之合計數額，減依**信
用合作社**自有資本與風險性資產之計算方法說明及表格所
規定之應扣除項目之金額：

一、固定資產增值公積。

二、重估增值。

三、備供出售金融資產未實現利益之百分之四十五。

四、營業準備及備抵呆帳。

前項得列入第二類資本之備抵呆帳，係指**信用合作社**
所提備抵呆帳超過**信用合作社**依歷史損失經驗所估計預期
損失部分之金額。

第一項第四款所稱營業準備及備抵呆帳，其合計數額，不得超過風險性資產總額百分之一‧二五。

第6條　合格自有資本為第一類資本及合格第二類資本之合計數額，其中合格第二類資本以不超過第一類資本為限。

前項所稱合格第二類資本，應符合下列規定：

一、支應信用風險及作業風險所需之資本以第一類資本及第二類資本為限，且所使用第二類資本不得超過支應信用風險及作業風險之第一類資本。

二、支應市場風險所需之資本中，須有第一類資本，第二類資本於支應信用風險及作業風險後所餘者，得用以支應市場風險。

第7條　信用風險加權風險性資產總額、市場風險及作業風險所需資本之計算，應依中央主管機關規定之**信用合作社**自有資本與風險性資產之計算方法說明及表格辦理。

第8條　各**信用合作社**應依中央主管機關訂頒之計算方法及表格，經會計師覆核於每半年結（決）算後二個月內，申報資本適足率，並檢附相關資料。

主管機關於必要時得令**信用合作社**隨時填報，並檢附相關資料。

第一項規定對於經主管機關依法接管之**信用合作社**，不適用之。

第9條　**信用合作社**依前條規定申報之資本適足率，主管機關應依本辦法資本適足率計算之規定審核其資本等級。

**信用合作社**之資本等級經主管機關審核為資本不足、資本顯著不足及資本嚴重不足者，主管機關應依本法第三十七條準用銀行法第四十四條之二第一項第一款至第三款之規定，採取相關措施。

第10條　**信用合作社**應依中央主管機關規定揭露資本適足性相

關資訊。

第 11 條　　本辦法自中華民國一百零一年十二月三十一日施行。

# 信用合作社資產評估損失準備提列及逾期放款催收款呆帳處理辦法

1. 中華民國89年4月5日財政部（89）台財融字第89709314號令
訂定發布全文15條；並自發布日起施行
2. 中華民國91年8月22日財政部台財融（三）字第0910033267號令
修正發布名稱及全文17條；並自發布日施行
（原名稱：信用合作社農會信用部漁會信用部
逾期放款催收款及呆帳處理辦法）
3. 中華民國93年6月30日財政部台財融（三）字第0933000496號令
修正發布全文18條；並自94年7月1日施行
4. 中華民國99年11月18日行政院金融監督管理委員會金管銀法字
第09900428781號令修正發布第5、18條條文；
增訂第17-1條條文；並自100年1月1日施行
5. 中華民國103年1月28日金融監督管理委員會金管銀法字
第10310000410號令修正發布第5、7、17-1、18條條文；
並103年1月1日施行

第 1 條　　本辦法依**信用合作社**法第二十一條第三項規定訂定之。

第 2 條　　**信用合作社**對資產負債表表內及表外非授信資產評估，應按資產特性，依一般公認會計原則及其他相關規定，基於穩健原則評估可能損失，並提足損失準備。

第 3 條　　**信用合作社**對資產負債表表內及表外授信資產，除將屬正常之授信資產列為第一類外，餘不良之授信資產，應按債權之擔保情形及逾期時間之長短予以評估，分別列為第二類應予注意者，第三類可望收回者，第四類收回困難

者，第五類收回無望者。

第4條　　　前條各類不良授信資產，定義如下：

一、應予注意者：指授信資產經評估有足額擔保部分，且授信戶積欠本金或利息超過清償期一個月至十二個月者；或授信資產經評估已無擔保部分，且授信戶積欠本金或利息超過清償期一個月至三個月者；或授信資產雖未屆清償期或到期日，但授信戶已有其他債信不良者。

二、可望收回者：指授信資產經評估有足額擔保部分，且授信戶積欠本金或利息超過清償期十二個月者；或授信資產經評估已無擔保部分，且授信戶積欠本金或利息超過清償期三個月至六個月者。

三、收回困難者：指授信資產經評估已無擔保部分，且授信戶積欠本金或利息超過清償期六個月至十二個月者。

四、收回無望者：指授信資產經評估已無擔保部分，且授信戶積欠本金或利息超過清償期十二個月者；或授信資產經評估無法收回者。

符合第七條第二項之協議分期償還授信資產，於另訂契約六個月以內，**信用合作社**得依授信戶之還款能力及債權之擔保情形予以評估分類，惟不得列為第一類，並需提供相關佐證資料。

第5條　　　**信用合作社**對資產負債表表內及表外之授信資產，應按第三條及前條規定確實評估，並以第一類授信資產債權餘額扣除對於我國政府機關（指中央及地方政府）之債權餘額後之百分之一、第二類授信資產債權餘額之百分之二、第三類授信資產債權餘額之百分之十、第四類授信資產債權餘額之百分之五十及第五類授信資產債權餘額全部之和為最低標準，提足備抵呆帳及保證責任準備。

為強化**信用合作社**對特定授信資產之損失承擔能力，中央主管機關於必要時，得要求**信用合作社**提高特定授信資產之備抵呆帳及保證責任準備。

第 6 條　　**信用合作社**依第二條及前條規定所提列之損失準備、備抵呆帳及保證責任準備，經主管機關或金融檢查機關（構）評估不足時，**信用合作社**應立即依主管機關要求或金融檢查機關（構）檢查意見補足。

第 7 條　　本辦法稱逾期放款，指積欠本金或利息超過清償期三個月，或雖未超過三個月，但已向主、從債務人訴追或處分擔保品者。

協議分期償還放款符合一定條件，並依協議條件履行達六個月以上，且協議利率不低於原承作利率或**信用合作社**新承作同類風險放款之利率者，得免予列報逾期放款。但於免列報期間再發生未依約清償超過三個月者，仍應予列報。

前項所稱一定條件，指符合下列情形者：

一、原係短期放款者，以每年償還本息在百分之十以上為原則，惟期限最長以五年為限。

二、原係中長期放款者，其分期償還期限以原殘餘年限之二倍為限，惟最長不得超過三十年。於原殘餘年限內，其分期償還之部分不得低於積欠本息百分之三十。若中長期放款已無殘餘年限或殘餘年限之二倍未滿五年者，分期償還期限得延長為五年，並以每年償還本息在百分之十以上為原則。

第一項所謂清償期，對於分期償還之各項放款及其他授信款項，以約定日期定其清償期。但如**信用合作社**依契約請求提前償還者，以**信用合作社**通知債務人還款之日為清償期。

第 8 條　　本辦法稱催收款，指經轉入催收款科目之各項放款及其他授信款項。

　　凡逾期放款應於清償期屆滿六個月內轉入催收款科目。但經協議分期償還放款並依約履行者，不在此限。

第 9 條　　逾期放款及催收款應依下列規定積極清理：

一、經評估債務人財務、業務狀況，認為尚有繼續經營價值者，得酌予變更原授信案件之還款約定，並按理事會規定之授權額度標準，由有權者核准。

二、依民事訴訟法、強制執行法及其他相關法令規定積極清理。但經協議分期償還放款者，不在此限。

三、經評估主、從債務人確無能力全部清償本金，得依理事會規定之授權額度標準，斟酌實情，由有權者核准與債務人成立和解，再報理事會備查。

第 10 條　　逾期放款經轉入催收款者，應停止計息。但仍應依契約規定繼續催理，並在催收款各分戶帳內利息欄註明應計利息，或作備忘紀錄。逾期放款未轉入催收款前應計之應收利息，經評估可收回仍未收清者，得連同本金一併轉入催收款。

第 11 條　　逾期放款及催收款，具有下列情事之一者，應扣除估計可收回部分後轉銷為呆帳：

一、債務人因解散、逃匿、和解、破產之宣告或其他原因，致債權之全部或一部不能收回者。

二、擔保品及主、從債務人之財產經鑑價甚低或扣除先順位抵押權後，已無法受償，或執行費用接近或可能超過**信用合作社**可受償金額，執行無實益者。

三、擔保品及主、從債務人之財產經多次減價拍賣無人應買，而**信用合作社**亦無承受實益者。

四、逾期放款及催收款逾清償期二年，經催收仍未收回者。

逾期放款及催收款未逾清償期二年，經催收仍未收回者，得扣除可收回部分後，轉銷為呆帳。

第 12 條　逾期放款及催收款之轉銷，應經理事會之決議通過，並通知監事會。但經主管機關或金融檢查機關（構）要求轉銷者，應即轉銷為呆帳，並提報最近一次理事會及通知監事會備查。

前項規定，如其於授信或轉銷呆帳時，屬於**信用合作社**法第三十七條準用銀行法第三十三條規定金額以上之案件（包括利害關係人擔任授信保證人及擔保品提供人之案件），應經三分之二以上理事之出席及出席理事四分之三以上之同意，並經全體監事同意。

第 13 條　逾期放款及催收款之轉銷，應先就提列之備抵呆帳或保證責任準備等項下沖抵，如有不足，應列為當年度損失。

第 14 條　**信用合作社**對資產品質之評估、損失準備之提列、逾期放款催收款之清理及呆帳之轉銷，應建立內部處理制度及程序，報經理事會通過後，函報地方主管機關核備。地方主管機關核備同時應併相關附件副知中央主管機關，其內容應至少包括下列事項：

一、資產之評估及分類標準。

二、備抵呆帳及損失準備提列政策。

三、授信逾清償期應採取之措施。

四、催收程序有關之規定。

五、逾期放款催收款變更原授信還款約定及成立和解之程序、授權標準之規定。

六、催收款、轉銷呆帳之會計處理。

七、追索債權及其債權回收之會計處理及可作為會計憑證之證明文件。

八、稽核單位列管考核重點。

九、內部責任歸屬及獎懲方式。

第15條　　逾期放款及催收款轉銷時，應即查明授信有無依據法令及**信用合作社**內部規章辦理，如經查明係依授信程序辦理，並依規定辦理覆審追查工作，且無違法失職情事者，免予追究行政責任。如有違失，由**信用合作社**依其分層負責及授權情形考核處分，涉及刑責者，移送檢察機關偵辦。

第16條　　經依規定程序轉列呆帳之各項債權仍應列帳記載，並詳列登記簿備查，由有關業務單位隨時注意主、從債務人動向。如發現有可供執行之財產時，應即依法訴追。

　　　　前項經評估確無追索之實益者，得報經理事會核准後，免予列帳記載及列管追蹤，惟仍應列於登記簿備查。

第17條　　**信用合作社**應於每月十五日前，將上月底之逾期放款（含催收款）及不良資產依中央主管機關規定之格式、內容，函報直轄市政府或縣（市）政府備查，並以網際網路申報或書面申報中央主管機關。**信用合作社**應於每季結束次月十五日前，將上季底之資產評估明細、備抵呆帳及準備提列情形向直轄市政府或縣（市）政府申報。

第17-1條　　**信用合作社**依據中華民國一百零三年一月二十八日修正施行之第五條第一項規定計算第一類授信資產最低應提列之備抵呆帳及保證責任準備金額，應自本次修正施行之日起一年內提足。但有正當理由，得於期限屆滿前，報經理事會通過後，向中央主管機關申請展延；展延期限不得超過四年。

第18條　　本辦法自中華民國九十四年七月一日施行。

　　　　本辦法中華民國九十九年十一月十八日修正發布之條文，自一百年一月一日施行。

　　　　本辦法中華民國一百零三年一月二十八日修正發布之條文，自一百零三年一月一日施行。

# 信用合作社年報應行記載事項準則

1. 中華民國91年11月26日財政部台財融（三）字第0913000903號令
   訂定發布全文14條；並自92年1月1日施行
2. 中華民國94年12月7日行政院金融監督管理委員會金管銀（三）字
   第0943001727號令修正發布全文19條；並自95年1月1日施行
3. 中華民國95年11月22日行政院金融監督管理委員會金管銀（三）字
   第09530005050號函修正第14條條文之附表九、附表十
4. 中華民國96年9月6日行政院金融監督管理委員會金管銀（二）字
   第09620006293號令修正發布第7、19條條文；並自發布日施行
   中華民國101年6月25日行政院院臺規字第1010134960號
   公告第2條第1項所列屬「行政院金融監督管理委員會」之權責事項，
   自101年7月1日起改由「金融監督管理委員會」管轄
5. 中華民國102年1月24日金融監督管理委員會金管銀合字
   第10230000170號令修正發布第2、7～10、14～16條條文
6. 中華民國104年12月29日金融監督管理委員會金管銀合字
   第10430003120號令修正發布第7、10、14～18條條文；
   增訂第19條條文，原第19條條次變更為第20條；
   除第7條第1項第6款、第14條第1款、第2款及第4款
   及第15條第2款自105會計年度適用外，餘均自發布日施行

## 第一章　總則

第 1 條　　本準則依**信用合作社**法（以下簡稱本法）第三十七條
　　　　　準用銀行法第四十九條第一項規定訂定之。

第 2 條　　**信用合作社**年報之記載事項，應依本準則之規定全部
　　　　　刊入，得參照金融業募集發行有價證券公開說明書應行記
　　　　　載事項準則規定內容記載，並編製目錄及頁次。如無應列

內容或經金融監督管理委員會（以下簡稱本會）核准得予省略者，則在該項之後加註「無」或「略」。

年報應行記載事項重複者，得僅於一處記載，他處則註明參閱之頁次。

第3條　年報編製之基本原則如下：
一、年報所載事項應具有時效性，並不得有虛偽或隱匿情事。
二、年報宜力求詳實明確，文字敘述應簡明易懂，善用統計圖表、流程圖或其他圖表。

第4條　年報之封面，應刊載**信用合作社**名稱、年份、刊印日期。

第5條　年報之封裏應刊載下列事項：
一、總社及分社之地址及電話。
二、最近年度財務報告簽證會計師姓名、事務所名稱、地址、網址及電話。
三、**信用合作社**網址。

第6條　年報之封底應刊載下列事項：
一、**信用合作社**印鑑。
二、**信用合作社**負責人之簽名或蓋章。

第7條　年報編製內容應記載事項如下：
一、致社員報告書。
二、**信用合作社**概況：包括**信用合作社**簡介、**信用合作社**組織、社股及股息。
三、營運概況。
四、資金運用計畫執行情形。
五、財務概況。
六、財務狀況及財務績效之檢討分析與風險管理事項。
七、內部管理運作情形。

八、特別記載事項。

　　**信用合作社**經主管機關依法接管者，應就截至年報刊印日止之重要財務業務概況編製。

## 第二章　編製內容

第 8 條　　致社員報告書應包含前一年度營業結果及本年度營業計畫概要、未來發展策略、受到外部競爭環境、法規環境及總體經營環境之影響。

　　　　　前一年度營業結果應就上年度國內外金融環境、**信用合作社**組織變化情形、營業計畫及經營策略實施成果、預算執行情形、財務收支及獲利能力分析、研究發展狀況等予以檢討，作成說明。

　　　　　本年度營業計畫概要應說明當年度之經營方針、預期營業目標與其依據及重要之經營政策。

第 9 條　　**信用合作社**簡介應記載下列事項：

一、設立日期。

二、**信用合作社**沿革：最近年度及截至年報刊印日止影響社員權益之重要事項與其對**信用合作社**之影響，如更早年度之資訊對瞭解**信用合作社**發展有重大影響者，得一併揭露。

第 10 條　　**信用合作社**組織應記載下列事項：

一、組織系統：列明**信用合作社**之組織結構及各主要部門所營業務。

二、社員代表名冊：姓名、選舉區域。

三、理事、監事、總經理、副總經理、協理、各部門及分支機構主管資料：

　　（一）理事、監事：姓名、主要經（學）歷、目前兼任本社及其他公司之職務、選（就）任日期、任

期、初次選任日期及本人、配偶持有之社股數、所具專業知識之情形。理事、監事屬法人社員之代表者，應註明法人社員名稱及該法人社員認購社股數。

（二）總經理、副總經理、協理、各部門及分支機構主管：姓名、主要經（學）歷、就任日期、任期及本人、配偶持有之社股數。

（三）最近年度支付理事、監事、總經理及副總經理之酬金情形：

1. **信用合作社**可選擇採彙總配合級距揭露姓名方式，或個別揭露姓名及酬金方式。

2. **信用合作社**有下列情事之一者，應揭露個別理事、監事及總經理之酬金：

（1）最近年度第四季平均逾期放款比率高於百分之五。

（2）最近一次**信用合作社**自結、會計師複核或經本會檢查調整後之資本適足率低於百分之八。

（3）最近二年度財務報告曾出現稅後虧損。但最近年度財務報告已產生稅後淨利，且足以彌補累積虧損者，不在此限。。

（4）經本會要求增加股金，惟未依所提增資計畫完成者。

3. 全體理事、監事領取酬金占稅後淨利超過百分之十五，且個別理事或監事領取酬金超過新臺幣五百萬元者，應揭露該個別理事或監事酬金。

4. 分別比較說明於最近二年度支付理事、監事、總經理及副總經理酬金總額占稅後純益比例之分析，並說明給付酬金之政策、標準與組合、訂定

酬金之程序、與經營績效及未來風險之關聯性。

四、最近年度理事、監事、經理人其持有社股數變動情形。社股轉讓之相對人為關係人者，應揭露該相對人之姓名、與**信用合作社**、理事、監事、經理人之關係及所取得社股數。

第 11 條　社股及股息應記載下列事項：

一、年初及年底之股金總額。

二、社員結構：統計社員及準社員之組合比例。

三、最近二年度每一社股淨值、盈餘、股息及相關資料。

四、股息發放狀況：應揭露本次社員代表大會擬議股息分配之情形。

五、理事、監事酬勞：

（一）**信用合作社**章程所載理事、監事酬勞之成數或範圍。

（二）理事會通過之理事、監事酬勞金額。

（三）上年度盈餘用以配發理事、監事酬勞情形：應揭露上年度盈餘分配時有關理事、監事酬勞之實際配發情形、原理事會通過之擬議配發情形及差異。

第 12 條　營運概況應記載下列事項：

一、業務內容：

（一）說明各業務別經營之主要業務、各業務資產及（或）收入占總資產及（或）收入之比重及其成長變化情形，業務別之分類舉例如下：

1. 消費金融業務。

2. 企業金融業務。

3. 電子金融業務

4. 投資業務。

5. 代理收付業務。

（二）本年度經營計畫：按主要金融業務別列示本年度之經營計畫。

（三）市場分析：分析**信用合作社**業務經營之地區、市場未來之供需狀況與成長性、競爭利基及發展遠景之有利、不利因素與因應對策。

（四）金融商品研究與業務發展概況：

    1. 說明最近二年內主要金融商品及增設業務部門之規模及損益情形。

    2. 列明最近二年度研究發展支出及其成果，並略述未來研究發展計畫。

（五）長、短期業務發展計劃。

二、從業員工：最近二年度從業員工人數、平均服務年資、平均年齡、學歷分布比率、員工持有之專業證照及進修訓練情形。

三、社會責任及道德行為：對社會公益、學術文化之貢獻、環境保護制度、繼續經營及創造社員價值等。

四、資訊設備：主要資訊系統硬體、軟體之配置及維護、未來開發或購置計畫及緊急備援與安全防護措施。

五、勞資關係：

（一）列示**信用合作社**各項員工福利措施、退休制度與其實施情形，以及勞資間之協議與各項員工權益維護措施情形。

（二）列明最近年度因勞資糾紛所遭受之損失，並揭露目前與未來可能發生之估計金額及因應措施。

六、重要契約：列示截至最近年度止仍有效存續及最近年度到期之委外契約、技術合作契約、工程契約、向外借款長期契約及其他足以影響存款人或社員權益之重要契約之當事人、主要內容、限制條款及契約起訖

日期。

第13條　　資金運用計畫執行情形應記載下列事項：

一、計畫內容：最近三年度資金運用計畫預計效益尚未顯現者之分析。

二、執行情形：就前款計畫之資金用途，說明已辦理擴充業務及營業據點、充實營運資金、擴建或新建固定資產之計畫內容、資金來源、運用概算及可能產生之效益。

第14條　　財務概況應記載下列事項：

一、最近五年度簡明資產負債表及綜合損益表，並應註明會計師姓名及其查核意見。

二、最近五年度財務分析：應包括下列各項目，並說明最近二年度各項財務比率變動原因。

（一）經營能力。

（二）獲利能力。

（三）財務結構。

（四）成長率。

（五）現金流量。

（六）流動準備比率。

（七）依本法第三十七條準用銀行法第四十四條規定計算之自有資本與風險性資產比率及其低於法定比率時之改進措施。

（八）利害關係人擔保授信總餘額及其占授信總餘額之比率。

三、最近年度財務報告之監事審查報告。

四、最近年度財務報告，含會計師查核報告、兩年對照之資產負債表、綜合損益表、權益變動表、現金流量表及附註或附表。

五、**信用合作社**最近年度及截至年報刊印日止，如有發生財
　　務週轉困難情事，應列明其對本社財務狀況之影響。

第15條　　**信用合作社**應就財務狀況及財務績效加以檢討分析，
並評估風險管理事項，其應記載事項如下：

一、財務狀況：最近二年度資產、負債與權益發生重大變
　　動之主要原因及其影響，若影響重大者應說明未來因
　　應計畫。

二、財務績效：最近二年度淨收益與稅前損益重大變動之
　　主要原因及預期業務目標與其依據，對**信用合作社**未
　　來財務業務之可能影響及因應計畫。

三、現金流量：最近年度現金流量變動之分析說明、流動
　　性不足之改善計畫及未來一年現金流動性分析。

四、最近年度重大資本支出對財務業務之影響。

五、風險管理事項應分析評估最近年度及截至年報刊印日
　　止之下列事項：

　　（一）各類風險之定性及定量資訊：
　　　　　1. 信用風險管理制度及應計提資本。
　　　　　2. 作業風險管理制度及應計提資本。
　　　　　3. 市場風險管理制度及應計提資本。
　　　　　4. 流動性風險包括資產與負債之到期分析，並說明
　　　　　　 對於資產流動性與資金缺口流動性之管理方法。
　　（二）國內外重要政策及法律變動對**信用合作社**財務業
　　　　　務之影響及因應措施。
　　（三）科技改變及產業變化對**信用合作社**財務業務之影
　　　　　響及因應措施。
　　（四）**信用合作社**形象改變對**信用合作社**之影響及因應
　　　　　措施。
　　（五）擴充營業據點之預期效益、可能風險及因應措施。

（六）業務集中所面臨之風險及因應措施。

（七）經營權之改變對**信用合作社**之影響、風險及因應措施。

（八）訴訟或非訟事件。應列明**信用合作社**及其理事、監事、總經理已判決確定或尚在繫屬中之重大訴訟、非訟或行政爭訟事件，其結果可能對存款人或社員權益有重大影響者，應揭露其系爭事實、標的金額、訴訟開始日期、主要涉訟當事人及截至年報刊印日止之處理情形。

（九）其他重要風險及因應措施。

六、危機處理應變機制。

七、其他重要事項。

第16條　　內部管理運作情形，應記載下列事項：

一、遵守法令及內部控制制度執行情形。

二、保障社員權益之措施。

三、理事會執行職務之情形。

四、監事及監事會監督業務之執行情形。

五、功能性委員會之設置與運作情形。

六、員工及消費者保護之相關措施。

七、資訊透明度之揭露。

八、履行社會責任情形。

九、履行誠信經營情形及採行措施。

十、其他足以增進對**信用合作社**內部管理運作情形瞭解之重要資訊。

第17條　　特別記載事項：

一、內部控制制度執行狀況應揭露下列事項：

（一）內部控制聲明書。

（二）委託會計師專案審查內部控制制度者，應揭露會

計師審查報告。

二、最近年度理事或監事對理事會通過重要決議有不同意見且有紀錄或書面聲明者，其主要內容。

三、最近年度社員代表大會及理事會之重要決議。

四、最近二年度違法受處分及主要缺失與改善情形，應揭露下列事項：

（一）負責人或職員因業務上犯罪經檢察官起訴或緩起訴者。

（二）違反法令經本會處以罰鍰者。

（三）經本會依本法第二十七條規定處分事項。

（四）因人員舞弊、重大偶發案件（詐欺、偷竊、挪用及盜取資產、虛偽交易、偽造憑證及有價證券、收取回扣、天然災害損失、因外力造　成之損失、駭客攻擊與竊取資料及洩露業務機密及客戶資料等重大事件）或未切實依照金融機構安全維護注意要點之規定致發生安全事故等，其各年度個別或合計實際損失逾新臺幣一千萬元者，應揭露其性質及損失金額。

（五）其他經本會指定應予揭露之事項。

五、其他必要補充說明事項。

## 第三章　附則

第 18 條　　**信用合作社**應於社員代表大會召開後，於網站上揭露**信用合作社**年報之全部內容。

第 19 條　　本準則中華民國一百零四年十二月二十九日修正發布之第七條第一項第六款、第十四條第一款、第二款及第四款及第十五條第二款應自一百零五會計年度適用。

第 20 條　　本準則自中華民國九十五年一月一日施行。

　　　本準則修正條文除已另定施行日期者外，自發布日施行。

# 信用合作社投資有價證券辦法

1. 中華民國92年7月29日財政部台財融（三）字第0923000482號令訂定發布全文12條；並自發布日施行
2. 中華民國94年8月4日行政院金融監督管理委員會金管銀（三）字第0943000840號令修正發布全文13條；並自發布日施行
3. 中華民國95年6月14日行政院金融監督管理委員會金管銀（三）字第09530002710號令修正發布全文13條；並自發布日施行
4. 中華民國97年11月17日行政院金融監督管理委員會金管銀（三）字第09730005650號令修正發布第2、4、6條條文
5. 中華民國100年11月18日行政院金融監督管理委員會金管銀合字第10030004190號令修正發布第3條條文
6. 中華民國102年12月27日金融監督管理委員會金管銀合字第10230004720號令修正發布第7條條文

第1條　　本辦法依**信用合作社**法第三十七條準用銀行法第七十四條之一規定訂定之。

第2條　　**信用合作社**投資有價證券之種類規定如下：
一、國內公債及外國公債。
二、國內短期票券。
三、國內金融債券。
四、國內公司債。
五、國內證券投資信託基金受益憑證。
六、中央銀行可轉讓定期存單及中央銀行儲蓄券。
七、國內受益證券及資產基礎證券。
八、國內上市公司股票。

九、特定金錢信託投資國外有價證券。

十、中央主管機關核准之其他有價證券。

　　前項公司債及金融債券如為可轉換、可交換或附認股權者，除符合第三項之國內上市公司所發行者外，不得轉換、交換為股票或執行認購權。

　　第一項之股票種類如下：

一、證券交易所公告之臺灣50指數成分公司普通股、臺灣中型100指數成分公司普通股及臺灣資訊科技指數成分公司普通股。

二、摩根士丹利資本國際公司（MSCI）公告之臺灣股價指數成分公司普通股。

第3條　　**信用合作社**投資前條第一項各種有價證券之總餘額，除國內公債、國庫券、中央銀行可轉讓定期存單、中央銀行儲蓄券外，不得超過該社所收存款總餘額百分之十五。

　　**信用合作社**投資單一銀行所發行之金融債券、可轉讓定期存單及股票之原始取得成本總餘額，不得超過該社核算基數百分之十五。

　　**信用合作社**為前項投資時，符合下列條件，且被投資銀行符合中華民國**信用合作社**聯合社訂定之標準者，其投資限額，不得超過核算基數百分之二十五：

一、符合第四條第一項規定。

二、前一年底逾放比率未逾百分之一。

三、前一年底資本適足率達百分之十二以上。

四、前一年底備抵呆帳覆蓋率達百分之百以上。

　　**信用合作社**為前項限額投資後，發生不符前項所列條件之一或被投資銀行不符標準，應即停止投資，於符合前項所列條件及標準後，始得續行投資。

　　**信用合作社**投資下列各款有價證券之原始取得成本總

餘額，不得超過該社核算基數百分之十五：

一、單一證券投資信託事業所發行之證券投資信託基金受
　　益憑證。

二、單一受益證券或單一資產基礎證券。

　　**信用合作社**投資單一企業所發行之短期票券、公司債
及股票之原始取得成本總餘額，不得超過該社核算基數百
分之十。

　　**信用合作社**以附賣回條件買入短期票券及債券之餘
額，不計入第一項至第三項、第五項及前項投資有價證券
之限額內。以附買回條件賣出短期票券及債券之餘額，則
應計入。

　　**信用合作社**因中央銀行調降存款準備率，以減提準備
金額度購買合作金庫商業銀行所發行之可轉讓定期存單餘
額，不計入第二項及第三項之限額內。

第4條　　**信用合作社**符合下列條件者，得投資證券投資信託基
金受益憑證：

一、依最近一次檢查報告所列資產可能遭受損失提足評價
　　準備。

二、逾清償期二年以上之逾期放款及催收款，經扣除估計
　　可收回部分，均已轉銷呆帳。

　　**信用合作社**為前項投資後，發生不符前項所列條件之
一者，應即停止投資，於符合前項所列條件後，始得續行
投資。

　　**信用合作社**為第一項之投資，其基金管理機構應符合
下列條件：

一、成立滿二年且所管理基金之總資產達新臺幣二百億元
　　以上，並具有豐富投資經驗之經營管理研究團隊者。

二、最近二年內無違反金融法令遭受禁止營業項目、撤換

負責人之處分或解除基金經理人職務及重大舞弊案者。

第5條　　　**信用合作社**投資證券投資信託基金受益憑證之限額規定如下：

一、投資時，前一個月底之逾放比率低於百分之一者，其投資之原始取得成本總餘額不得超過該社核算基數百分之四十。

二、投資時，前一個月底之逾放比率百分之一以上，低於百分之五者，其投資之原始取得成本總餘額，不得超過該社核算基數百分之三十。

三、投資時，前一個月底之逾放比率百分之五以上，低於百分之十者，其投資之原始取得成本總餘額，不得超過該社核算基數百分之二十。

四、逾放比率百分之十以上者，不得投資。

　　**信用合作社**為前項投資後，因逾放比率上升，致投資之原始取得成本總餘額超過應適用之限額者，不得再增加投資。

第6條　　　**信用合作社**符合第四條第一項之條件，且資本適足率達百分十以上者，得投資國內上市公司股票，其限額規定如下：

一、投資時，前一個月底之備抵呆帳占逾期放款比率百分之四十以上者，其投資之原始取得成本總餘額，不得超過該社核算基數百分之三。

二、投資時，前一個月底之備抵呆帳占逾期放款比率低於百分之四十者，其投資之原始取得成本總餘額，不得超過該社核算基數百分之二。

　　**信用合作社**投資於每一國內上市公司之股份總額，不得超過該公司已發行股份總數百分之五。

　　**信用合作社**為第一項投資後，發生不符第一項所列條

件之一，應即停止投資，於符合前項所列條件後，始得續行投資。

　　**信用合作社**為第一項投資後，因備抵呆帳占逾期放款比率下降，致投資之原始取得成本總餘額超過應適用之限額者，不得再增加投資。

第7條　　**信用合作社**投資第二條第一項各種有價證券，除國內公債、國庫券、中央銀行可轉讓定期存單、中央銀行儲蓄券、國內證券投資信託基金受益憑證及國內上市公司股票外，該有價證券之信用評等，或該有價證券之發行人、保證人或承兌人之信用評等等級應符合下列情形之一：

一、經標準普爾公司（Standard & Poor's Corporation）評定，長期債務信用評等達BBB-級以上或短期債務信用評等達A-3級以上。

二、經穆迪投資人服務公司（Moody's Investors Service）評定，長期債務信用評等達Baa3級以上或短期債務信用評等達P-3級以上。

三、經惠譽公司（Fitch Inc.）評定，長期債務信用評等達BBB-級以上或短期債務信用評等達F3級以上。

四、經中華信用評等股份有限公司評定，長期債務信用評等達twBBB-級以上或短期債務信用評等達twA-3級以上。

五、經英商惠譽國際信用評等股份有限公司台灣分公司評定，長期信用評等達BBB-（twn）等級以上或短期信用評等達F3（twn）等級以上。

　　**信用合作社**投資符合第二條第三項之國內上市公司所發行之短期票券、非次順位之金融債券或公司債，不受前項信用評等等級限制。

　　**信用合作社**投資外國公債，其信用評等等級應符合下列情形之一：

一、經標準普爾公司（Standard & Poor's Corporation）評定，長期債務信用評等達A-級以上。

二、經穆迪投資人服務公司（Moody's Investors Service）評定，長期債務信用評等達A3級以上。

三、經惠譽公司（Fitch Inc.）評定，長期債務信用評等達A-級以上。

第8條　　信用合作社不得投資該社負責人擔任董事、監察人或經理人之公司所發行之公司債、短期票券、證券投資信託基金受益憑證及股票。但下列情形不在此限：

一、金融債券（含次順位金融債券）。

二、經其他銀行保證之公司債。

三、經其他銀行保證或承兌之短期票券且經其他票券商承銷或買賣者。

四、銀行發行之可轉讓定期存單。

五、發行期限在一年以內之受益證券及資產基礎證券。

　　前項所稱信用合作社負責人擔任董事、監察人或經理人，不包括信用合作社因投資關係而指派兼任者。

　　第一項所稱信用合作社負責人，指理事、監事、總經理、副總經理、協理、經理或與其職責相當之人。

第9條　　信用合作社依金融資產證券化條例或不動產證券化條例規定擔任創始機構（委託人）者，不得投資以其金融資產、不動產或不動產相關權利為基礎所發行之受益證券或資產基礎證券。

　　信用合作社如擔任創始機構，得因信用增強目的而持有以其金融資產為基礎所發行之受益證券或資產基礎證券。該持有非屬投資有價證券，不受本辦法規定之限制。

第10條　　本辦法所稱核算基數，指上會計年度決算後淨值，扣除下列項目後之餘額：

一、**信用合作社**對其他銀行持股超過一年以上者，其原始取得成本。

二、持有各**合作社**聯合社社股之原始取得成本。

三、經中央主管機關核准轉投資其他企業之原始取得成本。

第11條　**信用合作社**應訂定投資有價證券之內部作業準則，並報經理事會通過實施。

第12條　本辦法九十四年八月四日修正施行前，**信用合作社**投資有價證券之信用評等等級及限額不符本辦法規定者，該有價證券得繼續持有至到期日。

第13條　本辦法自發布日施行。

# 信用合作社非社員交易限額標準

1. 中華民國93年10月14日行政院金融監督管理委員會金管銀（三）字第0930023277號令訂定發布全文5條；並自發布日施行

2. 中華民國94年12月27日行政院金融監督管理委員會金管銀（三）字第09430018470號令修正發布第4條條文

3. 中華民國103年1月27日金融監督管理委員會金管銀合字第10330000110號令修正發布第4條條文；增訂第4-1條條文

4. 中華民國104年7月23日金融監督管理委員會金管銀合字第10430001670號令修正發布第3條條文

第1條　本標準依**信用合作社**法第十五條第二項規定訂定之。

第2條　**信用合作社**與非社員交易之業務項目規定如下：

一、收受各種存款。

二、辦理放款及透支。

三、辦理國內匯兌。

四、代理收付款項。

五、辦理買賣外幣現鈔及旅行支票。

六、辦理與前列業務有關之保管及代理服務業務。

七、其他經中央主管機關核准辦理之業務。

第3條　　**信用合作社**對非社員授信總餘額不得超過其所收非社員存款總餘額。

第4條　　**信用合作社**得辦理非社員授信業務之範圍、標準及限額規定如下：

一、前一年底之自有資本占風險性資產比率達百分之八以上者，得對自然人辦理以座落於其法定業務區域及鄰近二縣市（直轄市）內之房屋為擔保之放款，其放款總餘額不得超過其淨值之二倍。

二、辦理以本社存單、短期票券、公債、金融債券及有擔保公司債券為擔保之放款。

三、辦理新臺幣一百五十萬元以下消費性放款，其放款總餘額不得超過淨值。所稱消費性放款係指對於房屋修繕、耐久性消費品（包括汽車）、支付學費及其他個人之小額放款。

四、前一年底之自有資本占風險性資產比率達百分之十以上者，得對其法定業務區域及鄰近二縣市（直轄市）內之中小企業、非營利法人辦理授信，其授信總餘額不得超過淨值之二分之一。

五、對公營事業辦理授信，其授信總餘額不得超過淨值。

六、對政府機關辦理授信，其授信總餘額不得超過其淨值之二倍，且不計入前條非社員授信總餘額之限額規定。

　　**信用合作社**最近連續十二個月逾放比率均低於百分之一，備抵呆帳依規定提足，且第一類授信資產備抵呆帳提列比率均達百分之一以上者，前項第一款規定之房屋座落區域及第四款規定之區域得擴及鄰近三縣市（直轄市）內。

　　　　　　信用合作社依第一項第一款及第四款規定辦理非社員授信後，發生不符該款所列條件者，應即停止辦理該項授信業務。信用合作社若發生不符前項規定比率條件情事，應僅得維持在鄰近二縣市（直轄市）之範圍內辦理。

　　　　　　但已完成核貸程序尚未撥款者，不在此限。信用合作社於符合所列條件後，始得續行辦理。

　　　　　　信用合作社依第一項第一款至第五款規定辦理非社員授信業務，應適用信用合作社對同一人或同一關係人之授信限額標準規定。

第 4-1 條　　本標準所稱淨值，係指上一會計年度決算後淨值。

第 5 條　　　本標準自發布日施行。

# 信用合作社業務區域辦法

1.中華民國94年2月15日行政院金融監督管理委員會金管銀（三）字
　　　第0943000053號令訂定發布全文11條；並自發布日施行

第 1 條　　　本辦法依據信用合作社法第七條之規定訂定之。

第 2 條　　　信用合作社之法定業務區域如下：

一、直轄市以直轄市為範圍。

二、省轄市以省轄市為範圍。

三、縣轄信用合作社以該縣為範圍。

　　　　　　前項所稱之法定業務區域係以信用合作社總社所在地之行政區域劃分之。

第 3 條　　　信用合作社之實際業務區域由主管機關就法定業務區域及本辦法核定之，並於章程載明。

第 4 條　　　縣轄之信用合作社業務區域若未及全縣者，如已依最近一次檢查報告所列資產可能遭受損失為最低標準提足評價準備，且年度決算後無累積虧損，得申請擴大業務區域

至該縣。

第5條　　　對於緊鄰現無**信用合作社**之縣市且符合下列標準之**信用合作社**，得申請擴大業務區域至該縣市：

一、已依最近一次檢查報告所列資產可能遭受損失為最低標準提足評價準備，且年度決算後無累積虧損。

二、自有資本與風險性資產比率符合主管機關規定之最低標準。

三、逾清償期二年以上之逾期放款及催收款，經扣除估計可收回部分，均已轉銷呆帳。

第6條　　　**信用合作社**符合下列標準，得申請擴大業務區域至緊鄰一縣市：

一、已依最近一次檢查報告所列資產可能遭受損失為最低標準提足評價準備，且年度決算後無累積虧損。

二、逾清償期二年以上之逾期放款及催收款，經扣除估計可收回部分，均已轉銷呆帳。

三、自有資本與風險性資產比率符合主管機關規定之最低標準。

四、前一年底逾期放款比率低於百分之二。

五、備抵呆帳占逾期放款比率達百分之四〇。

　　　**信用合作社**符合前項第一款及第二款規定，並符合下列標準者，得申請擴大業務區域至緊鄰二縣市：

一、自有資本與風險性資產比率達百分之十二以上。

二、前一年底逾期放款比率低於百分之一。

三、備抵呆帳占逾期放款比率達百分之一〇〇。

第7條　　　**信用合作社**申請擴大業務區域，有下列情形之一者，應予不准或酌減擴大業務區域之縣市：

一、最近一年內違反金融法規受處分者。

二、負責人因業務上故意犯罪於最近一年內經判處罪刑確

定者。

三、最近一年內發生舞弊案未依規定呈報或舞弊案情節重大者。

四、有其他事實顯示有礙健全經營業務之虞或未能符合金融政策之要求者。

第 8 條　　**信用合作社**經核准擴大業務區域至現無**信用合作社**縣市者，仍得依本辦法第六條申請擴大業務區域。

第 9 條　　**信用合作社**依第六條申請擴大業務區域，應取得總社位於跨區縣市所在地之**信用合作社**同意。

　　本辦法所稱之跨區係指依第六條申請擴大業務區域之情形。

第 10 條　　**信用合作社**依第六條申請擴大業務區域時，應檢附跨區經營計畫。

　　前項所稱之跨區經營計畫，應載明下列事項：

一、市場分析

（一）擬擴大業務區域縣市之地理、人文及工商經濟環境分析。

（二）擬擴大業務區域金融機構分佈暨其業務概況。

二、業務經營分析，應含該社競爭條件暨行銷策略。

三、財務預測與可行性分析

（一）未來三年各項業務營運量預估，並說明預估基礎。

（二）未來三年之預估財務報表，並說明預估基礎及可行性分析。

四、有無設分支機構服務計畫。

五、跨區經營有助於雙方**信用合作社**健全經營、客戶便利，不致不當競爭之說明及影響層面預估，包括雙方**信用合作社**共存共榮策略之說明。

六、跨區經營必要性說明：例如為經濟關聯區或資金充裕

地區與資金缺乏地區交流。

七、跨區經營後仍有能力對原有業務區域社員或客戶提供服務之說明。

八、綜合評估。

第11條　本辦法自發布日施行。

# 信用合作社對同一人或同一關係人之授信限額標準

1. 中華民國99年5月21日行政院金融監督管理委員會金管銀合字第09930001050號令訂定發布全文9條；並自發布日施行
2. 中華民國103年4月15日金融監督管理委員會金管銀合字第10330001320號令修正發布全文11條；並自發布日施行

第1條　本標準依信用合作社法第三十七條準用銀行法第三十三條之三規定訂定之。

第2條　信用合作社對同一人之授信限額規定如下：

一、信用合作社對同一自然人、非營利法人之授信總餘額，不得超過該信用合作社核算基數百分之十五，但最高以新臺幣八千萬元為限，符合第四條所定條件者，最高以新臺幣一億元為限；其中無擔保授信總餘額不得超過該信用合作社核算基數百分之三，但最高以新臺幣二千萬元為限，符合第四條所定條件者，最高以新臺幣二千五百萬元為限。

二、依前款方式計算，信用合作社對同一自然人或非營利法人授信總餘額未達新臺幣九百萬元者，得以新臺幣九百萬元為該社對同一自然人或非營利法人授信限額，其中無擔保授信總餘額不得超過新臺幣二百萬元。

三、信用合作社對同一營利法人之授信總餘額，不得超過該信用合作社核算基數百分之三十，但最高以新臺幣

一億八千萬元為限，符合第四條所定條件者，最高以新臺幣二億七千萬元為限；其中無擔保授信總餘額不得超過該**信用合作社**核算基數百分之五，但最高以新臺幣四千萬元為限，符合第四條所定條件者，最高以新臺幣六千萬元為限。

四、依前款方式計算，**信用合作社**對同一營利法人授信總餘額未達新臺幣一千八百萬元者，得以新臺幣一千八百萬元為該社對同一營利法人授信限額；其中無擔保授信總餘額不得超過新臺幣三百萬元。

第 3 條　　**信用合作社**對同一關係人之授信限額規定如下：

一、**信用合作社**對同一關係人之授信總餘額，不得超過該**信用合作社**核算基數百分之六十，但最高以新臺幣三億四千萬元為限，符合第四條所定條件者，最高以新臺幣四億元為限；其中無擔保授信總餘額不得超過該**信用合作社**核算基數百分之十，但最高以新臺幣八千萬元為限，符合第四條所定條件者，最高以新臺幣一億元為限。

二、依前款方式計算，**信用合作社**對同一關係人之授信總餘額，未達新臺幣三千六百萬元者，得以新臺幣三千六百萬元為該社對同一關係人授信限額；其中無擔保授信總餘額不得超過新臺幣六百萬元。

三、前述**信用合作社**對同一關係人授信總餘額規定，其中對自然人之授信，不得超過該**信用合作社**核算基數百分之三十，但最高以新臺幣一億六千萬元為限，符合第四條所定條件者，最高以新臺幣一億八千萬元為限；其中無擔保授信總餘額不得超過該**信用合作社**核算基數百分之六，但最高以新臺幣四千萬元為限，符合第四條所定條件者，最高以新臺幣五千萬元為限。

四、依前款方式計算，**信用合作社**對同一關係人中自然人之授信總餘額未達新臺幣一千八百萬元者，得以新臺幣一千八百萬元為該社對同一關係人中自然人之授信限額；其中無擔保授信總餘額不得超過新臺幣四百萬元。

第4條　　第二條及第三條所稱條件，指**信用合作社**同時符合下列情形：

一、最近一年內未因違反金融相關法規，受主管機關處分，或受處分而其違法情事已具體改善並經主管機關認可。

二、前一年底逾放比率未逾百分之一。

三、前一年底資本適足率達百分之十二以上。

四、前一年底備抵呆帳覆蓋率達百分之百以上。

第5條　　**信用合作社**符合第二項條件者，其授信限額得依下列規定辦理，不適用前三條之規定：

一、對同一自然人、非營利法人之授信總餘額不得超過該**信用合作社**核算基數百分之四，其中無擔保授信總餘額不得超過該**信用合作社**核算基數百分之一。

二、對同一營利法人之授信總餘額不得超過該**信用合作社**核算基數百分之十二，其中無擔保授信總餘額不得超過該**信用合作社**核算基數百分之三。

三、對同一關係人之授信總餘額不得超過該**信用合作社**核算基數百分之二十，其中對自然人之授信，不得超過該**信用合作社**核算基數百分之八。

四、對同一關係人之無擔保授信總餘額不得超過該**信用合作社**核算基數百分之四，其中對自然人之授信，不得超過該**信用合作社**核算基數百分之二。

前項所稱條件，指**信用合作社**同時符合下列情形：

一、最近一年內未因違反金融相關法規，受主管機關處分，或受處分而其違法情事已具體改善並經主管機關認可。

二、前一年底帳列淨值達新臺幣二十億元以上。

三、前一年底資本適足率達百分之十二以上，自中華民國一百零三年底資本適足率達百分之十二點一以上，並逐年增加百分之零點一，至中華民國一百零七年底以後資本適足率達百分之十二點五以上。

四、前一年底逾期放款比率未逾百分之零點五，或低於全體**信用合作社**逾期放款比率之平均值。

五、前一年底第一類授信資產備抵呆帳提列比率達百分之一以上。

第 6 條　以公債、國庫券、中央銀行儲蓄券、中央銀行可轉讓定期存單、本社存單或活期存款為擔保品之授信得不計入本標準所稱授信限額及授信總餘額。

第 7 條　本標準所稱核算基數，係指各**信用合作社**上一會計年度決算後淨值減上一會計年度決算時社員已繳股金總額半數。

第 8 條　**信用合作社**對同一人或同一關係人授信總餘額及無擔保授信總餘額，應由各社下次召開之社員代表大會於上開規定標準內自行訂定最高限額。

第 9 條　為加強推動辦理小額放款業務，**信用合作社**辦理新臺幣一百萬元以下之小額放款，得不計入本規定之授信限額。

第 10 條　**信用合作社**因未符第四條或第五條第二項條件，致舊授信案超逾本標準規定之授信限額時，得依原契約至所訂借期屆滿為止。若舊授信案屬短期授信案件，且正常履約及擔保品重估鑑估值足以涵蓋債權，原契約得展期，但以一次為限。

第11條　　　本標準自發布日施行。

# 學校餐廳廚房員生消費合作社衛生管理辦法

1.中華民國92年5月2日教育部台參字第0920056238A號令、
行政院衛生署衛署食字第0920400740號令會銜
訂定發布全文20條；並自發布日施行

2.中華民國104年1月29日教育部臺教綜（五）字第1030177065B號令、
衛生福利部部授食字第1031304634號令會銜
修正發布全文22條；並自發布日施行

第1條　　　本辦法依學校衛生法（以下簡稱本法）第二十二條第
六項規定訂定之。

第2條　　　本法第二十二條第一項所稱餐廳、廚房、員生消費合
作社（以下簡稱餐飲場所）及本辦法所稱餐飲從業人員之
定義如下：

一、餐廳：指提供食品供教職員工、學生進食之固定場所。

二、廚房：指具烹飪設施及進行食品原材料驗收、洗滌、
切割、貯存、調理、加工、烹飪、配膳、包裝行為之
固定場所或移動設施。

三、員生消費合作社：指各級學校（以下簡稱學校）教職
員工、學生依合作社法成立之法人組織。

四、餐飲從業人員：指廚房內參與食品製作，與食品直接
接觸之人員。

第3條　　　學校餐廳、廚房、員生消費合作社之飲食安全衛生
（以下簡稱餐飲安全衛生）管理項目如下：

一、餐飲安全衛生、營養之規劃、教育及宣導事項。

二、餐飲安全衛生之維護事項。

三、餐飲場所之衛生管理事項。

四、餐飲從業人員及督導人員之訓練進修及研習事項。

五、其他有關餐飲安全衛生管理事項。

第4條　學校辦理餐飲衛生業務，應指定專人擔任督導人員。

前項督導人員，應具下列資格之一：

一、領有營養師執業執照者。

二、大專校院餐飲、食品、營養、生活應用、醫事、公共
　　衛生等相關科、系、所畢業，並曾修習餐飲衛生相關
　　課程至少二學分者。

三、大專校院畢業或具同等學力，並具烹調技術士技能檢
　　定監評人員資格者。

四、大專校院畢業，曾接受教育、衛生福利主管機關或其
　　認可機構所舉辦之餐飲衛生講習課程達三十二小時以
　　上，持有證明者。

第5條　學校餐飲從業人員應於每學年開學前二週內或新進用
前接受健康檢查，合格者始得從事餐飲工作；每學年並應
參加衛生（營養）講習至少八小時。

第6條　各級主管機關應督導考核學校建立餐飲衛生自主管理
機制，落實自行檢查管理。

學校每週應至少檢查餐飲場所一次，並予記錄；其紀
錄應保存三年。

前項檢查項目，由主管機關定之。

直轄市、縣（市）政府主管機關每學年應至少抽查百
分之三十辦理午餐之學校，並會同衛生福利及農業主管機
關聯合稽查學校午餐供餐之團膳廠商及食材供應商，每學
年應至少稽查轄區內辦理學校午餐之團膳廠商一次。

第7條　學校餐飲衛生管理，應符合食品安全衛生管理法第八
條第一項所定食品之良好衛生規範準則。

高級中等以下學校應依本法第二十三條之二第二項規

　　　　定，成立學校午餐供應會或相當性質之組織，管理學校供餐品質。

　　　　　　大專校院得比照前項規定辦理。

第8條　　學校餐廳業務採外製方式、外購盒餐食品或團體膳食者，廠商應聘僱具第四條第二項第一款或第二款資格之一者，擔任餐飲衛生督導工作。

　　　　　　前項廠商，屬中央衛生福利主管機關依食品安全衛生管理法公告類別及規模之食品業者，應依該法之規定，辦理產品之檢驗、食品業者登錄及建立追溯或追蹤系統。

第9條　　供售學校食品之廠商，應至中央主管機關指定之系統平臺登載當日供餐之主食材原料、品名、供應商等資訊。

　　　　　　學校設有廚房並自行製備餐食者，應由學校或供應商至前項平臺登載食品相關資訊。

第10條　　學校餐廳之供餐方式應儘量採分食方式，若採合菜進食方式，應提供公筷公匙。學校採盒餐供餐者，應保留盒餐樣本至少一份；採非盒餐供餐者，每餐供應之菜式，屬高水活性、低酸性之菜餚應至少各保留一份。保留之食品應標示日期、餐別，置於攝氏七度以下，冷藏保存四十八小時，以備查驗。

第11條　　學校炊、餐具管理，應遵行下列事項：

一、餐具應洗滌乾淨，並經有效殺菌，置於餐具存放櫃，存放櫃應足夠容納所有餐具，並存放在清潔區域。

二、凡有缺口或裂縫之炊、餐具，應丟棄，不得存放食品或供人使用。

三、使用全自動高溫洗碗機洗滌餐具者，應使用洗碗機專用之洗潔劑；該洗碗機並應具備溫度及壓力指示器。

四、採用人工洗滌炊、餐具時，應具合乎標準之三槽式人工餐具洗滌設備，並依三槽式洗滌餐具流程，使用符

　　　　　　合食品衛生相關洗滌規定之食品用洗潔劑。

　五、每週應抽檢各餐廳餐具之澱粉性及脂肪性殘留，並記
　　　錄之，不合格者應改善及追蹤管理。

　六、設置截油設施。

第 12 條　　學校食品製作，應遵行下列事項：

一、製備、烹調、配膳等區域之地板應保持乾燥清潔。

二、禁止在室溫下解凍。

三、所有用具、刀具、砧板、容器、冷凍冷藏庫，應依
　　生、熟食完全區隔。其中刀具及砧板須明顯標示顏
　　色，以利區分。

四、刀具及砧板使用後，應立即清洗消毒。

五、生、熟食食品嚴禁交互污染。

六、熟食食品應立即加蓋熱存或迅速冷藏。加蓋熱存食品
　　中心溫度在攝氏六十度以上，迅速冷藏食品溫度在攝
　　氏七度以下。

七、剩餘沾料禁止再供應使用。剩菜、剩飯未於三十分鐘
　　內妥善冷藏貯存者，禁止隔餐食用。隔餐食用者應再
　　復熱。非當日製作之菜餚應丟棄。

八、備有足夠且經殺菌消毒完全之抹布，不得用同一條抹
　　布擦拭二種以上之用具或物品。

九、食品驗收、洗滌、餐具洗滌及殘餘物回收作業等區
　　域，應與食品製備、烹調、配膳等區域有效區隔。

第 13 條　　學校廚房出入口應設置防止病媒侵入之紗窗、紗門、
空氣簾、正壓系統設施或其他設施。

第 14 條　　學校內供售之食品，應符合食品安全衛生管理法等相
關法令，並具政府或公正專業機構認、驗證之標章；無驗
證標章者，應具有工廠登記食品業者產製或檢附一年內有
效之食品衛生標準檢驗、來源或合格證明。

第15條　　高級中等以下學校供售之食品，以正餐、飲品、點心、水果為限。每份零售單位包裝僅限一份供應量，每份供應之熱量應適當。

前項所定飲品及點心，應符合食品安全衛生管理法等相關法令及下列規定：

一、具有營養成分及含量標示。

二、使用鮮度良好之天然食材。

三、不得使用甜味劑或代脂。

四、取得經驗證之優良食品。但新鮮、當日供應之麵包、饅頭等，不在此限。

第一項所定飲品及點心之範圍，由中央主管機關會同中央衛生福利主管機關公告之。

第16條　　學校辦理外購盒餐食品或團體膳食，應遵行下列事項：

一、注意食品暫存保管之場所衛生，不得直接置於地面、太陽直接照射、病媒出沒或塵污、積水、濕滑等處。

二、於每學年開學後半個月內或訂購之廠商資料異動時，將廠商名稱、地址、電話、負責人及訂購份量等資料，送當地主管機關及當地衛生主管機關，並由當地衛生主管機關加強稽查。

三、將當日訂購之食品各隨機抽存一份，包覆保鮮膜，標示日期，餐別及廠商名稱，立即置於攝氏七度以下，冷藏四十八小時，以備查驗，並應防範遭受污染。

四、指導學生如發現所進食之食品有異味或異樣時，應立即向學校行政人員報告，俾採必要措施。

第17條　　學校外購盒餐食品或團體膳食之廠商，應取得政府機關優良食品標誌驗證或經衛生福利主管機關稽查、抽驗、評鑑為衛生優良者。學校得隨時派員或委託代表到廠暸解食品衛生管理作業，發現有衛生不良之情形，應立即通知

當地衛生主管機關處理。

第18條　　學校應提供二家以上外購盒餐食品之廠商，以利學生選擇。但情形特殊報經當地主管機關核准提供一家者，不在此限。

第19條　　學校供售食品應依相關法令與供應食品之廠商訂定書面契約，載明供應之食品應安全衛生，並依第九條規定登載詳實供餐資訊及違約罰則。外購盒餐食品及團體膳食之廠商，並應依規定投保產品責任險。

第20條　　學校供售食品之盈餘，得用於協助辦理下列事項：

一、推動餐飲衛生安全教育。

二、推動營養教育。

三、改善餐飲設施。

四、其他有關推動餐飲衛生事項。

第21條　　學校發現有疑似食品中毒情形時，應採緊急救護措施，必要時，將患者送醫檢查治療，並儘速通知其家屬或緊急聯絡人。

前項情形並應同時通報、聯繫及協助當地衛生主管機關處理，並儘速向主管機關提出處理報告。

第22條　　本辦法自發布日施行。

# 原住民合作社輔導考核及獎勵辦法

1.中華民國91年12月30日內政部台內中社字第0910082790號令、
行政院原住民族委員會原民衛字第0910008771號令會銜
訂定發布全文12條；並自發布日施行中華民國103年3月24日
行政院院臺規字第1030128812號公告第2條
所列屬「行政院原住民族委員會」之權責事項，
自103年3月26日起改由「原住民族委員會」管轄

第1條　　　本辦法依原住民族工作權保障法（以下簡稱本法）第
七條第二項及第九條第二項規定訂定之。

第2條　　　本辦法所稱合作社主管機關：在中央為內政部，在直
轄市、縣（市）為直轄市、縣（市）政府；原住民事務主
管機關：在中央為行政院原住民族委員會，在直轄市、縣
（市）為直轄市、縣（市）政府；目的事業主管機關指原
住民合作社經營業務有關之主管機關。

第3條　　　原住民事務主管機關為協助轄內原住民籌設合作社，
得視原住民聚落情形、經營事業類別及專業能力等，會商
合作社主管機關為計畫性之輔導籌設，並給予必要之協助。

第4條　　　合作社主管機關輔導籌設原住民合作社作業程序如下：
一、調查分析：調查設立主觀、客觀環境因素，並據以分
析研判籌設可能性。
二、合作教育宣導：對發起人及預定社員等進行合作宣導
及教育工作，強化其合作信念。
三、輔導籌設：輔導發起人等依程序進行籌設及辦理成立
登記等相關工作。

第5條　　　原住民合作社之社員以居住組織區域內具各該類合作
社章程所定社員資格，並能參加共同經營者為限。

第 6 條　　　原住民**合作社**應依**合作社**法規定召開會議並製作下列
　　　　　　報表，報請**合作社**主管機關查核或備查，並報原住民事務
　　　　　　主管機關及目的事業主管機關備查：
　　　　　　一、營業收支月報表。
　　　　　　二、年度業務報告：包括資產負債表、損益計算表、財產
　　　　　　　　目錄及盈餘分配表。

第 7 條　　　原住民**合作社**選任、聘任人員與社員之培訓、觀摩，
　　　　　　由**合作社**主管機關、原住民事務主管機關及目的事業主管
　　　　　　機關自行或委託有關機關（構）、團體、學校等辦理。

第 8 條　　　**合作社**主管機關、原住民事務主管機關及目的事業主
　　　　　　管機關得視需要，訂定各種獎助措施，充實原住民**合作社**
　　　　　　營運設備及提升其業務拓展能力。

第 9 條　　　本法第十條所定原住民**合作社**輔導小組（以下簡稱輔
　　　　　　導小組），由**合作社**主管機關、原住民事務主管機關及目
　　　　　　的事業主管機關派員組成之，並由**合作社**主管機關代表擔
　　　　　　任召集人。

第 10 條　　輔導小組每年得依需要，辦理原住民**合作社**之稽查；
　　　　　　其稽查範圍，以當年度為原則，必要時得由輔導小組定之。
　　　　　　　　前項稽查內容，包括社務管理、業務經營及財務處
　　　　　　理；稽查項目由輔導小組定之。
　　　　　　　　輔導小組應依稽查結果，提出稽查報告，並對有缺失
　　　　　　之原住民**合作社**，提出具體改進意見，送請其改善。
　　　　　　　　輔導小組得委託具會計專業知識之個人或團體，會同
　　　　　　稽查原住民**合作社**。

第 11 條　　原住民**合作社**之年度考核，由**合作社**主管機關會同原
　　　　　　住民事務主管機關及目的事業主管機關依**合作事業**獎勵規
　　　　　　則規定辦理。
　　　　　　　　前項考核成績列名優等、甲等或乙等者，**合作社**主管

機關、原住民事務主管機關及目的事業主管機關得予核發獎金或其他獎勵；成績列名丁等以下者，由**合作社**主管機關輔導改善，並予公告。

第 12 條　　本辦法自發布日施行。

# 第三篇 | 法規條文明定有合作社、合作農場、合作事業等條文

# 一、內政

## 土地法相關條文

中華民國100年6月15日修正

第 129 條　公有荒地之承墾人，分左列二種。

一、自耕農戶。

二、農業生產**合作社**。

前項農業生產**合作社**，以依法呈准登記，並由社員自任耕作者為限。

第 130 條　承墾人承領荒地，每一農戶以一墾地單位為限，每一農業**合作社**承領墾地單位之數，不得超過其所含自耕農戶之數。

第 134 條　公有荒地，非農戶或農業生產**合作社**所能開墾者，得設墾務機關辦理之。

## 內政部組織法相關條文

中華民國97年1月2日修正

第 13 條　社會司掌理左列事項：

一、關於社會福利之規劃、推行、指導及監督事項。

二、關於社會保險之規劃、推行、指導及監督事項。

三、關於社會救助之規劃、推行、指導及監督事項。

四、關於社區發展之規劃、推行、指導及監督事項。

五、關於社會服務之規劃、推行、指導及監督事項。

六、關於殘障重建之規劃、推行、指導及監督事項。

七、關於農、漁、工、商及自由職業團體之規劃、推行、

指導及監督事項。

八、關於社會團體之規劃、推行、指導及監督事項。

九、關於社會運動之規劃、倡導及推行事項。

十、關於**合作事業**之規劃、推行、管理、調查、指導及監督事項。

十一、關於社會工作人員之調查、登記、訓練、考核及獎懲事項。

十二、關於社會事業之國際合作及聯繫事項。

十三、關於其他社會行政事項。

# 內政部處務規程相關條文

中華民國91年1月11日修正

第15條　　社會司分設十四科，各科掌理事項如下：

十三、**合作事業**輔導科

（一）關於**合作事業**輔導政策規劃執行事項。

（二）關於**合作事業**輔導預、決算規劃執行事項。

（三）關於**合作社場**輔導籌組及協調目的事業主管機關事項。

（四）關於**合作社場**經營輔導相關事項。

（五）關於**合作社場**示範觀摩、業務研討規劃辦理事項。

（六）關於**合作事業**研究發展及促進國際交流事項。

（七）關於合作教育訓練規劃執行事項。

（八）關於建立**合作事業**體系，促進社場間合作及強化聯合社功能事項。

（九）關於儲蓄互助社政策規劃事項。

（十）關於儲蓄互助社法制工事項。

（十一）關於儲蓄互助社研究發展事項。

（十二）關於儲蓄互助社推動計畫事項。

（十三）關於儲蓄互助社業務宣導事項。

（十四）關於儲蓄互助社調查統計事項。

（十五）關於儲蓄互助社預、決算規劃執行事項。

（十六）關於儲蓄互助社國際交流事項。

（十七）關於儲蓄互助社輔導管理事項。

十四、合作行政管理科

（一）關於合作行政政策規劃事項。

（二）關於合作社法法制工做事項。

（三）關於合作行政管理推動計畫事項。

（四）關於合作行政研究發展事項。

（五）關於合作社場調查統計及資料分析事項。

（六）關於合作行政預、決算規劃執行事項。

（七）關於合作事業獎助規劃事項。

（八）關於合作行政研討規劃執行事項。

（九）關於合作社場及實務人員考核獎懲事項。

（十）關於合作行政督導、計畫執行事項。

（十一）關於合作社場登記與監督事項。

（十二）關於合作社場稽查與監督事項。

（十三）關於合作事業學術研討會規劃辦理事項。

（十四）關於合作事業資料收集編製保管事項。

（十五）關於辦理慶祝國際合作節事項。

（十六）關於合作事業宣導規劃執行事項。

# 內政部專業獎章頒給辦法相關條文

中華民國103年1月29日修正

第5條　　對社政業務具有下列情形之一者，頒給內政專業獎章：

一、對**合作事業**及人民團體之業務，具有重大貢獻。

二、對**合作事業**及人民團體問題研究發展，具有重大貢獻。

三、對其他有關**合作事業**及人民團體業務，具有特殊或重大貢獻。

# 內政部警政署保安警察第一總隊辦事細則相關條文

中華民國102年12月30日修正

第6條　　督訓科掌理事項如下：

一、模範（績優）警察之遴薦、表揚。

二、改善員警服務態度之規劃、督導及考核。

三、員工座談會、激勵士氣活動之規劃、執行、督導與員警（工）因公傷亡殘疾之慰問及濟助。

四、在職（含常年）訓練、員警進修、終身學習與員警因公出國考察計畫之擬訂、遴選、審核及執行事項。

五、員警考核、風紀評估、教育輔導之規劃、執行、督導及考核。

六、特種勤務之協調、聯繫、執行及督導。

七、政風業務與監標、監驗之會辦及違法（紀）、申訴案件查處。

八、內政部警政署各項訓練班期教育訓練之協調、執行及電化教材之製作。

九、圖書館、隊史館之管理與員工消費**合作社**之規劃及

督導。

十、其他有關督訓事項。

# 公有山坡地放領辦法相關條文

中華民國92年3月12日內修正

第6條　　林業生產**合作社**或其他與農業有關之團體（以下簡稱農業團體）於中華民國六十五年九月二十四日以前已承租公有山坡地者，由該土地管理機關與其承租人終止租約，並依規定與**合作社**社員、農業團體會員重新訂立租約後放領與本辦法發布時使用該土地之**合作社**社員農民、農業團體會員農民。

前項所定社員或會員之身分，由該**合作社**或農業團體確認之。

# 平均地權條例相關條文

中華民國100年12月30日修正

第3條　　本條例用辭之定義如左：

一、都市土地：指依法發布都市計畫範圍內之土地。

二、非都市土地：指都市土地以外之土地。

三、農業用地：指非都市土地或都市土地農業區、保護區範圍內土地，依法供左列使用者：

（一）供農作、森林、養殖、畜牧及保育使用者。

（二）供與農業經營不可分離之農舍、畜禽舍、倉儲設備、曬場、集貨場、農路、灌溉、排水及其他農用之土地。

（三）**農民團體**與**合作農場**所有直接供農業使用之倉

　　　　　　庫、冷凍（藏）庫、農機中心、蠶種製造（繁
　　　　　　殖）場、集貨場、檢驗場等用地。

四、工業用地：指依法核定之工業區土地及政府核准工業
　　或工廠使用之土地。

五、礦業用地：指供礦業實際使用地面之土地。

六、自用住宅用地：指土地所有權人或其配偶、直系親屬
　　於該地辦竣戶籍登記，且無出租或供營業用之住宅
　　用地。

七、空地：指已完成道路、排水及電力設施，於有自來水
　　地區並已完成自來水系統，而仍未依法建築使用；或
　　雖建築使用，而其建築改良物價值不及所占基地申報
　　地價百分之十，且經直轄市或縣（市）政府認定應予
　　增建、改建或重建之私有及公有非公用建築用地。

第 22 條　　非都市土地依法編定之農業用地或未規定地價者，徵
收田賦。但都市土地合於左列規定者，亦同：

一、依都市計畫編為農業區及保護區，限作農業用地使
　　用者。

二、公共設施尚未完竣前，仍作農業用地使用者。

三、依法限制建築，仍作農業用地使用者。

四、依法不能建築，仍作農業用地使用者。

五、依都市計畫編為公共設施保留地，仍作農業用地使
　　用者。

　　前項第二款及第三款，以自耕農地及依耕地三七五
減租條例出租之耕地為限。**農民團體**與**合作農場**所有直接
供農業使用之倉庫、冷凍（藏）庫、農機中心、蠶種製造
（繁殖）場、集貨場、檢驗場、水稻育苗中心等用地，仍
徵收田賦。

# 平均地權條例施行細則相關條文

中華民國104年6月22日修正

第8條　　　依本條例第十一條、第六十三條及第七十七條規定得
　　　　　受領補償地價之耕地承租人，指承租耕地實際自任耕作之
　　　　　自然人或**合作農場**。

第37條　　　徵收田賦之土地，依左列規定辦理：

一、第三十四條之土地，分別由地政機關或國家公園管理
　　機關按主管相關資料編造清冊，送稅捐稽徵機關。

二、本條例第二十二條第一項但書規定之土地，由直轄市
　　或縣（市）主管機關依地區範圍圖編造清冊，送稅捐
　　稽徵機關。

三、第三十五條第一款之土地，由稅捐稽徵機關按本條例
　　修正公布施行前徵收田賦之清冊課徵。

四、第三十五條及本條例第二十二條第一項但書規定之土
　　地中供與農業經營不可分離之使用者，由農業機關受
　　理申請，會同有關機關勘查認定後，編造清冊，送稅
　　捐稽徵機關。

五、第三十五條第二款之土地中供農作、森林、養殖、畜
　　牧及保育之使用者，由稅捐稽徵機關受理申請，會同
　　有關機關勘查認定之。

六、非都市土地未規定地價者，由地政機關編造清冊送稅
　　捐稽徵機關。

七、**農民團體**與**合作農場**所有直接供農業使用之倉庫、冷
　　凍（藏）庫、農機中心、蠶種製造（繁殖）場、集貨
　　場、檢驗場、水稻育苗中心等用地，由稅捐稽徵機關
　　受理申請，會同有關機關勘查認定之。

# 外國人未依規定使用其投資取得國內土地及其改良物逕為標售辦法相關條文

中華民國92年10月1日發布

第12條　　投標人參加投標，應依下列規定辦理：

一、填具投標單：載明投標人、標的物、投標金額及承諾事項。自然人應註明姓名、國民身分證統一編號、住址及電話號碼。法人應註明法人名稱、地址、電話號碼、法人登記證或公司統一編號及法定代理人姓名。投標金額應以中文大寫。

二、繳納保證金：其金額按標售底價百分之十計算（計至千位），限以郵局之匯票、經政府依法核准於國內經營金融業務之銀行、信託投資公司、**信用合作社**、郵局、農會或漁會之劃線支票或保付支票繳納，並連同投標單妥為密封，用掛號函件於開啟信箱前寄達標售機關指定之郵政信箱。逾期寄達者不予受理，原件退還。

前項第二款之劃線支票，指以金融機構為發票人及付款人之劃線支票。

# 地方制度法相關條文

中華民國104年6月17日修正

第18條　　下列各款為直轄市自治事項：

一、關於組織及行政管理事項如下：

（一）直轄市公職人員選舉、罷免之實施。

（二）直轄市組織之設立及管理。

（三）直轄市戶籍行政。

（四）直轄市土地行政。

（五）直轄市新聞行政。

二、關於財政事項如下：

（一）直轄市財務收支及管理。

（二）直轄市稅捐。

（三）直轄市公共債務。

（四）直轄市財產之經營及處分。

三、關於社會服務事項如下：

（一）直轄市社會福利。

（二）直轄市公益慈善事業及社會救助。

（三）直轄市人民團體之輔導。

（四）直轄市宗教輔導。

（五）直轄市殯葬設施之設置及管理。

（六）直轄市調解業務。

四、關於教育文化及體育事項如下：

（一）直轄市學前教育、各級學校教育及社會教育之興辦及管理。

（二）直轄市藝文活動。

（三）直轄市體育活動。

（四）直轄市文化資產保存。

（五）直轄市禮儀民俗及文獻。

（六）直轄市社會教育、體育與文化機構之設置、營運及管理。

五、關於勞工行政事項如下：

（一）直轄市勞資關係。

（二）直轄市勞工安全衛生。

六、關於都市計畫及營建事項如下：

（一）直轄市都市計畫之擬定、審議及執行。

（二）直轄市建築管理。

（三）直轄市住宅業務。

（四）直轄市下水道建設及管理。

（五）直轄市公園綠地之設立及管理。

（六）直轄市營建廢棄土之處理。

七、關於經濟服務事項如下：

（一）直轄市農、林、漁、牧業之輔導及管理。

（二）直轄市自然保育。

（三）直轄市工商輔導及管理。

（四）直轄市消費者保護。

八、關於水利事項如下：

（一）直轄市河川整治及管理。

（二）直轄市集水區保育及管理。

（三）直轄市防洪排水設施興建管理。

（四）直轄市水資源基本資料調查。

九、關於衛生及環境保護事項如下：

（一）直轄市衛生管理。

（二）直轄市環境保護。

十、關於交通及觀光事項如下：

（一）直轄市道路之規劃、建設及管理。

（二）直轄市交通之規劃、營運及管理。

（三）直轄市觀光事業。

十一、關於公共安全事項如下：

（一）直轄市警政、警衛之實施。

（二）直轄市災害防救之規劃及執行。

（三）直轄市民防之實施。

十二、關於事業之經營及管理事項如下：

（一）直轄市**合作事業**。

　　（二）直轄市公用及公營事業。

　　（三）與其他地方自治團體合辦之事業。

十三、其他依法律賦予之事項。

第 19 條　　下列各款為縣（市）自治事項：

一、關於組織及行政管理事項如下：

　　（一）縣（市）公職人員選舉、罷免之實施。

　　（二）縣（市）組織之設立及管理。

　　（三）縣（市）戶籍行政。

　　（四）縣（市）土地行政。

　　（五）縣（市）新聞行政。

二、關於財政事項如下：

　　（一）縣（市）財務收支及管理。

　　（二）縣（市）稅捐。

　　（三）縣（市）公共債務。

　　（四）縣（市）財產之經營及處分。

三、關於社會服務事項如下：

　　（一）縣（市）社會福利。

　　（二）縣（市）公益慈善事業及社會救助。

　　（三）縣（市）人民團體之輔導。

　　（四）縣（市）宗教輔導。

　　（五）縣（市）殯葬設施之設置及管理。

　　（六）市調解業務。

四、關於教育文化及體育事項如下：

　　（一）縣（市）學前教育、各級學校教育及社會教育之
　　　　　興辦及管理。

　　（二）縣（市）藝文活動。

　　（三）縣（市）體育活動。

　　（四）縣（市）文化資產保存。

（五）縣（市）禮儀民俗及文獻。

（六）縣（市）社會教育、體育與文化機構之設置、營
運及管理。

五、關於勞工行政事項如下：

（一）縣（市）勞資關係。

（二）縣（市）勞工安全衛生。

六、關於都市計畫及營建事項如下：

（一）縣（市）都市計畫之擬定、審議及執行。

（二）縣（市）建築管理。

（三）縣（市）住宅業務。

（四）縣（市）下水道建設及管理。

（五）縣（市）公園綠地之設立及管理。

（六）縣（市）營建廢棄土之處理。

七、關於經濟服務事項如下：

（一）縣（市）農、林、漁、牧業之輔導及管理。

（二）縣（市）自然保育。

（三）縣（市）工商輔導及管理。

（四）縣（市）消費者保護。

八、關於水利事項如下：

（一）縣（市）河川整治及管理。

（二）縣（市）集水區保育及管理。

（三）縣（市）防洪排水設施興建管理。

（四）縣（市）水資源基本資料調查。

九、關於衛生及環境保護事項如下：

（一）縣（市）衛生管理。

（二）縣（市）環境保護。

十、關於交通及觀光事項如下：

（一）縣（市）管道路之規劃、建設及管理。

（二）縣（市）交通之規劃、營運及管理。

（三）縣（市）觀光事業。

十一、關於公共安全事項如下：

（一）縣（市）警衛之實施。

（二）縣（市）災害防救之規劃及執行。

（三）縣（市）民防之實施。

十二、關於事業之經營及管理事項如下：

（一）縣（市）**合作事業**。

（二）縣（市）公用及公營事業。

（三）縣（市）公共造產事業。

（四）與其他地方自治團體合辦之事業。

十三、其他依法律賦予之事項。

# 地籍清理未能釐清權屬土地代為標售辦法相關條文

中華民國103年12月31日修正

第9條　　投標人參加投標，應依下列規定辦理：

一、填具投標單並應載明下列事項：

（一）投標人：自然人應註明國民身分證統一編號、姓
名、住址、出生年、月、日及電話號碼；無國民
身分證統一編號者，應註明護照號碼或居留證統
一證號；法人應註明法人名稱、法人登記證或公
司統一編號、代表人姓名、地址及電話號碼。

（二）標的物。

（三）投標金額：應以中文大寫書寫。

（四）承諾事項。

二、繳納保證金：金額按標售底價百分之十計算，無條件
進位至千位，其低於新臺幣一千元或不足新臺幣一元

者，以實際計算金額計收至元，並應以經政府依法核准於國內經營金融業務之銀行、**信用合作社**、農會信用部、漁會信用部或中華郵政股份有限公司之劃線支票或保付支票，或中華郵政股份有限公司之匯票繳納，連同投標單妥為密封，用掛號函件於開啟信箱前寄達標售機關或指定之郵政信箱。

前項第二款之劃線支票，指以該款所列之金融機構為發票人及付款人之劃線支票。

# 建築技術規則建築設計施工編相關條文

中華民國103年11月26日修正

第170條　　既有公共建築物之適用範圍如下表：

| 建築物使用類組 | | | 建築物之適用範圍 |
|---|---|---|---|
| A類 | 公共集會類 | A-1 | 1.戲（劇）院、電影院、演藝場、歌廳、觀覽場。<br>2.觀眾席面積在二百平方公尺以上之下列場所：音樂廳、文康中心、社教館、集會堂（場）、社區（村里）、文康中心、社教館、集會堂（場）、社區（村里）<br>3.觀眾席面積在二百平方公尺以上之下列場所：體育館（場）及設施。 |
| | | A-2 | 1.車站（公路、鐵路、大眾捷運）。<br>2.候船室、水運客站。<br>3.航空站、飛機場大廈。 |
| B類 | 商業類 | B-2 | 百貨公司（百貨商場）商場、市場（超級市場、零售市場、攤販集中場）、展覽場（館）、量販店。 |
| | | B-3 | 1.飲酒店（無陪侍，供應酒精飲料之餐飲服務場所，包括啤酒屋）、小吃街等類似場所。<br>2.樓地板面積在三百平方公尺以上之下列場所：餐廳、飲食店、飲料店（無陪侍提供非酒精飲料服務之場所，包括茶藝館、咖啡店、冰果店及冷飲店等）等類似場所。 |

| | | B-4 | 國際觀光旅館、一般觀光旅館、一般旅館。 |
|---|---|---|---|
| D類 | 休閒、文教類 | D-1 | 室內游泳池。 |
| | | D-2 | 1.會議廳、展示廳、博物館、美術館、圖書館、水族館、科學館、陳列館、資料館、歷史文物館、天文臺、藝術館。<br>2.觀眾席面積未達二百平方公尺之下列場所：音樂廳、文康中心、社教館、集會堂（場）、社區（村里）活動中心。<br>3.觀眾席面積未達二百平方公尺之下列場所：體育館（場）及設施。 |
| | | D-3 | 小學教室、教學大樓、相關教學場所。 |
| | | D-4 | 國中、高中（職）、專科學校、學院、大學等之教室、教學大樓、相關教學場所。 |
| | | D-5 | 樓地板面積在五百平方公尺以上之下列場所：補習（訓練）班、課後托育中心。 |
| E類 | 宗教、殯葬業 | E | 1.樓地板面積在五百平方公尺以上之寺（寺院）、廟（廟宇）、教堂。<br>2.樓地板面積在五百平方公尺以上之殯儀館。 |
| F類 | 衛生、福利、更生類 | F-1 | 1.設有十床病床以上之下列場所：醫院、療養院。<br>2.樓地板面積在五百平方公尺以上之下列場所：護理之家、屬於老人福利機構之長期照護機構。 |
| | | F-2 | 1.身心障礙者福利機構、身心障礙者教養機構（院）、身心障礙者職業訓練機構。<br>2.特殊教育學校。 |
| | | F-3 | 1.樓地板面積在五百平方公尺以上之下列場所：幼兒園、兒童及少年福利機構。<br>2.發展遲緩兒早期療育中心。 |
| G類 | 辦公、服務類 | G-1 | 含營業廳之下列場所：金融機構、證券交易場所、金融保險機構、**合作社**、銀行、郵政、電信、自來水及電力等公用事業機構之營業場所。 |
| | | G-2 | 1.郵政、電信、自來水及電力等公用事業機構之辦公室<br>2.政府機關（公務機關）。<br>3.身心障礙者就業服務機構。 |
| | | G-3 | 1.衛生所。<br>2.設置病床未達十床之下列場所：醫院、療養院。<br>公共廁所。 |

| H類 | 住宿類 | | 便利商店。 |
|---|---|---|---|
| | | H-1 | 1.樓地板面積未達五百平方公尺之下列場所：護理之家、屬於老人福利機構之長期照護機構。<br>2.老人福利機構之場所：養護機構、安養機構、文康機構、服務機構。 |
| | | H-2 | 1.六層以上之集合住宅。<br>2.五層以下且五十戶以上之集合住宅。 |
| I類 | 危險物品類 | I | 加油（氣）站。 |

# 國有耕地放租實施辦法相關條文

中華民國102年12月25日修正

第6條　　國有耕地放租對象及順序如下：

一、中華民國八十二年七月二十一日前已實際耕作之現耕人或繼受其耕作之現耕人，並願繳清歷年使用補償金者。

二、實際耕作毗鄰耕地之耕地所有權人。

三、實際耕作毗鄰耕地之耕地承租人。

四、農業學校畢業青年或家庭農場從事農業青年。

五、最近五年內取得農業主管機關農業專業訓練四十小時以上證明文件者。

六、**合作農場**。

同一筆耕地，依前項第二款至第六款同一順序有二以上之申請人同在受理申請期間內申請時，抽籤決定之。

第一項第一款所定歷年，最長不得超過五年。

# 國有耕地放領實施辦法相關條文

中華民國91年3月19日修正

第6條　　**合作農場**或其他與農業有關之團體（以下簡稱農業團體）於中華民國六十五年九月二十四日以前已承租國有耕地者，由該土地管理機關與其承租人終止租約，並依規定與**合作農場**場員、農業團體會員重新訂立租約後放領與本辦法發布時使用該土地之**合作農場**場員農民、農業團體會員農民。

前項所定場員或會員之身分，由該**合作農場**或農業團體確認之。

# 國民涉嫌重大經濟犯罪重大刑事案件或有犯罪習慣不予許可或禁止入出國認定標準相關條文

中華民國97年8月1日修正

第4條　　國民涉及下列各款罪嫌，且斟酌當時社會狀況，足以危害經濟發展，破壞金融安定者，應認定其涉嫌重大經濟犯罪：

一、刑法第一百九十五條、第一百九十六條、妨害國幣懲治條例第三條之罪。

二、刑法第二百零一條、第二百零一條之一之罪。

三、刑法第三百三十九條之三之罪。

四、證券交易法第一百七十一條至第一百七十四條之罪。

五、期貨交易法第一百十二條至第一百十六條之罪。

六、公平交易法第三十五條第二項之罪。

七、銀行法第一百二十五條、第一百二十五條之二、第一百二十五條之三、第一百二十七條之一第一項、第三項、第四項、第一百二十七條之二之罪。

八、金融控股公司法第五十七條、第五十七條之一、第五十八條第一項之罪。

九、票券金融管理法第五十八條、第五十八條之一、第五十九條、第六十條第一項之罪。

十、信託業法第四十八條、第四十八條之一、第四十八條之二、第四十九條、第五十條、第五十三條之罪。

十一、**信用合作社**法第三十八條之二、第三十八條之三、第三十九條第一項、第四十條之罪。

十二、保險法第一百六十七條、第一百六十八條第五項、第一百六十八條之二、第一百七十二條之一之罪。

十三、農業金融法第三十九條、第四十條、第四十四條第一項、第三項、第四十五條之罪。

十四、金融資產證券化條例第一百零八條、第一百零九條之罪。

十五、證券投資信託及顧問法第一百零五條至第一百零九條之罪。

十六、證券投資人及期貨交易人保護法第三十八條之罪。

# 祭祀公業未能釐清權屬土地代為標售辦法相關條文

中華民國104年6月9日修正

第9條　　　投標人參加投標，應依下列規定辦理：

一、填具投標單並應載明下列事項：

（一）投標人：自然人應註明國民身分證統一編號、姓名、住址、出生年、月、日及電話號碼；無國民

　　　　　身分證統一編號者，應註明護照號碼或居留證統
　　　　　一證號；法人應註明法人名稱、法人登記證或公
　　　　　司統一編號、代表人姓名、地址及電話號碼。
　　（二）標的物。
　　（三）投標金額：應以中文大寫書寫。
　　（四）承諾事項。
二、繳納保證金：金額按標售底價百分之十計算，無條件
　　　　進位至千位，其低於新臺幣一千元或不足新臺幣一元
　　　　者，以實際計算金額計收至元，並應以經政府依法核
　　　　准於國內經營金融業務之銀行、**信用合作社**、農會信
　　　　用部、漁會信用部或中華郵政股份有限公司之劃線支
　　　　票或保付支票，或中華郵政股份有限公司之匯票繳
　　　　納，連同投標單妥為密封，用掛號函件於開啟信箱前
　　　　寄達標售機關或指定之郵政信箱。
　　　　前項第二款之劃線支票，指以該款所列之金融機構為
發票人及付款人之劃線支票。

# 都市計畫法臺灣省施行細則相關條文

中華民國103年1月3日修正

第18條　　乙種工業區以供公害輕微之工廠與其必要附屬設施及
　　　　工業發展有關設施使用為主，不得為下列建築物及土地之
　　　　使用。但公共服務設施及公用事業設施、一般商業設施，
　　　　不在此限：
　　一、第十九條規定限制之建築及使用。
　　二、經營下列事業之工業：
　　　　（一）火藥類、雷管類、氯酸鹽類、過氯酸鹽類、亞氯
　　　　　　酸鹽類、次氯酸鹽類、硝酸鹽類、黃磷、赤磷、

硫化磷、金屬鉀、金屬鈉、金屬鎂、過氧化氫、過氧化鉀、過氧化鈉、過氧化鋇、過氧化丁酮、過氧化二苯甲醯、二硫化碳、甲醇、乙醇、乙醚、苦味酸、苦味酸鹽類、醋酸鹽類、過醋酸鹽類、硝化纖維、苯、甲苯、二甲苯、硝基苯、三硝基苯、三硝基甲苯、松節油之製造者。

（二）火柴、賽璐珞及其他硝化纖維製品之製造者。

（三）使用溶劑製造橡膠物品或芳香油者。

（四）使用溶劑或乾燥油製造充皮紙布或防水紙布者。

（五）煤氣或炭製造者。

（六）壓縮瓦斯或液化石油氣之製造者。

（七）高壓氣體之製造、儲存者。但氧、氮、氬、氦、二氧化碳之製造及高壓氣體之混合、分裝及倉儲行為，經目的事業主管機關審查核准者，不在此限。

（八）氯、溴、碘、硫磺、氯化硫、氟氫酸、鹽酸、硝酸、硫酸、磷酸、氫氧化鈉、氫氧化鉀、氨水、碳酸鉀、碳酸鈉、純鹼、漂白粉、亞硝酸鉍、亞硫酸鹽類、硫化硫酸鹽類、鉀化合物、汞化合物、鉛化合物、銅化合物、銀化合物、氰化合物、三氯甲甲烷、四氯化碳、甲醛、丙酮、縮水乙碸、魚骸脂磺、酸銨、石碳酸、安息香酸、鞣酸、乙醯苯銨（胺）、合成防腐劑、農藥之調配加工分裝、農藥工業級原體之合成殺菌劑、滅鼠劑、環境衛生用藥、醋硫酸鉀、磷甲基酚、炭精棒及其他毒性化學物質之製造者。但生物農藥、生物製劑及微生物製劑等以生物為主體之發酵產物之製造者，不在此限。

（九）油、脂或油脂之製造者。但食用油或脂之製造者
　　　及其他油、脂或油脂以摻配、攪拌、混合等製程
　　　之製造者，不在此限。

（十）屠宰場。

（十一）硫化油膠或可塑劑之製造者。

（十二）製紙漿及造紙者。

（十三）製革、製膠、毛皮或骨之精製者。

（十四）瀝青之精煉者。

（十五）以液化瀝青、煤柏油、木焦油、石油蒸餾產物
　　　　之殘渣為原料之物品製造者。

（十六）電氣用炭素之製造者。

（十七）水泥、石膏、消石灰或電石之製造者。

（十八）石棉工業（僅石棉採礦或以石棉為主要原料之
　　　　加工業）。

（十九）鎳、鎘、鉛汞電池製造工業。但鎳氫、鋰氫電
　　　　池之製造工業，不在此限。

（二十）銅、鐵類之煉製者。

（二十一）放射性工業（放射性元素分裝、製造、處
　　　　　理）、原子能工業。

（二十二）以原油為原料之煉製工業。

（二十三）石油化學基本原料之製造工業，包括乙烯、
　　　　　丙烯、丁烯、丁二烯、芳香烴等基本原料之
　　　　　製造工業。

（二十四）以石油化學基本原料，產製中間原料或產品
　　　　　之工業。

（二十五）以煤為原料煉製焦炭之工業。

（二十六）經由聚合反應製造樹脂、塑膠、橡膠產品之
　　　　　工業。但無聚合反應者，不在此限。

三、供前款第一目、第二目、第六目及第七目規定之物品、可燃性瓦斯或電石處理者。

四、其他經縣（市）政府依法律或自治條例限制之建築物或土地之使用。

前項所稱工廠必要附屬設施、工業發展有關設施、公共服務設施及公用事業設施、一般商業設施，指下列設施：

一、工廠必要附屬設施：

（一）研發、推廣、教育解說、實作體驗及服務辦公室（所）。

（二）倉庫、生產實驗室、訓練房舍及環境保護設施。

（三）員工單身宿舍及員工餐廳。

（四）其他經縣（市）政府審查核准與從事製造、加工或修理業務工廠有關產品或原料之買賣、進出口業務，或其他必要之附屬設施。

二、工業發展有關設施：

（一）有線、無線及衛星廣播電視事業。

（二）環境檢驗測定業。

（三）消毒服務業。

（四）樓地板總面積超過三百平方公尺之大型洗衣業。

（五）廢棄物回收、貯存、分類、轉運場及其附屬設施。

（六）營造業之施工機具及材料儲放設施。

（七）倉儲業相關設施。（賣場除外）

（八）冷凍空調工程業。

（九）機械設備租賃業。

（十）工業產品展示服務業。

（十一）剪接錄音工作室。

（十二）電影、電視設置及發行業。

（十三）公共危險物品、液化石油氣及其他可燃性高壓

氣體之容器儲存設施。

（十四）汽車運輸業停車場及其附屬設施。

（十五）機車、汽車及機械修理業。

（十六）提供產業創意、研究發展、設計、檢驗、測試、品質管理、流程改善、製程改善、自動化、電子化、資源再利用、污染防治、環境保護、清潔生產、能源管理、創業管理等專門技術服務之技術服務業。

（十七）經核定之企業營運總部及其相關設施。

（十八）經縣（市）政府審查核准之職業訓練、創業輔導、景觀維護及其他工業發展有關設施。

三、公共服務設施及公用事業設施：

（一）警察及消防機構。

（二）變電所、輸電線路鐵塔（連接站）及其管路。

（三）自來水或下水道抽水站。

（四）自來水處理場（廠）或配水設施。

（五）煤氣、天然氣加（整）壓站。

（六）加油站、液化石油氣汽車加氣站。

（七）電信機房。

（八）廢棄物及廢（污）水處理設施或焚化爐。

（九）土石方資源堆置處理場。

（十）醫療保健設施：指下列醫療保健設施，且其使用土地總面積不得超過該工業區總面積百分之五者：

　　1.醫療機構。

　　2.護理機構。

（十一）社會福利設施：

　　1.兒童及少年福利機構（托嬰中心、早期療育機構）。

    2. 老人長期照顧機構（長期照護型、養護型及失智照顧型）。

    3. 身心障礙福利機構。

（十二）幼兒園或兒童課後照顧服務中心。

（十三）郵局。

（十四）汽車駕駛訓練場。

（十五）客貨運站及其附屬設施。

（十六）宗教設施：其建築物總樓地板面積不得超過五百平方公尺。

（十七）電業相關之維修及其服務處所。

（十八）再生能源發電設備及其輸變電相關設施（不含沼氣發電）。

（十九）其他經縣（市）政府審查核准之必要公共服務設施及公用事業。

四、一般商業設施：

（一）一般零售業、一般服務業及餐飲業：其使用土地總面積不得超過該工業區總面積百分之五。

（二）一般事務所及自由職業事務所：其使用土地總面積不得超過該工業區總面積百分之五。

（三）運動設施：其使用土地總面積不得超過該工業區總面積百分之五。

（四）銀行、**信用合作社**、農、漁會信用部及保險公司等分支機構：其使用土地總面積不得超過該工業區總面積百分之五。

（五）大型展示中心或商務中心：使用土地面積超過一公頃以上，且其區位、面積、設置內容及公共設施，經縣（市）政府審查通過者。

（六）倉儲批發業：使用土地面積在一公頃以上五公

頃以下、並面臨十二公尺以上道路，且其申請
開發事業計畫、財務計畫、經營管理計畫，經縣
（市）政府審查通過者。

（七）旅館：其使用土地總面積不得超過該工業區總面
積百分之五，並以使用整棟建築物為限。

前項第一款至第四款之設施，應經縣（市）政府審查
核准後，始得建築；增建及變更使用時，亦同。第二款至
第四款設施之申請，縣（市）政府於辦理審查時，應依據
地方實際情況，對於各目之使用細目、使用面積、使用條
件及有關管理維護事項及開發義務作必要之規定。

第二項第三款設施之使用土地總面積，不得超過該工
業區總面積百分之二十；第四款設施之使用土地總面積，
不得超過該工業區總面積百分之三十。

# 營造業法施行細則相關條文

中華民國98年5月5日修正

第9條　　　本法施行前依**合作社**法第三條第一項第五款及第二
項規定承攬營繕工程並經領有營造業登記證書之勞動**合作
社**，準用本法相關規定。

# 二、金融

## 公正第三人認可及其公開拍賣程序辦法相關條文

中華民國90年6月14日發布

第7條　　　公正第三人之董事、監察人不得有下列各款情事之一：

一、有公司法第三十條各款情事之一者。

二、曾任法人宣告破產時之董事、監察人或經理人或與其地位相等之人，其破產終結未滿三年或協調未履行者。

三、最近三年內在金融機構使用票據有拒絕往來或喪失債信紀錄者。

四、違反證券交易法、公司法、銀行法、保險法、**信用合作社**法、農會法、漁會法或管理外匯條例等規定，經受罰金以上刑之宣告，執行完畢、緩刑期滿或赦免後未滿五年者。

五、動員戡亂時期終止後，曾犯內亂、外患罪，經判刑確定者。

六、受宣告強制工作之保安處分或流氓感訓處分之裁判確定，尚未執行、執行未畢或執行完畢未滿五年者。受其他保安處分之裁判確定，尚未執行或執行未畢者。

七、曾犯刑法或其特別法之貪污罪、組織犯罪防制條例之罪。

八、曾犯刑法或其特別法之投票行賄、收賄罪、妨害投票或競選罪、包攬賄選罪，或利用職務上之機會或方法犯侵占、詐欺、背信或偽造文書罪，經判處有期徒刑以上之刑確定者。但受緩刑宣告或易科罰金執行畢者，不在此限。

九、犯前五款以外之罪，經判處有期徒刑以上之刑確定，
　　尚未執行或執行未畢者。但受緩刑宣告或受有期徒刑
　　六個月以下得易科罰金者，不在此限。

十、有事實證明曾經從事或涉及其他不誠信或不正當活
　　動，足以顯示其不適合從事公正第三人業務者。
　　董事或監察人為法人者，前項規定，於該法人代表人
或指定代表行使職務之人，準用之。

# 合作金庫條例施行細則相關條文

中華民國33年3月2日發布

第2條　　　中央合作金庫對於各縣市合作金庫，應辦理左列各
事項：

一、關於縣市合作金庫與**合作事業**之聯繫配合事項：

二、關於縣市合作金庫預決算及會計報表之審核事項；

三、關於縣市合作金庫資金之調度與盈虧之調整事項；

四、關於縣市合作金庫匯兌差額之結算及債權債務之轉帳
　　事項；

五、關於縣市合作金庫會計制度之設計事項；

六、關於縣市合作金庫工作人員之訓練考核與調整事項；

七、其他關於縣市合作金庫各項業務之指導考核事項。

第10條　　　各縣市合作金庫創辦時股本之額度，由中央合作金庫
依各縣市之面積人口經濟狀況及**合作事業**發展情形分別規
定之。

第14條　　　中央合作金庫由中央合作及金融主管機關選派之理
事十三人，由社會部財政部會同派選之，其中應有實際經
營農業、工業、運銷業、金融業、**合作事業**、以及從事財
政、農林行政、經濟行政、**合作行政**、**合作運動**者，至少

各一人。

　　　中央合作金庫由中央合作及金融主管機關派選之監事五人，由社會部財政部會同選派之，其中應有從事**合作運動**與**合作行政**者至少各一人。

第17條　　中央合作金庫及其省分庫，以縣合作金庫縣以上之各級**合作社**，合作業務機關及**合作社團**為主要營業對象。縣合作金庫以其營業區域內之各級**合作社**，合作業務機關及**合作社團**為主要營業對象。

第20條　　各級**合作社**之款項，在設有合作金庫之區域，必須存放於合作金庫。

第22條　　中央合作金庫設置支庫地區標準如左：

一、在經濟建設上有特殊需要者；

二、在**合作事業**上有示範價值者；

三、在合作金融上有銜接作用者；

四、其他經呈准設置者。

第25條　　縣市合作金庫之代理處，以委託該縣市之鄉鎮**合作社**代理為原則。但在鄉鎮**合作社**尚未成立或尚不足以代理時，經所屬區域內中央合作金庫分支庫之核准，得另行設置。

# 存款保險條例相關條文

中華民國104年2月4日修正

第6條　　存保公司辦理銀行、**信用合作社**、郵政儲金匯兌機構之存款保險事宜，應設置一般金融保險賠款特別準備金處理。

　　　存保公司依農業金融法第八條規定辦理農業金融機構之存款保險事宜，應另設置農業金融保險賠款特別準備金處理。

前二項保險賠款特別準備金帳戶，應分別記帳。

第 12 條　　本條例所稱存款保險，指以下列中華民國境內之存款
為標的之保險：

一、支票存款。

二、活期存款。

三、定期存款。

四、依法律要求存入特定金融機構之轉存款。

五、其他經主管機關核准承保之存款。

　　前項存款，不包括下列存款項目：

一、可轉讓定期存單。

二、各級政府機關之存款。

三、中央銀行之存款。

四、銀行、辦理郵政儲金匯兌業務之郵政機構、**信用合作
社**、設置信用部之農會、漁會及全國農業金庫之存款。

五、其他經主管機關核准不予承保之存款。

　　第一項所定中華民國境內之存款，不包括銀行所設之
國際金融業務分行收受之存款。

# 存款保險條例施行細則相關條文

中華民國101年1月19日修正

第 5 條　　本條例第十二條第一項所定中華民國境內之存款，其
非屬新臺幣者，於計算存款保險費基數時，以計算基準日
要保機構結帳匯率折算為新臺幣後計算之；於存保公司履
行保險責任時，以停業要保機構最後營業日之結帳匯率折
算為新臺幣後計算之。

　　本條例第十二條第二項第二款所稱各級政府機關之存
款，指要保機構代理之各級公庫存款。

本條例第十二條第二項第四款所定銀行、辦理郵政儲金匯兌業務之郵政機構、**信用合作社**、設置信用部之農會、漁會及全國農業金庫之存款，不包括該等機構將其辦理信託業務所取得之資金，存放於本機構或其他要保機構作為存款者。

## 行政院金融重建基金設置及管理條例相關條文

中華民國104年7月1日修正

第4條　　　本條例所稱經營不善之金融機構，指有下列情形之一者：

一、經主管機關或農業金融中央主管機關檢查調整後之淨值或會計師查核簽證之淨值為負數。

二、無能力支付其債務。

三、有銀行法第六十二條第一項所定業務或財務狀況顯著惡化，不能支付其債務，有損及存款人權益之虞或第六十四條虧損逾資本三分之一，經限期改善而屆期未改善，並經主管機關及本基金管理會認定無法繼續經營。

　　　本基金以處理基層金融機構為優先，處理時應保持形式上或實質上的同等待遇為原則。本條例中華民國九十四年六月二十二日修正施行後所增加財源之百分之二十應專款作為賠付農、漁會信用部使用，不受本基金設置期間之限制，該項專款應專戶儲存；其運用及管理辦法，由行政院定之。

　　　在本條例中華民國九十四年六月二十二日修正施行前，經營不善之**信用合作社**經主管機關依**信用合作社**法規定派員監管或接管，並經本基金列入處理者，其社員之權利應受前項同等待遇原則之全額保障，且該社員之權利應

由承受該**信用合作社**資產之金融機構全額賠付。若該承受之金融機構未能賠付，則由本基金全額賠付。

存保公司依存款保險條例第十五條第一項、第十七條第二項前段規定辦理時，得申請運用本基金，全額賠付經營不善金融機構之存款及非存款債務，並由本基金承受該機構之資產，不受該條例第九條有關最高保額及第十五條第二項、第十七條第二項但書有關成本應小於現金賠付之損失之限制。

本條例中華民國九十四年六月二十二日修正施行後，主管機關或農業金融中央主管機關處理經營不善金融機構時，該金融機構非存款債務不予賠付。但該經營不善金融機構在本條例於九十四年六月二十二日修正施行前，已發生之非存款債務或經主管機關核定且其募集期間跨越該修正施行日之金融債券，仍受保障。

本條例中華民國九十四年六月二十二日修正施行後，經營不善金融機構經主管機關依銀行法或**信用合作社**法規定派員監管或接管，並經本基金列入處理者，其股東或社員之權利，除分配賸餘財產外，應予喪失，並由主管機關以公告方式通知各該股東或社員。

本基金應研擬處理經營不善金融機構之作業辦法，報主管機關核定發布。

## 金融控股公司及銀行業內部控制及稽核制度實施辦法相關條文

中華民國104年5月12日修正

第1條　　本辦法依金融控股公司法第五十一條、銀行法第四十五條之一第一項、**信用合作社**法第二十一條第一項、票券

金融管理法第四十三條及信託業法第四十二條第三項規定訂定之。

第2條　　本辦法所稱銀行業，包括銀行機構、**信用合作社**、票券商及信託業。

　　　　銀行業以外之金融業兼營票券業務及信託業務者，其內部控制及內部稽核制度，除其他法令另有規定外，應依本辦法辦理。

第8條　　內部控制制度應涵蓋所有營運活動，並應訂定下列適當之政策及作業程序，且應適時檢討修訂：

一、組織規程或管理章則，應包括訂定明確之組織系統、單位職掌、業務範圍與明確之授權及分層負責辦法。

二、相關業務規範及處理手冊，包括：

（一）投資準則。

（二）客戶資料保密。

（三）利害關係人交易規範。

（四）股權管理。

（五）財務報表編製流程之管理，包括適用國際財務報導準則之管理、會計專業判斷程序、會計政策與估計變動之流程等。

（六）總務、資訊、人事管理（銀行業應含輪調及休假規定）。

（七）對外資訊揭露作業管理。

（八）金融檢查報告之管理。

（九）金融消費者保護之管理。

（十）其他業務之規範及作業程序。

　　金融控股公司業務規範及處理手冊應另包括子公司之管理及共同行銷管理。

　　銀行業務規範及處理手冊應另包括出納、存款、匯

兌、授信、外匯、新種金融商品及委外作業管理。

**信用合作社**業務規範及處理手冊應另包括出納、存款、授信、匯兌及委外作業管理。

票券商業務規範及處理手冊應另包括票券、債券及新種金融商品等業務。

信託業作業手冊之範本由信託業商業同業公會訂定，其內容應區分業務作業流程、會計作業流程、電腦作業規範、人事管理制度等項。信託業應參考範本訂定作業手冊，並配合法規、業務項目、作業流程等之變更，定期修訂。

股票已在證券交易所上市或於證券商營業處所買賣之金融控股公司及銀行業，應將薪資報酬委員會運作之管理納入內部控制制度。

金融控股公司及銀行業設置審計委員會者，其內部控制制度，應包括審計委員會議事運作之管理。

金融控股公司及銀行業應於內部控制制度中，訂定對子公司必要之控制作業，其為國外子公司者，並應考量該子公司所在地政府法令之規定及實際營運之性質，督促其子公司建立內部控制制度。

前九項各種作業及管理規章之訂定、修訂或廢止，必要時應有法令遵循、內部稽核及風險管理單位等相關單位之參與。

第 31 條　銀行業委託會計師辦理第二十八條規定之查核，應於每年四月底前出具上一年度會計師查核報告報主管機關備查，其查核報告至少應說明查核之範圍、依據、查核程序及查核結果。

**信用合作社**依前項規定辦理時，應由直轄市政府財政局或縣（市）政府申報轉呈。

主管機關對於查核報告之內容提出詢問時，會計師應

詳實提供相關資料與說明。

第32條　　金融控股公司及銀行業應設立一隸屬於總經理之法令遵循單位，負責法令遵循制度之規劃、管理及執行，並指派高階主管一人擔任總機構法令遵循主管，綜理法令遵循事務，至少每半年向董（理）事會及監察人（監事、監事會）或審計委員會報告。

　　金融控股公司及銀行業之總機構法令遵循主管除兼任法務單位主管外，不得兼任內部其他職務。但主管機關對**信用合作社**及票券金融公司另有規定者，不在此限。

　　金融控股公司及銀行機構之總機構法令遵循主管，職位應等同於副總經理，資格應分別符合「金融控股公司發起人負責人應具備資格條件負責人兼職限制及應遵行事項準則」及「銀行負責人應具備資格條件兼職限制及應遵行事項準則」規定。

　　金融控股公司及銀行業總機構、國內外營業單位、資訊單位、財務保管單位及其他管理單位應指派人員擔任法令遵循主管，負責執行法令遵循事宜。

　　金融控股公司及銀行業總機構法令遵循主管、法令遵循單位所屬人員，每年應至少參加主管機關認定機構所舉辦或所屬金融控股公司（含子公司）或銀行業（含母公司）自行舉辦十五小時之教育訓練，訓練內容應至少包含新修正法令、新種業務或新種金融商品。

　　金融控股公司及銀行業應以網際網路資訊系統向主管機關申報總機構法令遵循主管、法令遵循單位所屬人員之名單及受訓資料。

第36條　　金融控股公司及銀行業應設置獨立之專責風險控管單位，並定期向董（理）事會提出風險控管報告，若發現重大暴險，危及財務或業務狀況或法令遵循者，應立即採取

適當措施並向董（理）事會報告。

　　前項獨立專責風險控管單位之設置，**信用合作社**得指定一總社管理單位替代。

第 44 條　　**信用合作社**依本辦法規定向主管機關申報相關資料時，應另陳報直轄市政府財政局或縣（市）政府。

第 47 條　　本辦法自發布日施行。

　　中華民國一百零一年三月二日修正條文，除第八條第一項第二款第五目修正條文，**信用合作社**自一百零三年一月一日施行，及第八條第一項第二款第八目修正條文自一百年十二月三十日施行外，自發布後三個月施行。

# 金融控股公司發起人負責人應具備資格條件負責人兼職限制及應遵行事項準則相關條文

中華民國104年9月16日修正

第 3 條　　有下列情事之一，不得充任金融控股公司之發起人或負責人：

一、無行為能力、限制行為能力或受輔助宣告尚未撤銷者。

二、曾犯組織犯罪防制條例規定之罪，經有罪判決確定者。

三、曾犯偽造貨幣、偽造有價證券、侵占、詐欺、背信罪，經宣告有期徒刑以上之刑確定，尚未執行完畢，或執行完畢、緩刑期滿或赦免後尚未逾十年者。

四、曾犯偽造文書、妨害祕密、重利、損害債權罪或違反稅捐稽徵法、商標法、專利法或其他工商管理法規定，經宣告有期徒刑確定，尚未執行完畢，或執行完畢、緩刑期滿或赦免後尚未逾五年者。

五、曾犯貪污罪，受刑之宣告確定，尚未執行完畢，或執行完畢、緩刑期滿或赦免後尚未逾五年者。

六、違反本法、銀行法、信託業法、票券金融管理法、金融資產證券化條例、不動產證券化條例、保險法、證券交易法、期貨交易法、證券投資信託及顧問法、管理外匯條例、**信用合作社**法、農會法、漁會法、農業金融法、洗錢防制法或其他金融管理法，受刑之宣告確定，尚未執行完畢，或執行完畢、緩刑期滿或赦免後尚未逾五年者。

七、受破產之宣告，尚未復權者。

八、曾任法人宣告破產時之負責人，破產終結尚未逾五年，或調協未履行者。

九、使用票據經拒絕往來尚未恢復往來者，或恢復往來後三年內仍有存款不足退票紀錄者。

十、有重大喪失債信情事尚未了結、或了結後尚未逾五年者。

十一、因違反本法、銀行法、信託業法、票券金融管理法、金融資產證券化條例、不動產證券化條例、保險法、證券交易法、期貨交易法、證券投資信託及顧問法、**信用合作社**法、農會法、漁會法、農業金融法或其他金融管理法，經主管機關命令撤換或解任，尚未逾五年者。

十二、受感訓處分之裁定確定或因犯竊盜、贓物罪，受強制工作處分之宣告，尚未執行完畢，或執行完畢尚未逾五年者。

十三、有事實證明從事或涉及其他不誠信或不正當之活動，顯示其不適合擔任金融控股公司之發起人或負責人者。

# 金融監督管理委員會指定非公務機關個人資料檔案安全維護辦法相關條文

中華民國104年7月3日修正

第2條　　　本辦法所稱非公務機關，包括下列各款：

一、金融控股公司。

二、銀行業。

三、證券業。

四、期貨業。

五、保險業。

六、電子票證業。

七、電子支付機構。

八、其他經金融監督管理委員會（以下簡稱本會）公告之金融服務業。

九、本會主管之財團法人。

　　　前項第一款所稱金融控股公司，依金融控股公司法第四條第一項第二款之規定。

　　　第一項第二款至第五款所稱銀行業、證券業、期貨業及保險業之範圍，依金融監督管理委員會組織法第二條第三項規定。但不包括依**信用合作社**法第十條規定組織之全國性**信用合作社**聯合社。

　　　第一項第六款所稱電子票證業，指電子票證發行管理條例第三條第二款之發行機構。

　　　第一項第七款所稱電子支付機構，依電子支付機構管理條例第三條第一項規定。

　　　第一項第九款所稱本會主管之財團法人，依金融監督管理委員會主管財團法人監督管理要點第二點規定。

# 金融監督管理委員會監理年費檢查費計繳標準及規費收取辦法相關條文

中華民國104年6月11日修正

第3條　　本辦法所稱規費，指特許費、監理年費、檢查費、審查費、執照費及其他規費。本辦法所稱受監理機構或受檢機構，指下列機構：

一、金融控股公司。

二、銀行業：包括銀行機構、**信用合作社**、票券金融公司、信用卡業務機構、信託業、郵政機構之郵政儲金匯兌業務部門、票券集中保管事業、金融資訊服務事業、銀行間徵信資料處理交換之服務事業及其他銀行服務事業。

三、證券業：包括證券交易所、證券櫃檯買賣中心、證券商、證券投資信託事業、證券金融事業、證券投資顧問事業、證券集中保管事業、都市更新投資信託事業及其他證券服務事業。

四、期貨業：包括期貨交易所、期貨結算機構、期貨商、槓桿交易商、期貨信託事業、期貨經理事業、期貨顧問事業及其他期貨服務事業。

五、保險業：包括保險公司、保險**合作社**、保險代理人、保險經紀人、保險公證人、郵政機構之簡易人壽保險業務部門及其他保險服務事業。

六、其他本會依法辦理監理或金融檢查之機構。

# 金融監督管理委員會組織法相關條文

中華民國100年6月29日修正

第2條　　　本會主管金融市場及金融服務業之發展、監督、管理及檢查業務。

　　　　　前項所稱金融市場包括銀行市場、票券市場、證券市場、期貨及金融衍生商品市場、保險市場及其清算系統等；所稱金融服務業包括金融控股公司、金融重建基金、中央存款保險公司、銀行業、證券業、期貨業、保險業、電子金融交易業及其他金融服務業；但金融支付系統，由中央銀行主管。

　　　　　前項所稱銀行業、證券業、期貨業及保險業範圍如下：

一、銀行業：指銀行機構、**信用合作社**、票券金融公司、信用卡公司、信託業、郵政機構之郵政儲金匯兌業務與其他銀行服務業之業務及機構。

二、證券業：指證券交易所、證券櫃檯買賣中心、證券商、證券投資信託事業、證券金融事業、證券投資顧問事業、證券集中保管事業、都市更新投資信託事業與其他證券服務業之業務及機構。

三、期貨業：指期貨交易所、期貨商、槓桿交易商、期貨信託事業、期貨顧問事業與其他期貨服務業之業務及機構。

四、保險業：指保險公司、保險**合作社**、保險代理人、保險經紀人、保險公證人、郵政機構之簡易人壽保險業務與其他保險服務業之業務及機構。

# 金融監督管理委員會銀行局組織法相關條文

中華民國100年6月29日修正

第2條　　本局掌理下列事項之擬訂、規劃及執行：

一、銀行、金融控股公司、**信用合作社**、票券商、信託業、金融資產與不動產證券化業務之監督及管理。

二、外國銀行分行與代表人辦事處之監督及管理。

三、金融卡片業務與機構之監督及管理。

四、金融機構合併法所稱公正第三人之認可及管理。

五、經營銀行間徵信資料處理交換服務事業、存款保險事業之監督及管理。

六、會同交通部對郵政儲金匯兌業務之監督及管理。

七、外匯行政之監督及管理。

八、與本局業務有關金融機構檢查報告之處理及必要之追蹤、考核。

九、與本局業務有關之消費者保護工作。

十、與前九款相關之事業、財團法人、同業公會等機構及業務之監督及管理。

十一、其他有關銀行市場、票券市場、金融控股公司與銀行業之監督及管理。

# 金融監督管理委員會銀行局處務規程相關條文

中華民國100年12月23日修正

第4條　　本局設下列組、室：

一、法規制度組，分三科辦事。

二、本國銀行組，分三科辦事。

三、**信用合作社**組，分三科辦事。

四、信託票券組，分三科辦事。

五、外國銀行組，分三科辦事。

六、金融控股公司組，分四科辦事。

七、秘書室，分二科辦事。

八、人事室。

九、政風室。

十、會計室。

十一、統計室。

十二、資訊室。

第7條　　**信用合作社**組掌理事項如下：

一、本局所監督、管理機構之消費者保護政策制度之訂修。

二、銀行業消費者金融知識推廣教育之規劃。

三、本局所監督、管理機構之消費者定型化契約應記載、不得記載事項及契約範本之規劃、訂修。

四、受理各銀行重大偶發事件之通報。

五、存款保險條例與其相關子法之訂修、廢止、疑義解釋之研擬、中央存款保險公司之管理及考核。

六、行政院金融重建基金設置及管理條例之訂修、廢止、疑義解釋之研擬與該基金之規劃及執行。

七、金融機構出售不良債權市場機制之規劃與公正第三人之管理及考核。

八、**信用合作社**改制商業銀行之監督及管理。

九、**信用合作社**法及其相關子法之訂修、廢止、疑義解釋之研擬。

十、**信用合作社**、中華民國**信用合作**聯合社之監督及管理。

十一、其他有關**信用合作社**事項。

# 金融監督管理委員會檢查局處務規程相關條文

中華民國100年12月23日修正

第8條　　　地方金融組掌理**信用合作社**改制之商業銀行、**信用合作社**及經指派對其他金融機構之檢查等下列事項：

一、檢查手冊與工作底稿之編擬及訂修。

二、檢查計畫之研擬及實地檢查（含電腦稽核）之執行。

三、檢查報告之撰寫及審核。

四、檢查報告之追蹤及考核。

五、內部稽核報告之處理。

六、國外金融監理機構檢查報告或會計師查核報告之處理。

七、總稽核資格之審核。

八、檢查參考資料之蒐集及檢查資訊之統計。

九、其他有關地方金融檢查事項。

第10條　　　保險外銀組掌理外國銀行在臺分行、保險公司、保險**合作社**、郵政機構簡易人壽保險業務及經指派對其他金融機構之檢查等下列事項：

一、檢查手冊與工作底稿之編擬及訂修。

二、檢查計畫之研擬及實地檢查（含電腦稽核）之執行。

三、檢查報告之撰寫及審核。

四、檢查報告之追蹤及考核。

五、內部稽核報告之處理。

六、國外金融監理機構檢查報告或會計師查核報告之處理。

七、總稽核資格之審核。

八、檢查參考資料之蒐集及檢查資訊之統計。

九、其他有關保險外銀檢查事項。

# 金融機構申請參加存款保險審核標準相關條文

中華民國101年12月28日修正

第4條　　　申請機構經存保公司審核有下列情事之一者，即未符合要保資格，存保公司應報請主管機關或農業金融中央主管機關促其改善：

一、銀行、**信用合作社**自有資本與風險性資產之比率，及農、漁會信用部淨值占風險性資產之比率，未符主管機關或農業金融中央主管機關規定之最低比率者。

二、逾期放款金額占放款總額比率逾百分之一或應予評估資產逾資產總額百分之一者。

三、對利害關係人為擔保授信，其總餘額逾淨值三分之一者。

四、淨值小於實收資本（外國銀行為匯入資本；**信用合作社**為股金；農漁會為信用部事業資金及事業公積總和）三分之二者。

五、違反相關法令規定或內部控制制度、風險管理制度或內部稽核制度不健全或有其他業務經營不健全事項，有增加承保風險、危及存款人權益事項之虞者。

六、現任董（理）事、監察人（監事）、總經理（總幹事）及信用部主任有不適任之具體事實顯示有害於金融業務健全經營之虞者。

　　　申請機構經存保公司審核無前項情事而核准為要保機構者，應與存保公司簽訂存款保險契約。

# 金融機構合併法相關條文

中華民國104年12月9日修正

第4條　　本法用詞，定義如下：

一、金融機構：指下列銀行業、證券及期貨業、保險業所包括之機構、信託業、金融控股公司及其他經主管機關核定之機構：

（一）銀行業：包括銀行、**信用合作社**、票券金融公司、信用卡業務機構及其他經主管機關核定之機構。

（二）證券及期貨業：包括證券商、證券投資信託事業、證券投資顧問事業、證券金融事業、期貨商、槓桿交易商、期貨信託事業、期貨經理事業及期貨顧問事業。

（三）保險業：包括保險公司、保險**合作社**及其他經主管機關核定之機構。

二、合併：指二家或二家以上之金融機構合為一家金融機構。

三、消滅機構：指因合併而消滅之金融機構。

四、存續機構：指因合併而存續之金融機構。

五、新設機構：指因合併而另立之金融機構。

第5條　　金融機構合併，應由擬合併之機構共同向主管機關申請許可。但法令規定不得兼營者，不得合併。

銀行業之銀行與銀行業之其他金融機構合併，其存續機構或新設機構應為銀行。

證券及期貨業之證券商與證券及期貨業之其他金融機構合併，其存續機構或新設機構應為證券商。

保險業之產物保險公司與保險**合作社**合併，其存續機

構或新設機構應為產物保險公司。

第 10 條　　**信用合作社**或保險**合作社**辦理合併時，其決議應有全體社員或社員代表四分之三以上出席，出席社員或社員代表三分之二以上之同意。

　　前項之決議，如由社員代表大會行之者，**信用合作社及保險合作社**應將決議內容及合併契約書應記載事項以書面通知非社員代表之社員或依前條第二項規定方式公告，並指定三十日以上之一定期間為異議期間。不同意之社員應於指定期間內以書面聲明異議，異議之社員達三分之一以上時，原決議失效。逾期未聲明異議者，視為同意。

## 金融機構存款及其他各種負債準備金調整及查核辦法相關條文

中華民國104年6月11日修正

第 6 條　　本行委託臺灣銀行（以下簡稱受託收管機構）辦理未在臺北市、新北市設立總機構或分支機構之地區性商業銀行準備金之收存、調整、查核及有關事項。

　　本行委託合作金庫銀行（以下亦簡稱受託收管機構）辦理**信用合作社**、農會信用部及漁會信用部準備金之收存、調整、查核及有關事項。

　　受託收管機構應將其收管之準備金乙戶存款彙總轉存在本行業務局開立之專戶。該專戶之存取及計息，比照金融機構在本行業務局所開立之準備金乙戶辦理。

# 金融機構安全維護管理辦法相關條文

中華民國101年十月十九日修正

第1條　　本辦法依銀行法第四十五條之二第一項及**信用合作社**法第二十一條之一規定訂定之。

第9條　　第三條之安全維護作業規範，應由中華民國銀行商業同業公會全國聯合會洽商中華民國**信用合作社**聯合社訂定範本，並報主管機關備查。

# 金融機構作業委託他人處理內部作業制度及程序辦法相關條文

中華民國103年5月9日修正

第1條　　本辦法依銀行法第四十五條之一第三項及**信用合作社**法第二十一條第四項訂定之。

第2條　　金融機構作業委託他人處理者（以下簡稱為委外），應簽訂書面契約，並依本辦法辦理，但涉及外匯作業事項並應依中央銀行有關規定辦理。

　　　　本辦法適用之金融機構，包括本國銀行及其國外分行、外國銀行在台分行、**信用合作社**、票券金融公司及經營信用卡業務之機構。

　　　　依據銀行法第一百三十九條所稱依其他法律設立之其他金融機構，除各該法律另有規定者外，適用本辦法之規定。

第21條　　金融機構作業委外不得違反法令強制或禁止規定、公共秩序及善良風俗，對經營、管理及客戶權益，不得有不利之影響，並應確保遵循銀行法、洗錢防制法、電腦處理

個人資料保護法、消費者保護法及其他法令之規定。

金融機構辦理作業委外應確實遵守相關法令及中華民國銀行商業同業公會全國聯合會訂定之相關業務規章或自律公約及中華民國**信用合作社**聯合社發布之相關規定。

# 金融機構非營業用辦公場所管理辦法相關條文

中華民國95年12月29日修正

第1條　　　本辦法依銀行法第五十七條第三項及**信用合作社**法第三十七條規定訂定之。

第2條　　　銀行及**信用合作社**（以下稱金融機構）為業務需要，設置、遷移或裁撤非營業用辦公場所，應依本辦法規定辦理。

前項所稱非營業用辦公場所，係指電腦中心、員工訓練中心、招待所、顧客服務中心、員工宿舍及其他管理單位等非供對外營業場所。

# 金融機構國內分支機構管理辦法相關條文

中華民國104年10月6日修正

第1條　　　本辦法依銀行法第五十七條第三項及**信用合作社**法第三十七條規定訂定之。

第2條　　　本辦法所稱分支機構，在銀行指國內分行及簡易型分行，在**信用合作社**指分社及簡易型分社。

簡易型分行（社）指小型分支機構，其經營之業務項目，由金融監督管理委員會（以下稱主管機關）就下列範圍內核定：

一、收受各種存款。

二、辦理存單質借。

三、辦理消費性貸款。

四、辦理信用卡預借現金。

五、辦理中小企業放款。

六、辦理國內匯兌。

七、買賣外幣現鈔及旅行支票。

八、代理收付款項。

九、辦理特定金錢信託投資國外有價證券及國內證券投資信託基金。

十、辦理本機構其他業務之代收件。

十一、其他經主管機關核准辦理之業務。

　　前項第七款規定業務，應取得中央銀行許可，始得辦理。

第3條　　銀行及**信用合作社**（以下稱金融機構）申請增設分支機構，主管機關得視國內經濟、金融情形，限制其增設。

　　金融機構申請增設分支機構，除配合金融監理政策協助處理經營不善金融機構或申請設置地點有益城鄉均衡發展者外，應符合下列條件：

一、本國銀行申請前一年底自有資本與風險性資產之比率達銀行資本適足性及資本等級管理辦法第五條規定加計二個百分點以上。**信用合作社**申請前一年底自有資本與風險性資產之比率達**信用合作社**資本適足性及資本等級管理辦法第三條第一項規定加計二個百分點以上。

二、申請當年度三月底逾期放款比率未逾百分之一點五。

三、申請當年度三月底備抵呆帳覆蓋率達百分之八十以上。

四、申請前三年度平均稅前淨值報酬率達本國銀行及**信用合作社**同業三年平均值之一點五倍以上。但本國銀行

及**信用合作社**同業三年平均值之一點五倍逾百分之五時，**信用合作社**申請前三年度平均稅前淨值報酬率達百分之五以上，亦得為之。

五、申請前一年度決算後無虧損及累積虧損。

六、最近一年內無因違反金融相關法規，受主管機關處分之情事，或有違法情事，已具體改善，並經主管機關認可。

七、最近一年內負責人無因業務上故意犯罪，經判處罪刑確定之情事。

八、最近一年內發生舞弊案均依規定呈報且無情節重大之情事。

九、申請前一年底經主管機關或中央銀行糾正之缺失，均已切實改善。

十、最近一年內無未注意安全維護致生重大危安事故之情事。

銀行依銀行法第五十八條第一項規定，申請變更為商業銀行者，得同時申請設立分支機構，惟併計已設立之分支機構，以五家為限。

第4條　　　金融機構每年申請增設分支機構，不得超過二處。但下列情形不在此限：

一、配合金融監理政策者，申請家數得增加一處。

二、申請設置地點有益城鄉均衡發展者，不受限制。

主管機關就符合第三條第二項規定之金融機構財務業務狀況，決定得增設分支機構之金融機構名單。**信用合作社**分支機構之增設，並得考量申設地區之**信用合作社**密集度及全體**信用合作社**之均衡發展予以核定。

金融機構經主管機關指定業務區域者，限於該地區內增設分支機構。

　　　　　　金融機構依第一項但書規定，因申請設置地點有益城鄉均衡發展而獲准增設之分支機構，除經主管機關核准遷移至其他有益城鄉均衡發展地區者外，於設立後七年內不得遷移。

第 5 條　　　金融機構申請增設分支機構者，應於每年五月，檢具下列書件，向主管機關申請增設分支機構：

一、增設國內分支機構申請書。

二、增設國內分支機構營業計畫書。

三、董（理）事會會議紀錄。

四、其他經主管機關指定之書件。

　　　　前項營業計畫書應載明下列事項：

一、機構之發展沿革。

二、機構財務業務狀況，包括：

　（一）財務業務健全性。

　（二）風險管理及銀行公司治理能力（在**信用合作社**係指理、監事會運作之健全性及內部控制）。

　（三）公益及服務貢獻度。

　（四）業務開發及創新能力。

三、增設分支機構地點對城鄉均衡發展之貢獻度。

四、最近三年營業單位擴充情形。

五、市場分析。

六、業務經營分析。

七、財務預測及可行性分析。

八、綜合評估。

# 金融機構接管辦法相關條文

中華民國99年12月23日發布

第1條　　　本辦法依銀行法第六十二條第三項、第六十二條之三第二項與依**信用合作社**法第三十七條及票券金融管理法第五十二條準用銀行法第六十二條第三項、第六十二條之三第二項規定訂定之。

第2條　　　本辦法所稱金融機構，係指銀行、**信用合作社**及票券金融公司。

　　　　　　主管機關依法派員接管或終止接管金融機構時，應將接管或終止接管之事實通知國內外有關機關（構），並刊登於主管機關之網站。必要時得事先通知國外金融主管機關。

第9條　　　接管人執行接管職務，接管前已簽訂契約之履行或展期案件，得不適用銀行法第三十三條第二項、**信用合作社**法第三十七條及票券金融管理法第四十九條準用銀行法第三十三條第二項利害關係人之授信限額、銀行法第三十三條之三、**信用合作社**法第三十七條準用銀行法第三十三條之三同一人、同一關係人或同一關係企業之授信或其他交易所為之限制，及票券金融管理法第三十條同一企業、同一關係人或同一關係企業辦理短期票券之保證、背書所為之限制。

第15條　　　受接管金融機構為銀行或**信用合作社**時，接管人依本辦法或主管機關之規定向主管機關報告或報請其核准時，應副知中央存款保險公司。

# 金融機構監管辦法相關條文

中華民國99年12月23日發布

第1條　　　本辦法依銀行法第四十四條之二第五項及依**信用合作社**法第三十七條準用銀行法第四十四條之二第五項規定訂定之。

第2條　　　銀行或**信用合作社**（以下稱金融機構）受監管期間，自主管機關依法派員監管之日起為一百八十日；必要時經主管機關核准得延長之。

# 金融機構營業場所外自動化服務設備管理辦法相關條文

中華民國95年1月11日發布

第1條　　　本辦法依銀行法第五十七條第三項及**信用合作社**法第三十七條規定訂定之。

# 信用卡業務機構管理辦法相關條文

中華民國104年6月29日修正

第2條　　　本辦法用詞定義如下：

一、信用卡：指持卡人憑發卡機構之信用，向特約之人取得商品、服務、金錢或其他利益，而得延後或依其他約定方式清償帳款所使用之支付工具。

二、信用卡業務指下列業務之一：

（一）發行信用卡及辦理相關事宜。

（二）辦理信用卡循環信用、預借現金業務。

（三）簽訂特約商店及辦理相關事宜。

（四）代理收付特約商店信用卡消費帳款。

（五）授權使用信用卡之商標或服務標章。

（六）提供信用卡交易授權或清算服務。

（七）辦理其他經主管機關核准之信用卡業務。

三、發卡業務：指前款第一目及第二目之業務。

四、收單業務：指第二款第三目及第四目之業務。

五、信用卡公司：指經主管機關許可，以股份有限公司組織並專業經營信用卡業務之機構。

六、外國信用卡公司：指依照外國法律組織登記，並從事信用卡業務，經中華民國政府認許，在中華民國境內依公司法及本辦法規定專業經營信用卡業務之分公司。

七、信用卡業務機構指下列機構：

（一）信用卡公司。

（二）外國信用卡公司。

（三）經主管機關許可兼營信用卡業務之銀行、**信用合作社**或其他機構。

（四）其他經主管機關許可專營信用卡業務之機構。

八、專營信用卡業務機構：指前款第一目、第二目或第四目之機構。

九、發卡機構：指辦理發卡業務之信用卡業務機構。

十、收單機構：指辦理收單業務之信用卡業務機構。

十一、特約商店：指與收單機構簽訂契約，並接受持卡人以信用卡支付商品或服務之款項者。但收單機構與特約商店屬同一人者，得免簽訂契約。

十二、電子文件：指電子簽章法第二條第一項第一款所稱之電子文件。

第6條　　　兼營信用卡業務之銀行、**信用合作社**及其他機構，應檢具下列書件向主管機關申請許可：

一、申請書。

二、營業執照影本。

三、公司章程或相當公司章程文件。

四、營業計畫書：載明業務之範圍、業務經營之原則與方針及具體執行之方法、市場展望及風險、效益評估。

五、董事會或理事會會議紀錄。

六、信用卡業務章則及業務流程。

七、信用卡業務各關係人間權利義務關係約定書。

八、其他經主管機關規定之書件。

　　　前項申請設立經主管機關許可後，營業項目應依主管機關規定之方式登載或申報。

第11條　　　信用卡業務機構除兼營信用卡業務之銀行及**信用合作社**外，其營業執照所載事項有變更者，應經主管機關之許可，並申請換發營業執照。

第31條　　　信用卡業務之會計處理準則，由中華民國銀行商業同業公會全國聯合會（以下簡稱銀行公會）報請主管機關核定之。

　　　信用卡業務機構應依前項會計處理準則辦理。

　　　兼營信用卡業務之銀行、**信用合作社**及其他機構，其信用卡業務之會計應獨立。

# 信用評等事業管理規則相關條文

中華民國104年12月31日修正

第6條　　　下列各款情事之一者，不得充任信用評等事業之發起人、董事、監察人或經理人；其已充任者，由本會依本法

第十八條之一第二項準用第五十三條規定解任之,並由本
會函請經濟部撤銷其董事、監察人或經理人登記:

一、有公司法第三十條各款情事之一。

二、曾任法人宣告破產時之董事、監察人、經理人或與
　　其地位相等之人,其破產終結尚未逾三年或協調未
　　履行。

三、最近三年內在金融機構使用票據有拒絕往來或喪失債
　　信紀錄。

四、受本法第五十六條、第六十六條第二款、證券投資信
　　託及顧問法第一百零三條第二款或第一百零四條解除
　　職務之處分,尚未逾三年。

五、受期貨交易法第一百條第一項第二款或第一百零一條
　　第一項撤換或解除職務之處分,尚未逾五年。

六、違反本法、銀行法、金融控股公司法、信託業法、票
　　券金融管理法、金融資產證券化條例、不動產證券化
　　條例、保險法、期貨交易法、證券投資信託及顧問
　　法、管理外匯條例、**信用合作社**法、農業金融法、農
　　會法、漁會法、洗錢防制法、會計師法、商業會計
　　法或其他金融管理法,受刑之宣告確定,尚未執行完
　　畢,或執行完畢、緩刑期滿或赦免後尚未逾五年。

七、有事實證明曾經從事或涉及其他不誠信或不正當活
　　動,足以顯示其不適合從事信用評等業務。

　　發起人、董事或監察人為法人者,前項規定,於該法
人代表人或指定代表行使職務者,準用之。

# 信託業負責人應具備資格條件暨經營與管理人員應具備信託專門學識或經驗準則相關條文

中華民國100年1月20日修正

第2條　　　　有下列情事之一者，不得充任信託公司之負責人，於充任後始發生者，當然解任：

一、無行為能力、限制行為能力人或受輔助宣告之人。

二、曾犯組織犯罪防制條例規定之罪，經有罪判決確定者。

三、曾犯偽造貨幣、偽造有價證券、侵占、詐欺、背信罪，經宣告有期徒刑以上之刑確定，尚未執行完畢，或執行完畢、緩刑期滿或赦免後尚未逾十年者。

四、曾犯偽造文書、妨害祕密、重利、損害債權罪或違反稅捐稽徵法、商標法、專利法或其他工商管理法規定，經宣告有期徒刑確定，尚未執行完畢，或執行完畢、緩刑期滿或赦免後尚未逾五年者。

五、曾犯貪污罪，受刑之宣告確定，尚未執行完畢，或執行完畢、緩刑期滿或赦免後尚未逾五年者。

六、違反本法、不動產證券化條例、銀行法、金融控股公司法、票券金融管理法、金融資產證券化條例、保險法、證券交易法、期貨交易法、證券投資信託及顧問法、管理外匯條例、**信用合作社**法、農業金融法、農會法、漁會法、洗錢防制法、建築法、建築師法、不動產經紀業管理條例或其他金融、工商管理法，受刑之宣告確定，尚未執行完畢，或執行完畢、緩刑期滿或赦免後尚未逾五年者。

七、受破產之宣告，尚未復權者。

八、曾任法人宣告破產時之負責人，破產終結尚未逾五

年，或協調未履行者。

九、使用票據經拒絕往來尚未恢復往來者，或恢復往來後三年內仍有存款不足退票紀錄者。

十、有重大喪失債信情事尚未了結，或了結後尚未逾五年者。

十一、因違反本法、不動產證券化條例、銀行法、金融控股公司法、票券金融管理法、金融資產證券化條例、保險法、證券交易法、期貨交易法、證券投資信託及顧問法、**信用合作社**法、農業金融法、農會法、漁會法、營造業法或其他金融、工商管理法，當然解任或經主管機關命令撤換或解任，尚未逾五年者。

十二、受感訓處分之裁定確定或因犯竊盜、贓物罪，受強制工作處分之宣告，尚未執行完畢，或執行完畢尚未逾五年者。

十三、擔任其他銀行、金融控股公司、信託公司、**信用合作社**、農（漁）會信用部、票券金融公司、證券公司、證券金融公司、證券投資信託公司、證券投資顧問公司、期貨商或保險業（包括保險代理人、保險經紀人及保險公證人）之負責人者。但下列情形，不在此限：

（一）信託公司與該等機構間之投資關係，並經主管機關核准者，除董事長、經理人不得互相兼任外，得擔任信託公司以外其他機構之負責人。

（二）依金融控股公司法第十七條第一項授權訂定之規定兼任者。

十四、有事實證明從事或涉及其他不誠信或不正當之活動，顯示其不適合擔任信託公司負責人。

　　信託公司之董事長、總經理或與其職責相當之人不得擔任非金融事業之董事長、總經理或職責相當之人。但擔任財團法人或非營利之社團法人職務者，不在此限。

　　政府或法人為股東時，其代表人或被指定代表行使職務之自然人，擔任董事、監察人者，準用前二項規定。

# 保險公證人管理規則相關條文

中華民國103年6月24日修正

第6條　　有下列情事之一者，不得為公證人，或充任公證人公司之負責人：

一、無行為能力、限制行為能力或受輔助宣告尚未撤銷。

二、曾犯組織犯罪防制條例規定之罪，經有罪判決確定。

三、曾犯偽造貨幣、偽造有價證券、侵占、詐欺、背信罪，經宣告有期徒刑以上之刑確定，尚未執行完畢，或執行完畢、緩刑期滿或赦免後尚未逾十年。

四、違反保險法、銀行法、金融控股公司法、信託業法、票券金融管理法、金融資產證券化條例、不動產證券化條例、證券交易法、期貨交易法、證券投資信託及顧問法、管理外匯條例、**信用合作社**法、農業金融法、農會法、漁會法、洗錢防制法或其他金融管理法，受刑之宣告確定，尚未執行完畢，或執行完畢、緩刑期滿或赦免後尚未逾五年。

五、受破產之宣告，尚未復權。

六、曾任法人宣告破產時之負責人，破產終結尚未逾五年，或調協未履行。

七、有重大喪失債信情事尚未了結或了結後尚未逾五年。

八、因違反保險法、銀行法、金融控股公司法、信託業

法、票券金融管理法、金融資產證券化條例、不動產證券化條例、證券交易法、期貨交易法、證券投資信託及顧問法、管理外匯條例、**信用合作社**法、農業金融法、農會法、漁會法、公平交易法或其他金融管理法，經主管機關命令撤換或解任，尚未逾五年。

九、有事實證明從事或涉及其他不誠信或不正當之活動，顯示其不適任。

十、任職保險業及有關公會現職人員。但所任職之保險業與公證人公司有投資關係，且無董事長、總經理互相兼任情事，並經主管機關核准者，該保險業人員得充任公證人公司之負責人。

十一、已登錄為保險業務員。

十二、執業證照經主管機關撤銷尚未滿五年。

十三、涉及專門職業及技術人員之保險從業人員特種考試重大舞弊行為，經有期徒刑裁判確定。

十四、曾犯偽造文書、妨害祕密、重利、損害債權罪或違反稅捐稽徵法、商標法、專利法或其他工商管理法規定，經宣告有期徒刑確定，尚未執行完畢，或執行完畢、緩刑期滿或赦免後尚未逾五年。

十五、曾犯貪污罪，受刑之宣告確定，尚未執行完畢，或執行完畢、緩刑期滿或赦免後尚未逾五年。

十六、使用票據經拒絕往來尚未恢復往來者，或恢復往來後三年內仍有存款不足退票紀錄。

十七、受感訓處分之裁定確定或因犯竊盜、贓物罪，受強制工作處分之宣告，尚未執行完畢，或執行完畢尚未逾五年。

十八、曾充任保險代理人公司、保險經紀人公司或公證人公司之董事、監察人或總經理，而於任職期間，該

公司受保險法第一百六十四條之一第一項第一款之處分，或受第一百六十三條第五項或第一百六十七條之二廢止許可並註銷執業證照之處分，尚未逾三年。

十九、其他法律有限制規定。

前項所稱負責人，指公證人公司之董事、監察人、總經理、與業務有關之副總經理、分公司經理人或職責相當之人。

本規則修正施行前，已取得執業證照之公證人有不符合第一項第三款、第四款、第六款至第九款及第十四款至第十八款規定者，得繼續執業或任職至執業證照期滿或繳銷之日。

本規則修正施行前，已充任公證人公司之負責人有不符合第一項第三款、第四款、第六款至第九款及第十四款至第十八款規定者，得任職至任期屆滿或解任之日，無任期者，應於修正施行之日起一年內調整。

第10條　公證人公司應置總經理一人，負責綜理全公司業務，且不得有其他職責相當之人。

前項總經理不得兼任其他公證人公司之董事長、總經理。

公證人公司之總經理應具備下列資格之一者：

一、國內外專科以上學校畢業或具有同等學歷，並具保險公司、保險**合作社**、公證人公司、保險代理人公司或保險經紀人公司工作經驗五年以上。

二、國內外專科以上學校畢業或具同等學歷，並曾擔任公證人之簽署工作五年以上。

三、有其他事實足資證明具備保險專業知識或保險工作經驗，可健全有效經營公證人業務。

前項總經理之委任或解任應依法向公司登記主管機關辦理經理人登記。

本規則修正施行前，已充任總經理有不符合第三項規定者，得繼續任職至任期屆滿或解任之日；無任期者，應於修正施行之日起一年內調整。公證人公司置總經理之人數不符合第一項規定或總經理兼任違反第二項規定者，應於修正施行之日起一年內調整。

第 11 條　公證人公司之董事長、三分之一以上董事及監察人、與業務有關之副總經理、分公司經理人或其職責相當之人應具備下列資格之一者：

一、國內外專科以上學校畢業或具有同等學歷，並具保險公司、保險**合作社**、公證人公司、保險代理人公司或保險經紀人公司工作經驗三年以上。

二、國內外專科以上學校畢業或具同等學歷，並曾擔任公證人之簽署工作二年以上。

三、有其他事實足資證明具備保險專業知識或保險工作經驗，可健全有效經營公證人業務。

本規則修正施行前，已充任董事長、與業務有關之副總經理、分公司經理人或其職責相當之人有不符合前項規定者，得繼續任職至任期屆滿或解任之日；無任期者，應於修正施行之日起三年內調整。公證人公司未有三分之一以上之董事及監察人符合前項規定者，應於修正施行之日起三年內調整。

# 保險代理人管理規則相關條文

中華民國104年6月18日修正

第 6 條　有下列情事之一者，不得充任代理人公司之負責人：

一、無行為能力、限制行為能力或受輔助宣告尚未撤銷。

二、曾犯組織犯罪防制條例規定之罪，經有罪判決確定。

三、曾犯偽造貨幣、偽造有價證券、侵占、詐欺、背信罪，經宣告有期徒刑以上之刑確定，尚未執行完畢，或執行完畢、緩刑期滿或赦免後尚未逾十年。

四、違反保險法、銀行法、金融控股公司法、信託業法、票券金融管理法、金融資產證券化條例、不動產證券化條例、證券交易法、期貨交易法、證券投資信託及顧問法、管理外匯條例、**信用合作社**法、農業金融法、農會法、漁會法、洗錢防制法、電子票證發行管理條例、電子支付機構管理條例或其他金融管理法，受刑之宣告確定，尚未執行完畢，或執行完畢、緩刑期滿或赦免後尚未逾五年。

五、受破產之宣告，尚未復權。

六、曾任法人宣告破產時之負責人，破產終結尚未逾五年，或調協未履行。

七、有重大喪失債信情事尚未了結或了結後尚未逾五年。

八、因違反保險法、銀行法、金融控股公司法、信託業法、票券金融管理法、金融資產證券化條例、不動產證券化條例、證券交易法、期貨交易法、證券投資信託及顧問法、管理外匯條例、**信用合作社**法、農業金融法、農會法、漁會法、公平交易法、電子票證發行管理條例、電子支付機構管理條例或其他金融管理法，經主管機關命令撤換或解任，尚未逾五年。

九、有事實證明從事或涉及其他不誠信或不正當之活動，顯示其不適任。

十、任職保險業及有關公會現職人員。但所任職之保險業與代理人公司有投資關係，且無董事長、總經理互相

兼任情事,並經主管機關核准者,該保險業人員得充
任代理人公司之負責人。

十一、已登錄為其他保險業、保險經紀人公司、代理人公
司或銀行之保險業務員。

十二、執業證照經主管機關依保險法第一百六十七條之一
或第一百六十七條之二規定註銷,尚未滿五年。

十三、涉及專門職業及技術人員之保險從業人員特種或普
通考試重大舞弊行為,經有期徒刑裁判確定。

十四、曾犯偽造文書、妨害祕密、重利、損害債權罪或違
反稅捐稽徵法、商標法、專利法或其他工商管理法
規定,經宣告有期徒刑確定,尚未執行完畢,或執
行完畢、緩刑期滿或赦免後尚未逾五年。

十五、曾犯貪污罪,受刑之宣告確定,尚未執行完畢,或
執行完畢、緩刑期滿或赦免後尚未逾五年。

十六、使用票據經拒絕往來尚未恢復往來者,或恢復往來
後三年內仍有存款不足退票紀錄。

十七、受感訓處分之裁定確定或因犯竊盜、贓物罪,受強
制工作處分之宣告,尚未執行完畢,或執行完畢尚
未逾五年。

十八、曾充任代理人公司、保險經紀人公司或保險公證人
公司之董事、監察人或總經理,而於任職期間,該
公司受保險法第一百六十四條之一第一項第一款之
處分,或受第一百六十七條之二或中華民國一百零
四年二月四日保險法修正施行前第一百六十三條第
五項廢止許可並註銷執業證照之處分,尚未逾三年。

十九、其他法律有限制規定。

前項所稱負責人,指代理人公司之董事、監察人、總
經理、與業務有關之副總經理、分公司經理人或職責相當

之人。

有第一項第一款至第九款及第十二款至第十九款所列情事之一者，不得為個人執業代理人、受代理人公司或銀行任用之代理人。

本規則中華民國一百零三年六月二十四日修正施行前，已取得執業證照之個人執業代理人或受代理人公司任用之代理人有第一項第三款、第四款、第六款至第九款及第十四款至第十八款規定情事者，得繼續執業或任職至執業證照期滿或繳銷之日。

本規則中華民國一百零三年六月二十四日修正施行前，已充任代理人公司之負責人有第一項第三款、第四款、第六款至第九款及第十四款至第十八款規定情事者，得任職至任期屆滿或解任之日，無任期者，應於一百零四年六月二十四日前完成調整。

第12條　代理人公司應置總經理一人，負責綜理全公司業務，且不得有其他職責相當之人。

前項總經理不得兼任其他代理人公司或保險經紀人公司之董事長、總經理。

代理人公司之總經理應具備下列資格之一者：

一、國內外專科以上學校畢業或具有同等學歷，並具保險公司、保險**合作社**、保險經紀人公司、代理人公司或保險公證人公司工作經驗五年以上，且具備同類保險業務員或代理人或保險經紀人資格。

二、國內外專科以上學校畢業或具同等學歷，並曾擔任代理人之簽署工作五年以上。

三、具備同類保險業務員或代理人或保險經紀人資格，並有其他事實足資證明具備保險專業知識或保險工作經驗，可健全有效經營保險代理業務。

前項總經理之委任或解任應依法向公司登記主管機關辦理經理人登記。

本規則中華民國一百零三年六月二十四日修正施行前，已充任總經理有不符合第三項規定者，得繼續任職至任期屆滿或解任之日；無任期者，應於一百零四年六月二十四日前完成調整。代理人公司置總經理之人數不符合第一項規定或總經理兼任違反第二項規定者，應於一百零四年六月二十四日前完成調整。

第 13 條　　代理人公司之董事長、三分之一以上董事及監察人、與業務有關之副總經理、分公司經理人或其職責相當之人應具備下列資格之一者：

一、國內外專科以上學校畢業或具有同等學歷，並具保險公司、保險**合作社**、保險經紀人公司、代理人公司或保險公證人公司工作經驗三年以上。

二、國內外專科以上學校畢業或具同等學歷，並曾擔任代理人之簽署工作二年以上。

三、有其他事實足資證明具備保險專業知識或保險工作經驗，可健全有效經營保險代理業務。

與業務有關之副總經理、分公司經理人或其職責相當之人，除應具備前項資格外，並應具備同類保險業務員或代理人或保險經紀人資格。

本規則中華民國一百零三年六月二十四日修正施行前，已充任董事長、與業務有關之副總經理、分公司經理人或其職責相當之人有不符合前二項規定者，得繼續任職至任期屆滿或解任之日；無任期者，應於一百零六年六月二十四日前完成調整。代理人公司未有三分之一以上之董事及監察人符合第一項規定者，應於一百零六年六月二十四日前完成調整。

# 保險法相關條文

中華民國104年2月4日修正

第7條　　本法所稱保險業負責人，指依公司法或**合作社**法應負責之人。

第12條　　本法所稱主管機關為金融監督管理委員會。但保險**合作社**除其經營之業務，以金融監督管理委員會為主管機關外，其社務以**合作社**之主管機關為主管機關。

第136條　　保險業之組織，以股份有限公司或**合作社**為限。但經主管機關核准者，不在此限。

非保險業不得兼營保險業務。

違反前項規定者，由主管機關或目的事業主管機關會同司法警察機關取締，並移送法辦；如屬法人組織，其負責人對有關債務，應負連帶清償責任。

執行前項任務時，得依法搜索扣押被取締者之會計帳簿及文件，並得撤除其標誌等設施或為其他必要之處置。

保險業之組織為股份有限公司者，除其他法律另有規定或經主管機關許可外，其股票應辦理公開發行。

保險業依前項除外規定未辦理公開發行股票者，應設置獨立董事及審計委員會，並以審計委員會替代監察人。

前項獨立董事、審計委員會之設置及其他應遵行事項，準用證券交易法第十四條之二至第十四條之五相關規定。

本法中華民國一百零三年五月二十日修正之條文施行時，第六項規定之保險業現任董事或監察人任期尚未屆滿者，得自任期屆滿時適用該規定。但其現任董事或監察人任期於修正施行後一年內屆滿者，得自改選之董事或監察

人任期屆滿時始適用之。

第138條 財產保險業經營財產保險，人身保險業經營人身保險，同一保險業不得兼營財產保險及人身保險業務。但財產保險業經主管機關核准經營傷害保險及健康保險者，不在此限。

財產保險業依前項但書規定經營傷害保險及健康保險業務應具備之條件、業務範圍、申請核准應檢附之文件及其他應遵行事項之辦法，由主管機關定之。

保險業不得兼營本法規定以外之業務。但經主管機關核准辦理其他與保險有關業務者，不在此限。

保險業辦理前項與保險有關業務，涉及外匯業務之經營者，須經中央銀行之許可。

保險**合作社**不得經營非社員之業務。

第140條 保險公司得簽訂參加保單紅利之保險契約。

保險**合作社**簽訂之保險契約，以參加保單紅利者為限。

前二項保單紅利之計算基礎及方法，應於保險契約中明訂之。

第143-6條 主管機關應依保險業資本適足率等級，對保險業採取下列措施之一部或全部：

一、資本不足者：

（一）令其或其負責人限期提出增資、其他財務或業務改善計畫。屆期未提出增資、財務或業務改善計畫，或未依計畫確實執行者，得採取次一資本適足率等級之監理措施。

（二）令停售保險商品或限制保險商品之開辦。

（三）限制資金運用範圍。

（四）限制其對負責人有酬勞、紅利、認股權憑證或其他類似性質之給付。

（五）其他必要之處置。

二、資本顯著不足者：

（一）前款之措施。

（二）解除其負責人職務，並通知公司（**合作社**）登記主管機關廢止其負責人登記。

（三）停止其負責人於一定期間內執行職務。

（四）令取得或處分特定資產，應先經主管機關核准。

（五）令處分特定資產。

（六）限制或禁止與利害關係人之授信或其他交易。

（七）令其對負責人之報酬酌予降低，降低後之報酬不得超過該保險業資本適足率列入資本顯著不足等級前十二個月內對該負責人支給平均報酬之百分之七十。

（八）限制增設或令限期裁撤分支機構或部門。

（九）其他必要之處置。

三、資本嚴重不足者：除前款之措施外，應採取第一百四十九條第三項第一款規定之處分。

第 149 條　保險業違反法令、章程或有礙健全經營之虞時，主管機關除得予以糾正或令其限期改善外，並得視情況為下列處分：

一、限制其營業或資金運用範圍。

二、令其停售保險商品或限制其保險商品之開辦。

三、令其增資。

四、令其解除經理人或職員之職務。

五、撤銷法定會議之決議。

六、解除董（理）事、監察人（監事）職務或停止其於一定期間內執行職務。

七、其他必要之處置。

　　依前項第六款規定解除董（理）事、監察人（監事）職務時，由主管機關通知公司（**合作社**）登記之主管機關廢止其董（理）事、監察人（監事）登記。

　　主管機關應依下列規定對保險業為監管、接管、勒令停業清理或命令解散之處分：

一、資本適足率等級為嚴重不足，且其或其負責人未依主管機關規定期限完成增資、財務或業務改善計畫或合併者，應自期限屆滿之次日起九十日內，為接管、勒令停業清理或命令解散之處分。

二、前款情形以外之財務或業務狀況顯著惡化，不能支付其債務，或無法履行契約責任或有損及被保險人權益之虞時，主管機關應先令該保險業提出財務或業務改善計畫，並經主管機關核定。若該保險業損益、淨值呈現加速惡化或經輔導仍未改善，致仍有前述情事之虞者，主管機關得依情節之輕重，為監管、接管、勒令停業清理或命令解散之處分。

　　前項保險業因國內外重大事件顯著影響金融市場之系統因素，致其或其負責人未於主管機關規定期限內完成前項增資、財務或業務改善或合併計畫者，主管機關得令該保險業另定完成期限或重新提具增資、財務或業務改善或合併計畫。

　　依第三項規定監管、接管、停業清理或解散者，主管機關得委託其他保險業、保險相關機構或具有專業經驗人員擔任監管人、接管人、清理人或清算人；其有涉及第一百四十三條之三安定基金辦理事項時，安定基金應配合辦理。

　　前項經主管機關委託之相關機構或個人，於辦理受託事項時，不適用政府採購法之規定。

　　保險業受接管或被勒令停業清理時，不適用公司法有關臨時管理人或檢查人之規定，除依本法規定聲請之重整外，其他重整、破產、和解之聲請及強制執行程序當然停止。

　　接管人依本法規定聲請重整，就該受接管保險業於受接管前已聲請重整者，得聲請法院合併審理或裁定；必要時，法院得於裁定前訊問利害關係人。

　　保險業經主管機關為監管處分時，非經監管人同意，保險業不得為下列行為：

一、支付款項或處分財產，超過主管機關規定之限額。

二、締結契約或重大義務之承諾。

三、其他重大影響財務之事項。

　　監管人執行監管職務時，準用第一百四十八條有關檢查之規定。

　　保險業監管或接管之程序、監管人與接管人之職權、費用負擔及其他應遵行事項之辦法，由主管機關定之。

第149-4條　　依第一百四十九條為解散之處分者，其清算程序，除本法另有規定外，其為公司組織者，準用公司法關於股份有限公司清算之規定；其為**合作社**組織者，準用**合作社**法關於清算之規定。但有公司法第三百三十五條特別清算之原因者，均應準用公司法關於股份有限公司特別清算之程序為之。

第149-11條　　保險業經主管機關勒令停業進行清理者，於清理完結後，免依公司法或**合作社**法規定辦理清算。

　　清理人應於清理完結後十五日內造具清理期內收支表、損益表及各項帳冊，並將收支表及損益表於保險業所在地之新聞紙及主管機關指定之網站公告後，報主管機關廢止保險業許可。

保險業於清理完結後，應以主管機關廢止許可日，作為向公司或**合作社**主管機關辦理廢止登記日及依所得稅法第七十五條第一項所定應辦理當期決算之期日。

第 156 條　　保險**合作社**除依本法規定外，適用**合作社**法及其有關法令之規定。

第 157 條　　保險**合作社**，除依**合作社**法籌集股金外，並依本法籌足基金。

　　　　　　前項基金非俟公積金積至與基金總額相等時，不得發還。

第 158 條　　保險**合作社**於社員出社時，其現存財產不足抵償債務，出社之社員仍負擔出社前應負之責任。

第 159 條　　保險**合作社**之理事，不得兼任其他**合作社**之理事、監事或無限責任社員。

第 161 條　　保險**合作社**之社員，對於保險**合作社**應付之股金及基金，不得以其對保險**合作社**之債權互相抵銷。

第 162 條　　財產保險**合作社**之預定社員人數不得少於三百人；人身保險**合作社**之預定社員人數不得少於五百人。

# 保險法施行細則相關條文

中華民國97年6月13日發布

第 15 條　　本法第一百三十六條第一項所稱**合作社**，指有限責任**合作社**。

第 16 條　　本法第一百五十九條所稱其他**合作社**，指保險或**信用合作社**。

# 保險業內部控制及稽核制度實施辦法相關條文

中華民國104年5月12日修正

第 30 條　保險業應依其規模、業務性質及組織特性，設立隸屬於總經理之法令遵循單位，負責法令遵循制度之規劃、管理及執行。

法令遵循單位應置總機構法令遵循主管一人，綜理法令遵循業務，除兼任法務單位主管外，不得兼任內部其他職務，職位應相當於副總經理，且具備領導及有效督導法令遵循工作之能力，其資格應符合保險業負責人應具備資格條件準則規定，至少每半年向董（理）事會及監察人（監事）或審計委員會報告。

前項總機構法令遵循主管，於外國保險業在台分公司、再保險業及保險合作社得指派高階主管一人擔任，其中保險合作社得不受前項不得兼任內部其他職務規定之限制。

總稽核、稽核單位主管及內部稽核人員，不得兼任本條第二項所定之總機構法令遵循主管。

保險業任免總機構法令遵循主管應經董（理）事會全體董（理）事二分之一以上同意，並報主管機關備查。

保險業總機構法令遵循主管及法令遵循單位所屬人員，每年應至少參加主管機關認定機構或金融控股公司或保險業自行舉辦之教育訓練達二十小時以上，訓練內容應至少包含新修訂法令規章及新銷售保險商品。

保險業應以網際網路資訊系統向主管機關申報總機構法令遵循主管及法令遵循單位所屬人員名單、最近三年獎懲紀錄、資歷及受訓資料等。

第37條　外國保險業在台分公司應依本辦法之規定辦理。但外國保險業在台分公司之內部控制及稽核制度，如依其總公司所訂之相關內部控制及稽核制度規定，有不低於本辦法之規定者，得由外國保險業在台分公司提出總公司制度之詳細說明與我國制度之對照說明，經在台分公司負責人簽署後，報經主管機關備查，依該制度辦理。

　　保險**合作社**因業務範圍及規模因素，得敘明具體事實、理由及擬採行之制度內容，自中華民國九十九年三月十七日修正發布之日起六個月內，依本辦法規定辦理，或提出前項規定之說明報主管機關備查。

# 保險業負責人應具備資格條件準則相關條文

中華民國104年4月29日修正

第3條　有下列情事之一，不得充任保險業之負責人：

一、無行為能力、限制行為能力或受輔助宣告尚未撤銷者。

二、曾犯組織犯罪防制條例規定之罪，經有罪判決確定者。

三、曾犯偽造貨幣、偽造有價證券、侵占、詐欺、背信罪，經宣告有期徒刑以上之刑確定，尚未執行完畢，或執行完畢、緩刑期滿或赦免後尚未逾十年者。

四、曾犯偽造文書、妨害祕密、重利、損害債權罪或違反稅捐稽徵法、商標法、專利法或其他工商管理法規定，經宣告有期徒刑確定，尚未執行完畢，或執行完畢、緩刑期滿或赦免後尚未逾五年者。

五、曾犯貪污罪，受刑之宣告確定，尚未執行完畢，或執行完畢、緩刑期滿或赦免後尚未逾五年者。

六、違反本法、銀行法、金融控股公司法、信託業法、票券金融管理法、金融資產證券化條例、不動產證券化條例、證券交易法、期貨交易法、證券投資信託及顧問法、管理外匯條例、**信用合作社**法、農業金融法、農會法、漁會法、洗錢防制法或其他金融管理法，受刑之宣告確定，尚未執行完畢，或執行完畢、緩刑期滿或赦免後尚未逾五年者。

七、受破產之宣告，尚未復權者。

八、曾任法人宣告破產時之負責人，破產終結尚未逾五年，或調協未履行者。

九、使用票據經拒絕往來尚未恢復往來者，或恢復往來後三年內仍有存款不足退票紀錄者。

十、有重大喪失債信情事尚未了結、或了結後尚未逾五年者。

十一、因違反本法、銀行法、金融控股公司法、信託業法、票券金融管理法、金融資產證券化條例、不動產證券化條例、證券交易法、期貨交易法、證券投資信託及顧問法、管理外匯條例、**信用合作社**法、農業金融法、農會法、漁會法或其他金融管理法，經主管機關命令撤換或解任，尚未逾五年者。

十二、受感訓處分之裁定確定或因犯竊盜、贓物罪，受強制工作處分之宣告，尚未執行完畢，或執行完畢尚未逾五年者。

十三、擔任其他保險業、金融控股公司、銀行、信託公司、**信用合作社**、農（漁）會信用部、票券金融公司、證券公司、證券金融公司、證券投資信託公司、證券投資顧問公司或期貨商之負責人者。但下列情形，不在此限：

（一）因保險業與該等機構間之投資關係，且無董事長、經理人互相兼任情事，並經主管機關核准者。

（二）保險業為金融控股公司之子公司者，其負責人得兼任該控股公司或其他子公司之負責人。但子公司間不得有經理人互相兼任之情事。

（三）保險業為金融控股公司之法人董事、法人監察人者，其負責人因擔任該控股公司之負責人，得兼任該控股公司子公司之負責人。但兼任該控股公司子公司職務以董事、監察人為限。

（四）為進行合併或處理問題保險業之需要，經主管機關核准者。

十四、有事實證明從事或涉及其他不誠信或不正當之活動，顯示其不適合擔任保險業負責人者。

十五、其他法律有限制規定者。

保險業之董（理）事長、總經理或與其職責相當之人不得擔任非保險相關事業之董（理）事長、總經理或職責相當之人。但擔任財團法人或非營利之社團法人職務者，不在此限。

政府或法人為股東時，其代表人或被指定代表行使職務之自然人，擔任董（理）事、監察人（監事）者，準用前二項規定。

# 保險業務員管理規則相關條文

中華民國99年9月14日修正

第7條　　　申請登錄之業務員有下列情事之一，各有關公會應不予登錄；已登錄者，應予撤銷：

一、無行為能力、限制行為能力或受輔助宣告尚未撤銷者。

二、申請登錄之文件有虛偽之記載者。

三、曾犯組織犯罪防制條例規定之罪，經有罪判決確定，尚未執行完畢，或執行完畢、緩刑期滿或赦免後尚未逾五年者。

四、曾犯偽造文書、侵占、詐欺、背信罪，經宣告有期徒刑以上之刑確定，尚未執行完畢，或執行完畢、緩刑期滿或赦免後尚未逾三年者。

五、違反保險法、銀行法、金融控股公司法、信託業法、票券金融管理法、金融資產證券化條例、不動產證券化條例、證券交易法、期貨交易法、證券投資信託及顧問法、管理外匯條例、**信用合作社**法、洗錢防制法或其他金融管理法律，受刑之宣告確定，尚未執行完畢，或執行完畢、緩刑期滿或赦免後尚未逾三年者。

六、受破產之宣告，尚未復權者。

七、有重大喪失債信情事尚未了結或了結後尚未逾三年者。

八、依第十九條規定在受停止招攬行為期限內或受撤銷業務員登錄處分尚未逾三年者。

九、已登錄為其他經營同類保險業務之保險業、保險代理人公司或保險經紀人公司之業務員未予註銷，而重複登錄者。

十、已領得保險代理人或保險經紀人執業證書，或充任保險代理人公司、保險經紀人公司或保險公證人公司之經理人者。但保險代理人公司或保險經紀人公司之業務員充任該公司經理人者或保險代理人公司或保險經紀人公司之經理人申請登錄為其所屬公司之業務員者，不在此限。

十一、最近三年有事實證明從事或涉及其他不誠信或不正

當之活動,顯示其不適合擔任業務員者。

前項第九款所稱經營同類保險業務,指所經營之業務同為財產保險或同為人身保險。

# 保險業設立許可及管理辦法相關條文

中華民國104年7月24日修正

第 27 條　　**合作社**組織之保險業解散時,其解散及清算,依本辦法及**合作社**法之規定辦理。

保險業監管及接管辦法相關條文中華民國103年11月26日修正

第 13 條　　本辦法就股份有限公司組織型態之保險業有關股東會、董事會、董事及監察人之規定,於保險**合作社**,係指社員(代表)大會、理事會、理事及監事。

# 保險經紀人管理規則相關條文

中華民國104年6月18日修正

第 6 條　　有下列情事之一者,不得充任經紀人公司之負責人:

一、無行為能力、限制行為能力或受輔助宣告尚未撤銷。

二、曾犯組織犯罪防制條例規定之罪,經有罪判決確定。

三、曾犯偽造貨幣、偽造有價證券、侵占、詐欺、背信罪,經宣告有期徒刑以上之刑確定,尚未執行完畢,或執行完畢、緩刑期滿或赦免後尚未逾十年。

四、違反保險法、銀行法、金融控股公司法、信託業法、票券金融管理法、金融資產證券化條例、不動產證券化條例、證券交易法、期貨交易法、證券投資信託及顧問法、管理外匯條例、**信用合作社**法、農業金融法、農會法、漁會法、洗錢防制法、電子票證發行管

理條例、電子支付機構管理條例或其他金融管理法，受刑之宣告確定，尚未執行完畢，或執行完畢、緩刑期滿或赦免後尚未逾五年。

五、受破產之宣告，尚未復權。

六、曾任法人宣告破產時之負責人，破產終結尚未逾五年，或調協未履行。

七、有重大喪失債信情事尚未了結或了結後尚未逾五年。

八、因違反保險法、銀行法、金融控股公司法、信託業法、票券金融管理法、金融資產證券化條例、不動產證券化條例、證券交易法、期貨交易法、證券投資信託及顧問法、管理外匯條例、**信用合作社**法、農業金融法、農會法、漁會法、公平交易法、電子票證發行管理條例、電子支付機構管理條例或其他金融管理法，經主管機關命令撤換或解任，尚未逾五年。

九、有事實證明從事或涉及其他不誠信或不正當之活動，顯示其不適任。

十、任職保險業及有關公會現職人員。但所任職之保險業與經紀人公司有投資關係，且無董事長、總經理互相兼任情事，並經主管機關核准者，該保險業人員得充任經紀人公司之負責人。

十一、已登錄為其他保險業、保險代理人公司、經紀人公司或銀行之保險業務員。

十二、執業證照經主管機關依保險法第一百六十七條之一或第一百六十七條之二規定註銷，尚未滿五年。

十三、涉及專門職業及技術人員之保險從業人員特種或普通考試重大舞弊行為，經有期徒刑裁判確定。

十四、曾犯偽造文書、妨害祕密、重利、損害債權罪或違反稅捐稽徵法、商標法、專利法或其他工商管理法

規定，經宣告有期徒刑確定，尚未執行完畢，或執行完畢、緩刑期滿或赦免後尚未逾五年。

十五、曾犯貪污罪，受刑之宣告確定，尚未執行完畢，或執行完畢、緩刑期滿或赦免後尚未逾五年。

十六、使用票據經拒絕往來尚未恢復往來者，或恢復往來後三年內仍有存款不足退票紀錄。

十七、受感訓處分之裁定確定或因犯竊盜、贓物罪，受強制工作處分之宣告，尚未執行完畢，或執行完畢尚未逾五年。

十八、曾充任保險代理人公司、經紀人公司或保險公證人公司之董事、監察人或總經理，而於任職期間，該公司受保險法第一百六十四條之一第一項第一款之處分，或受第一百六十七條之二或中華民國一百零四年二月四日保險法修正施行前第一百六十三條第五項廢止許可並註銷執業證照之處分，尚未逾三年。

十九、其他法律有限制規定。

前項所稱負責人，指經紀人公司之董事、監察人、總經理、與業務有關之副總經理、辦理再保險經紀業務之主管、分公司經理人或職責相當之人。

有第一項第一款至第九款及第十二款至第十九款所列情事之一者，不得為個人執業經紀人、受經紀人公司或銀行任用之經紀人。

本規則中華民國一百零三年六月二十四日修正施行前，已取得執業證照之個人執業經紀人或受經紀人公司任用之經紀人有第一項第三款、第四款、第六款至第九款及第十四款至第十八款規定情事者，得繼續執業或任職至執業證照期滿或繳銷之日。

　　本規則中華民國一百零三年六月二十四日修正施行前，已充任經紀人公司之負責人有第一項第三款、第四款、第六款至第九款及第十四款至第十八款規定情事者，得任職至任期屆滿或解任之日，無任期者，應於一百零四年六月二十四日前完成調整。

第 12 條　　經紀人公司應置總經理一人，負責綜理全公司業務，且不得有其他職責相當之人。

　　前項總經理不得兼任其他經紀人公司或保險代理人公司之董事長、總經理。

　　經紀人公司之總經理應具備下列資格之一者：

一、國內外專科以上學校畢業或具有同等學歷，並具保險公司、保險**合作社**、經紀人公司、保險代理人公司或保險公證人公司工作經驗五年以上，且具備同類保險業務員或保險代理人或經紀人資格。

二、國內外專科以上學校畢業或具同等學歷，並曾擔任經紀人之簽署工作五年以上。

三、具備同類保險業務員或保險代理人或經紀人資格，並有其他事實足資證明具備保險專業知識或保險工作經驗，可健全有效經營保險經紀業務。

　　前項總經理之委任或解任應依法向公司登記主管機關辦理經理人登記。

　　經紀人公司負責辦理再保險經紀業務之主管，應具有國內外專科以上學校畢業或具有同等學歷，並從事再保險業務之工作經驗三年以上。

　　本規則中華民國一百零三年六月二十四日修正施行前，已充任總經理有不符合第三項規定者，得繼續任職至任期屆滿或解任之日；無任期者，應於一百零四年六月二十四日前完成調整。經紀人公司置總經理之人數不符合第

一項規定或總經理兼任違反第二項規定者，應於一百零四年六月二十四日前完成調整。

第13條 　　經紀人公司之董事長、三分之一以上董事及監察人、與業務有關之副總經理、分公司經理人或其職責相當之人應具備下列資格之一者：

一、國內外專科以上學校畢業或具有同等學歷，並具保險公司、保險**合作社**、經紀人公司、保險代理人公司或保險公證人公司工作經驗三年以上。

二、國內外專科以上學校畢業或具同等學歷，並曾擔任經紀人之簽署工作二年以上。

三、有其他事實足資證明具備保險專業知識或保險工作經驗，可健全有效經營保險經紀業務。

　　與業務有關之副總經理、分公司經理人或其職責相當之人，除應具備前項資格外，並應具備同類保險業務員或保險代理人或經紀人資格。

　　本規則中華民國一百零三年六月二十四日修正施行前，已充任董事長、與業務有關之副總經理、分公司經理人或其職責相當之人有不符合前二項規定者，得繼續任職至任期屆滿或解任之日；無任期者，應於一百零六年六月二十四日前完成調整。經紀人公司未有三分之一以上之董事及監察人符合第一項規定者，應於一百零六年六月二十四日前完成調整。

# 財產保險業辦理資訊公開管理辦法相關條文

中華民國104年6月26日修正

第3條 　　說明文件記載內容包括下列事項：

一、首頁。

二、公司（**合作社**）概況。

三、財務概況。

四、業務概況。

五、公司治理。

六、保險商品。但主管機關另有規定者，不在此限。

七、攸關消費大眾權益之重大訊息。

八、其他記載事項。

第4條　　首頁應記載下列事項：

一、公司（**合作社**）名稱。

二、公開依據：記載主管機關訂定或修正本辦法之日期及
文號。

第5條　　公司（**合作社**）概況應記載下列事項：

一、公司（**合作社**）組織：包含組織結構、部門職掌及各
部門負責人姓名、總公司（總社）、分公司（分社）
及通訊處等其他分支機構設立時間、地址、電話、傳
真、免費申訴專線電話、公司（**合作社**）網站之網
址、電子郵件信箱。外國保險業並應記載其總公司所
在地、設立時間、資本額。

二、人力資源概況：員工、核保人員、理賠人員、精算人
員人數及教育程度。

三、各董事（理事）、監察人（監事）以及持有公司股份
（社股）占前十名股東（社員）之下列事項：

（一）姓名。如屬法人股東代表者，並應載明該法人股
東名稱。

（二）持有股數。

（三）持有股數占已發行股數之比例。

（四）股權設質情形。

（五）投票表決權比例。

四、簽證精算人員姓名及主管機關核准文號。

五、簽證會計師姓名及所屬事務所名稱。

六、往來之保險代理人名稱、地址及電話。

七、前一年度再保費支出占總保費收入百分之一以上之往來再保險人名稱、評等。

八、關係人及關係企業名稱及其關係，關係企業之相互持股比例、股份及實際投資情形。

九、委託信用評等機構評等者，該評等機構名稱、評等日期、評等結果；其未委託信用評等機構評等者，應將未委託評等之事實併予揭露。

十、代收保費機構及代收條件。

前項第八款所稱關係人及關係企業之範圍，依主管機關認可之國際財務報導準則、國際會計準則、解釋及解釋公告有關規定辦理。

第一項第三款、第八款及第九款之規定，不適用於外國保險業。

第一項各款事項，應依下列規定辦理：

一、第一款、第三款至第六款、第九款及第十款事項應於事實發生或內容異動之日起三十日內更新。

二、第二款及第八款事項應於每季終了後一個月內完成更新。

三、第七款事項應於年度終了後三個月內更新。

第 12 條　除主管機關另有規定外，說明文件應登載於公司（**合作社**）及主管機關指定之網站；並應以書面備置於總公司（總社）、分公司（分社）及通訊處等其他分支機構，或於上述各機構提供電腦設備供大眾公開查閱下載。

財產保險業得依合理公平原則，訂定說明文件之索取方式及收費標準。

# 票券商負責人及業務人員管理規則相關條文

中華民國104年6月29日修正

第4條　有下列情事之一者，不得充任票券金融公司之負責人，於充任後始發生者，應予解任：

一、無行為能力、限制行為能力或受輔助宣告尚未撤銷者。

二、曾犯組織犯罪防制條例規定之罪，經有罪判決確定者。

三、曾犯偽造貨幣、偽造有價證券、侵占、詐欺、背信罪，經宣告有期徒刑以上之刑確定，尚未執行完畢，或執行完畢、緩刑期滿或赦免後尚未逾十年者。

四、曾犯偽造文書、妨害祕密、重利、損害債權罪或違反稅捐稽徵法、商標法、專利法或其他工商管理法規定，經宣告有期徒刑確定，尚未執行完畢，或執行完畢、緩刑期滿或赦免後尚未逾五年者。

五、曾犯貪污罪，受刑之宣告確定，尚未執行完畢，或執行完畢、緩刑期，滿或赦免後尚未逾五年者。

六、違反本法、銀行法、金融控股公司法、信託業法、金融資產證券化條例、不動產證券化條例、保險法、證券交易法、期貨交易法、證券投資信託及顧問法、管理外匯條例、**信用合作社**法、農業金融法、農會法、漁會法、洗錢防制法或其他金融管理法，受刑之宣告確定，尚未執行完畢，或執行完畢、緩刑期滿或赦免後尚未逾五年者。

七、受破產之宣告，尚未復權者。

八、曾任法人宣告破產時之負責人，破產終結尚未逾五年，或經調協未履行者。

九、使用票據經拒絕往來尚未恢復往來者，或恢復往來後

三年內仍有存款，不足退票紀錄者。

十、有重大喪失債信情事尚未了結、或了結後尚未逾五年者。

十一、因違反本法、銀行法、金融控股公司法、信託業法、金融資產證券化條例、不動產證券化條例、保險法、證券交易法、期貨交易法、證券投資信託及顧問法、**信用合作社**法、農業金融法、農會法、漁會法或其他金融管理法，經主管機關命令撤換或解任，尚未逾五年者。

十二、受感訓處分之裁定確定或因犯竊盜、贓物罪，受強制工作處分之宣告，尚未執行完畢，或執行完畢尚未逾五年者。

十三、擔任他票券金融公司、銀行、金融控股公司、信託公司、**信用合作社**、農（漁）會信用部、證券公司、證券金融公司、證券投資信託公司、證券投資顧問公司、期貨商或保險業（不包括保險代理人、保險經紀人及保險公證人）之負責人者。但下列情形，不在此限：

（一）因票券金融公司與該等機構間之投資關係，且無董事長、經理人互相兼任情事，並經主管機關核准者。

（二）為進行合併或處理問題金融機構之需要，且具有投資關係，經主管機關核准者，得擔任該等金融相關事業之董事長。

（三）依金融控股公司發起人負責人應具備資格條件負責人兼職限制及應遵行事項準則規定兼任者。

十四、有事實證明從事或涉及其他不誠信或不正當之活動，顯示其不適合擔任票券金融公司負責人者。

　　票券金融公司之董事長不得兼任總經理。但有下列情形之一,經主管機關核准者,不在此限:

一、董事長或總經理因離職無法繼續執行職務。

二、董事長或總經理經主管機關撤換或解任。

三、董事長或總經理發生其他重大變故,無法繼續執行職務。

　　違反前項兼職限制規定者,應予解任。

　　票券金融公司依第二項但書向主管機關申請董事長兼任總經理時,主管機關得核定最長三個月之兼任期限;票券金融公司於期限屆滿一個月前,得視需要向主管機關申請展延一次。

　　政府或法人為股東時,其代表人或被指定代表行使職務之自然人,擔任董事、監察人者,準用前四項規定。

# 票據交換及銀行間劃撥結算業務管理辦法相關條文

中華民國103年1月24日修正

第14條　　凡經核准辦理支票存款業務之金融業者,均得向票據交換所申請參加票據交換,成為交換單位;交換單位之分支單位應一律參加當地票據交換。但**信用合作社**及農、漁會所收之票據,由本行指定合作金庫銀行股份有限公司或其他交換單位代理交換。

　　　　　未依前項規定申請參加交換之金融業者,得委託交換單位代理票據交換,受託金融業並應向票據交換所申請,經其同意後辦理之。

# 票據法相關條文

中華民國76年6月29日修正

第 4 條　　　　稱支票者，謂發票人簽發一定之金額，委託金融業者於見票時，無條件支付與受款人或執票人之票據。

前項所稱金融業者，係指經財政部核准辦理支票存款業務之銀行、**信用合作社**、農會及漁會。

# 期貨交易法相關條文

中華民國104年2月4日修正

第 28 條　　　有下列各款情事之一者，不得充任會員制期貨交易所之發起人、董事、監察人、經理人，其已充任者，解任之：

一、有公司法第三十條各款情事之一者。

二、曾任法人宣告破產時之董事、監察人、經理人或與其地位相等之人，其破產終結未滿三年或調協未履行者。

三、最近三年內在金融機構使用票據有拒絕往來紀錄者。

四、受第一百零一條第一項、證券交易法第五十六條或第六十六條第二款解除職務處分，未滿五年者。

五、違反本法、國外期貨交易法、公司法、證券交易法、銀行法、管理外匯條例、保險法或**信用合作社**法規定，經受罰金以上刑之宣告及執行完畢、緩刑期滿或赦免後未滿五年者。

六、受第一百條第一項第二款撤換職務處分，未滿五年者。

七、經查明受他人利用充任會員制期貨交易所之發起人、董事、監察人或經理人者。

發起人、董事或監察人為法人者，前項規定，對於該

法人代表人或指定代表行使職務者，準用之。

# 期貨信託事業設置標準相關條文

中華民國103年5月29日修正

第5條　　有下列各款情事之一者，不得充任期貨信託事業之發起人、董事、監察人、經理人、部門主管或業務員；其已充任者，當然解任：

一、曾犯組織犯罪防制條例規定之罪，經有罪判決確定，尚未執行完畢，或執行完畢、緩刑期滿或赦免後尚未逾五年。

二、曾犯詐欺、背信或侵占罪，經宣告有期徒刑一年以上之刑確定，尚未執行完畢，或執行完畢、緩刑期滿或赦免後尚未逾二年。

三、曾犯公務或業務侵占罪，經宣告有期徒刑以上之刑確定，尚未執行完畢，或執行完畢、緩刑期滿或赦免後尚未逾二年。

四、違反證券交易法或證券投資信託及顧問法規定，經有罪判決確定，尚未執行完畢，或執行完畢、緩刑期滿或赦免後尚未逾三年。

五、違反銀行法第二十九條第一項規定經營收受存款、受託經理信託資金、公眾財產或辦理國內外匯兌業務，經宣告有期徒刑以上之刑確定，尚未執行完畢，或執行完畢、緩刑期滿或赦免後尚未逾三年。

六、違反信託業法第三十三條規定辦理信託業務，經宣告有期徒刑以上之刑確定，尚未執行完畢，或執行完畢、緩刑期滿或赦免後尚未逾三年。

七、違反本法、公司法、管理外匯條例、保險法、**信用合**

作社法或金融控股公司法規定，經有罪判決確定，尚未執行完畢，或執行完畢、緩刑期滿或赦免後尚未逾五年。

八、受破產之宣告，尚未復權，或曾任法人宣告破產時之董事、監察人、經理人或與其地位相等之人，其破產終結尚未逾三年或調協未履行。

九、使用票據經拒絕往來，尚未恢復往來。

十、無行為能力、限制行為能力或受輔助宣告尚未撤銷。

十一、受證券交易法第五十六條或第六十六條第二款解除職務處分，或受證券投資信託及顧問法第一百零三條第二款或第一百零四條解除職務處分，尚未逾三年。

十二、曾擔任證券商、證券投資信託事業或證券投資顧問事業之董事、監察人，而於任職期間，該事業受證券交易法第六十六條第三款或第四款停業或撤銷營業許可處分，或受證券投資信託及顧問法第一百零三條第四款或第五款停業或廢止營業許可處分，尚未逾一年。

十三、受本法第一百條第一項第二款或第一百零一條第一項撤換或解除職務處分，尚未逾五年。

十四、曾擔任期貨商、期貨經理事業或期貨顧問事業之董事、監察人，而於任職期間，該事業受本法第一百條第一項第三款或第四款停業或撤銷營業許可處分，尚未逾一年。

十五、經查明接受他人利用其名義充任期貨信託事業之發起人、董事、監察人、經理人或業務員。

十六、有事實證明從事或涉及其他不誠信或不正當之活動，顯示其不適合從事期貨業業務。

前項所稱部門主管，指從事期貨信託事業管理規則第四條第一款至第五款所定業務及財務會計部門之主管。

發起人、董事或監察人為法人者，其代表人或指定代表行使職務時，準用第一項規定。

# 期貨商負責人及業務員管理規則相關條文

中華民國104年8月31日修正

第7-1條　期貨商之負責人不得充任銀行、金融控股公司、信託公司、**信用合作社**、農（漁）會信用部、票券金融公司、證券業、保險業或其他期貨業之負責人。但下列情形，不在此限：

一、因期貨商與該等機構間之投資關係，且無董事長、經理人互相兼任情事，並經本會核准者。

二、因特殊需要經本會核准者，得擔任該等機構之董事長。

三、期貨商為金融控股公司之子公司者，其負責人得兼任該控股公司或其他子公司之負責人。但子公司間不得有經理人互相兼任之情事。

四、期貨商為金融控股公司之法人董事、監察人者，其負責人因擔任該控股公司之負責人，得兼任該控股公司子公司之董事、監察人。

期貨商因與公開發行之非金融機構間有投資關係者，期貨商之負責人不得擔任該被投資公司之董事長、經理人。

期貨商負責人之兼任行為，期貨商應建立內部審核控管機制，以確保本職及兼任職務之有效執行，並維持期貨商業務之正常運作，不得涉有利益衝突、違反期貨相關規定或內部控制制度之情事，並應確保股東權益。

# 期貨商設置標準相關條文

中華民國104年1月6日修正

第4條　　有下列各款情事之一者，不得充任期貨商之發起人、董事、監察人、經理人或業務員，其已充任者，解任之：

一、有公司法第三十條各款情事之一者。

二、曾任法人宣告破產時之董事、監察人、經理人或與其地位相等之人，其破產終結未滿三年或調協未履行者。

三、最近三年內在金融機構使用票據有拒絕往來紀錄者。

四、受本法第一百零一條第一項、證券交易法第五十六條或第六十六條第二款解除職務處分，未滿五年者。

五、違反本法、國外期貨交易法、公司法、證券交易法、銀行法、中央銀行法、管理外匯條例、保險法、**信用合作社**法、信託業法或金融控股公司法規定，經受罰金以上刑之宣告及執行完畢、緩刑期滿或赦免後未滿五年者。

六、受本法第一百條第一項第二款撤換職務處分，未滿五年者。

七、經查明受他人利用充任期貨商發起人、董事、監察人、經理人或業務員者。

八、有事實證明曾經從事或涉及其他不誠信或不正當活動，顯示其不適合從事期貨業者。

　　發起人、董事或監察人為法人者，前項規定，對於該法人代表人或指定代表行使職務者，準用之。

　　第一項規定，於第二條但書規定之事業或外國期貨商負責人準用之。

# 期貨經理事業設置標準相關條文

中華民國103年5月29日修正

第5條　　　有下列各款情事之一者，不得充任期貨經理事業之發起人、董事、監察人、經理人或業務員；其已充任者，當然解任：

一、有公司法第三十條各款情事之一。

二、曾任法人宣告破產時之董事、監察人、經理人或與其地位相等之人，其破產終結未滿三年或調協未履行。

三、最近三年內在金融機構使用票據有拒絕往來紀錄。

四、受本法第一百條第一項第二款或第一百零一條第一項、證券交易法第五十六條或第六十六條第二款、或證券投資信託及顧問法第一百零三條第二款或第一百零四條所定撤換職務或解除職務處分，未滿五年。

五、違反本法、國外期貨交易法、公司法、證券交易法、證券投資信託及顧問法、銀行法、中央銀行法、管理外匯條例、保險法、**信用合作社**法、信託業法或金融控股公司法規定，經受罰金以上刑之宣告及執行完畢、緩刑期滿或赦免後未滿五年。

六、經查明受他人利用充任期貨經理事業發起人、董事、監察人、經理人或業務員。

七、有事實證明從事或涉及其他不誠信或不正當活動，顯示其不適合從事期貨業。

　　　發起人、董事或監察人為法人者，其代表人或指定代表行使職務時，準用前項規定。

# 期貨顧問事業管理規則相關條文

中華民國103年5月29日修正

第 19 條　　有下列各款情事之一者，不得充任期貨顧問事業之負責人或業務員，其已充任者，當然解任：

一、有公司法第三十條各款情事之一者。

二、曾任法人宣告破產時之董事、監察人、經理人或與其地位相等之人，其破產終結未滿三年或調協未履行者。

三、最近三年內在金融機構使用票據有拒絕往來紀錄者。

四、受本法第一百零一條第一項、證券交易法第五十六條、第六十六條第二款、證券投資信託及顧問法第一百零四條、或信託業法第四十四條第一款解除職務處分，未滿五年者。

五、違反本法、國外期貨交易法、公司法、證券交易法、證券投資信託及顧問法、銀行法、中央銀行法、管理外匯條例、保險法、**信用合作社**法、信託業法或金融控股公司法規定，經受刑之宣告且執行完畢、緩刑期滿或赦免後未滿五年者。

六、受本法第一百條第一項第二款、證券投資信託及顧問法第一百零三條第一項第二款、或信託業法第四十四條第一款撤換或解除職務處分，未滿五年者。

七、經查明受他人利用充任期貨顧問事業負責人或業務員者。

八、有事實證明從事或涉及其他不誠信或不正當活動，顯示其不適合從事期貨業者。

負責人為法人者，前項規定對於該法人代表人或指定代表行使職務者，準用之。

期貨顧問事業之負責人不得兼為其他期貨顧問事業或
期貨經理事業之負責人。

# 發行人證券商證券交易所會計主管資格條件及專業
# 進修辦法相關條文

中華民國101年7月25日修正

第4條　　　有下列情事之一者，不得充任會計主管：

一、曾犯組織犯罪防制條例規定之罪，經有罪判決確定，
　　服刑期滿尚未逾五年。

二、違反本法、銀行法、金融控股公司法、信託業法、票
　　券金融管理法、金融資產證券化條例、不動產證券化
　　條例、保險法、期貨交易法、證券投資信託及顧問
　　法、管理外匯條例、**信用合作社**法、農業金融法、農
　　會法、漁會法、洗錢防制法、會計師法、商業會計法
　　或其他金融管理相關法律，受一年有期徒刑以上刑之
　　宣告確定。但執行完畢、緩刑期滿或赦免後逾三年
　　者，不在此限。

三、曾犯詐欺、背信、侵占、偽造文書印文罪，受一年有
　　期徒刑以上刑之宣告確定。但執行完畢、緩刑期滿或
　　赦免後逾三年者，不在此限。

四、使用票據經拒絕往來尚未期滿，或經主管機關指定之
　　徵信資料處理機構有逾期、催收或呆帳之紀錄。

五、受破產之宣告尚未復權。

六、曾受主管機關停止執行業務、除名或解職處分，其停
　　止執行業務期間尚未屆滿，或除名、解職後未滿三年。

七、無行為能力、限制行為能力或受輔助宣告尚未撤銷。

八、其他足資認定有不誠信或不正當行為，顯示其不適合

擔任會計主管。

# 短期票券集中保管結算機構許可及管理辦法相關條文

中華民國104年7月21日修正

第42條　　短期票券集中保管結算機構之發起人及負責人，不得有下列情事之一：

一、無行為能力或限制行為能力。

二、曾犯組織犯罪防制條例規定之罪，經判決有罪確定。

三、曾犯偽造貨幣、偽造有價證券、侵占、詐欺、背信罪，經宣告有期徒刑以上之刑確定，尚未執行完畢，或執行完畢、緩刑期滿且未經撤銷或赦免後尚未逾十年。

四、曾犯偽造文書、妨害祕密、重利、損害債權罪或違反稅捐稽徵法、商標法、專利法或其他工商管理法規定，經宣告有期徒刑確定，尚未執行完畢，或執行完畢、緩刑期滿且未經撤銷或赦免後尚未逾五年。

五、曾犯貪污罪，受刑之宣告確定，尚未執行完畢，或執行完畢、緩刑期滿且未經撤銷或赦免後尚未逾五年。

六、違反本法、銀行法、保險法、證券交易法、期貨交易法、管理外匯條例、**信用合作社**法、信託業法、洗錢防制法或其他金融法規，受刑之宣告確定，尚未執行完畢，或執行完畢、緩刑期滿且未經撤銷或赦免後尚未逾五年。

七、受破產之宣告，尚未復權。

八、曾任法人宣告破產時之負責人，破產終結尚未逾五年，或經調協未履行。

九、使用票據經拒絕往來尚未恢復往來，或恢復往來後三年內仍有存款不足退票紀錄。

十、有重大喪失債信情事尚未了結、或了結後尚未逾五年。

十一、因違反本法、銀行法、保險法、證券交易法、期貨交易法、**信用合作社**法、信託業法、洗錢防制法或其他金融法規，經主管機關命令撤換或解任，尚未逾五年。

十二、受感訓處分之裁定確定或因犯竊盜、贓物罪，受強制工作處分之宣告，尚未執行完畢，或執行完畢尚未逾五年。

十三、擔任參加人之負責人或職員。但經主管機關核准，或參加人因投資關係，指派其負責人或職員擔任短期票券集中保管結算機構之董事或監察人者，不在此限。

十四、有事實證明從事或涉及其他不誠信或不正當之活動。

董事或監察人為法人者，其代表人或被指定代表行使職務之自然人，準用前項規定。

短期票券集中保管結算機構負責人於充任後始發生第一項各款情事之一者，當然解任，當事人並應立即通知短期票券集中保管結算機構。

短期票券集中保管結算機構知其負責人有當然解任事由後，應立即主動處理，並向主管機關申報及通知經濟部廢止或撤銷其相關登記事項。

# 郵政儲金匯兌業務監督管理辦法相關條文

中華民國91年12月31日發布

第6條　　　有下列情事之一者，不得充任中華郵政公司辦理儲金

匯兌業務之負責人，已充任者應予解任：

一、無行為能力或限制行為能力者。

二、曾犯組織犯罪防制條例規定之罪，經有罪判決確定者。

三、曾犯偽造貨幣、偽造有價證券、侵占、詐欺、背信罪，經宣告有期徒刑以上之刑確定，尚未執行完畢，或執行完畢、緩刑期滿或赦免後尚未逾十年者。

四、曾犯偽造文書、妨害祕密、重利、損害債權罪或違反稅捐稽徵法、商標法、專利法或其他工商管理法規定，經宣告有期徒刑確定，尚未執行完畢，或執行完畢、緩刑期滿或赦免後尚未逾五年者。

五、曾犯貪污罪，受刑之宣告確定，尚未執行完畢，或執行完畢、緩刑期滿或赦免後尚未逾五年者。

六、違反銀行法、保險法、證券交易法、期貨交易法、管理外匯條例、**信用合作社**法、信託業法、票券金融管理法、洗錢防制法、郵政法、簡易人壽保險法或其他金融管理法，受刑之宣告確定，尚未執行完畢，或執行完畢、緩刑期滿或赦免後尚未逾五年者。

七、破產之宣告，尚未復權者。

八、曾任法人宣告破產時之負責人，破產終結尚未逾五年，或調協未履行者。

九、使用票據經拒絕往來尚未恢復往來者，或恢復往來後三年內仍有存款不足退票紀錄者。

十、有重大喪失債信情事尚未了結、或了結後尚未逾五年者。

十一、因違反銀行法、保險法、證券交易法、期貨交易法、**信用合作社**法、信託業法、票券金融管理法、郵政儲金匯兌法、簡易人壽保險法或其他金融管理法，經主管機關命令撤換或解任，尚未逾五年者。

十二、受感訓處分之裁定確定或因犯竊盜、贓物罪，受強
制工作處分之宣告，尚未執行完畢，或執行完畢尚
未逾五年者。

十三、擔任其他銀行、**信用合作社**、農（漁）會信用部、
票券金融公司、證券商、證券金融公司、證券投資
顧問公司、期貨商或保險業（不包括保險輔助人）
之負責人者。但因投資關係，經交通部洽商財政部
後核准者，除董事長、經理人不得互相兼任外，得
擔任所投資銀行之董事、監察人（監事）或銀行以
外其他機構之負責人。

十四、有事實證明從事或涉及其他不誠信或不正當之活
動，顯示其不適合擔任者。

# 郵政簡易人壽保險監督管理辦法相關條文

中華民國100年12月6日修正

第26條　　　有下列情事之一者，不得充任中華郵政公司簡易壽險
業務之負責人，已充任者應予解任：

一、無行為能力或限制行為能力者。

二、曾犯組織犯罪防制條例規定之罪，經有罪判決確定者。

三、曾犯偽造貨幣、偽造有價證券、侵占、詐欺、背信
罪，經宣告有期徒刑以上之刑確定，尚未執行完畢，
或執行完畢、緩刑期滿或赦免後尚未逾十年者。

四、曾犯偽造文書、妨害祕密、重利、損害債權罪或違反
稅捐稽徵法、商標法、專利法或其他工商管理法規
定，經宣告有期徒刑確定，尚未執行完畢，或執行完
畢、緩刑期滿或赦免後尚未逾五年者。

五、曾犯貪污罪，受刑之宣告確定，尚未執行完畢，或執

行完畢、緩刑期滿或赦免後尚未逾五年者。

六、違反本法、保險法、銀行法、金融控股公司法、信託業法、票券金融管理法、金融資產證券化條例、不動產證券化條例、證券交易法、期貨交易法、證券投資信託及顧問法、管理外匯條例、**信用合作社**法、洗錢防制法、郵政法或其他金融管理法，受刑之宣告確定，尚未執行完畢，或執行完畢、緩刑期滿或赦免後尚未逾五年者。

七、受破產之宣告，尚未復權者。

八、曾任法人宣告破產時之負責人，破產終結尚未逾五年，或調協未履行者。

九、使用票據經拒絕往來尚未恢復往來者，或恢復往來後三年內仍有存款不足退票紀錄者。

十、有重大喪失債信情事尚未了結、或了結後尚未逾五年者。

十一、因違反本法、保險法、銀行法、金融控股公司法、信託業法、票券金融管理法、金融資產證券化條例、不動產證券化條例、證券交易法、期貨交易法、證券投資信託及顧問法、管理外匯條例、**信用合作社**法、郵政儲金匯兌法或其他金融管理法，經金管會命令撤換或解任，尚未逾五年者。

十二、受感訓處分之裁定確定或因犯竊盜、贓物罪，受強制工作處分之宣告，尚未執行完畢，或執行完畢尚未逾五年者。

十三、擔任其他保險業、金融控股公司、銀行、信託公司、**信用合作社**、農（漁）會信用部、票券金融公司、證券公司、證券金融公司、證券投資信託公司、證券投資顧問公司或期貨商之負責人者。但因投資關

係，經交通部洽商金管會後核准者，除董事長、經理人不得互相兼任外，得擔任所投資銀行之董事、監察人（監事）或銀行以外其他機構之負責人。

十四、有事實證明從事或涉及其他不誠信或不正當之活動，顯示其不適合擔任者。

第48條　申請登記之業務員有下列情事之一者，中華郵政公司應不予登記；已登記者，應予撤銷：

一、無行為能力或限制行為能力。

二、申請登記之文件有虛偽之記載。

三、曾犯組織犯罪防制條例規定之罪，經有罪判決確定，尚未執行完畢，或執行完畢、緩刑期滿或赦免後尚未逾五年。

四、曾犯偽造文書、侵占、詐欺、背信罪，經宣告有期徒刑以上之刑確定，尚未執行完畢，或執行完畢、緩刑期滿或赦免後尚未逾三年。

五、違反本法、保險法、銀行法、金融控股公司法、信託業法、票券金融管理法、金融資產證券化條例、不動產證券化條例、證券交易法、期貨交易法、證券投資信託及顧問法、管理外匯條例、**信用合作社**法、洗錢防制法或其他金融管理法律，經宣告有期徒刑以上之刑確定，尚未執行完畢，或經執行完畢、緩刑期滿或赦免後尚未逾三年。

六、受破產之宣告，尚未復權。

七、有重大喪失債信情事尚未了結或了結後尚未逾三年。

八、依第五十五條規定在受停止招攬行為期限內或受撤銷業務員登記處分尚未逾二年。

九、已登錄為其他經營同類保險業務之保險業、保險代理人公司或保險經紀人公司之業務員未予註銷，而重複

登記。

十、已領得保險代理人或保險經紀人執業證書。

十一、有事實證明最近三年從事或涉及其他不誠信或不正當之活動，顯示其不適合擔任業務員。

前項第九款所稱經營同類保險業務，指所經營之業務同為人身保險或簡易人壽保險。

## 會計師查核簽證金融業財務報表規則相關條文

中華民國101年12月17日修正

第 3 條　　本規則所稱金融業，係指金融控股公司、本國銀行、外國銀行在臺分行、票券金融公司、**信用合作社**及其他經本會指定之金融機構。

第 7 條　　會計師對外國銀行在臺分行之財務報表進行查核，應自該在臺分行開始採用國際財務報導準則之年度起適用本規則。

會計師對**信用合作社**之財務報表進行查核，應自中華民國一百零四會計年度開始日起，適用本規則。

尚未採用國際財務報導準則之金融機構，會計師對其財務報表進行查核，應依本規則八十五年十一月五日修正發布之規定辦理。

## 電子支付機構業務管理規則相關條文

中華民國104年4月27日發布

第 30 條　　專營之電子支付機構有下列情事之一者，應於知悉後一日內檢具事由及資料向主管機關申報並副知中央銀行：

一、自行或經利害關係人向法院聲請重整或宣告破產。

二、於我國境外經營相當於本條例第三條第一項各款業
　　務，或與境外機構合作經營該等業務，經當地政府為
　　下列行為之一者：
　（一）撤銷、中止或終止電子支付機構或該境外機構之
　　　　經營業務許可。
　（二）禁止、暫停電子支付機構或該境外機構繼續經營
　　　　業務。
三、依本條例第二十一條第三項規定運用儲值款項，所持
　　有之有價證券或其他金融商品遭註銷或價值嚴重減損。
四、發生百分之十以上之股權讓與、股權結構變動。
五、發生存款不足之退票、拒絕往來或其他喪失債信情事。
六、因訴訟、非訟、行政處分或行政爭訟事件，對公司財
　　務或業務有重大影響。
七、有公司法第一百八十五條第一項第一款規定之情事。
八、發生舞弊案或內部控制發生重大缺失情事。
九、發生資通安全事件，且其結果造成使用者權益受損或
　　影響公司健全營運。
十、董事、監察人或經理人有下列情形之一者：
　（一）觸犯偽造文書、偽造貨幣、偽造有價證券、侵
　　　　占、詐欺、背信罪而受有期徒刑以上宣告。
　（二）觸犯銀行法、金融控股公司法、信託業法、票券
　　　　金融管理法、金融資產證券化條例、不動產證券
　　　　化條例、保險法、證券交易法、期貨交易法、證
　　　　券投資信託及顧問法、管理外匯條例、**信用合作
　　　　社**法、農業金融法、農會法、漁會法、洗錢防制
　　　　法等金融管理法規，而受刑之宣告者。
十一、其他足以影響營運、股東權益或使用者權益之重大
　　　情事。

# 電子票證發行機構負責人兼職限制及應遵行事項準則相關條文

中華民國105年2月18日修正

第4條　　　有下列情事之一者，不得充任發行機構之負責人：

一、無行為能力或限制行為能力者。

二、曾犯組織犯罪防制條例規定之罪，經有罪判決確定者。

三、曾犯偽造貨幣、偽造有價證券、侵占、詐欺、背信罪，經宣告有期徒刑以上之刑確定，尚未執行完畢，或執行完畢、緩刑期滿或赦免後尚未逾十年者。

四、曾犯偽造文書、妨害祕密、重利、損害債權罪或違反稅捐稽徵法、商標法、專利法或其他工商管理法規，經宣告有期徒刑確定，尚未執行完畢，或執行完畢、緩刑期滿或赦免後尚未逾五年者。

五、曾犯貪污罪，受刑之宣告確定，尚未執行完畢，或執行完畢、緩刑期滿或赦免後尚未逾五年者。

六、違反本條例、銀行法、金融控股公司法、信託業法、票券金融管理法、金融資產證券化條例、不動產證券化條例、保險法、證券交易法、期貨交易法、證券投資信託及顧問法、管理外匯條例、**信用合作社**法、農會法、漁會法、農業金融法、洗錢防制法或其他金融管理法，受刑之宣告確定，尚未執行完畢，或執行完畢、緩刑期滿或赦免後尚未逾五年者。

七、受破產之宣告，尚未復權者。

八、曾任法人宣告破產時之負責人，破產終結尚未逾五年，或調協未履行者。

九、使用票據經拒絕往來尚未恢復往來者，或恢復往來後

三年內仍有存款不足退票紀錄者。

十、有重大喪失債信情事尚未了結，或了結後尚未逾五年者。

十一、因違反本條例、銀行法、金融控股公司法、信託業法、票券金融管理法、金融資產證券化條例、不動產證券化條例、保險法、證券交易法、期貨交易法、證券投資信託及顧問法、**信用合作社**法、農會法、漁會法、農業金融法或其他金融管理法，經主管機關命令撤換或解任，尚未逾五年者。

十二、受感訓處分之裁定確定或因犯竊盜、贓物罪，受強制工作處分之宣告，尚未執行完畢，或執行完畢尚未逾五年者。

十三、有事實證明從事或涉及其他不誠信或不正當之活動，顯示其不適合擔任發行機構之負責人者。

政府或法人為股東時，其代表人或被指定代表行使職務之自然人，擔任董事、監察人者，準用前項之規定。

發行機構負責人於充任後始發生第一項各款情事之一者，當然解任。

## 臺灣地區與大陸地區金融業務往來及投資許可管理辦法相關條文

中華民國100年9月7日修正

第4條　　臺灣地區金融機構與大陸地區人民、法人、團體、其他機構或其在大陸地區以外國家或地區設立之分支機構從事業務往來，應依本辦法之規定辦理。

前項所定臺灣地區金融機構，包括銀行（含國際金融業務分行及在第三地區設立之分行、子銀行）、**信用合作**

社、票券金融公司、信用卡業務機構、中華郵政股份有限公司及辦理銀行間資金移轉帳務清算之金融資訊服務事業機構。

第 16 條　　臺灣地區銀行、**信用合作社**、票券金融公司、信用卡業務機構及中華郵政股份有限公司，得與大陸地區人民、法人、團體、其他機構及其在大陸地區以外國家或地區設立之分支機構為新臺幣之業務往來。

　　　　　前項業務往來對象已取得臺灣地區居留資格或登記證照者，比照與臺灣地區人民、法人、團體及其他機構往來；往來對象未取得臺灣地區居留資格或登記證照者，除新臺幣授信業務以銀行及**信用合作社**對未取得臺灣地區居留資格之大陸地區人民辦理不動產物權擔保放款業務為限，且授信對象須依大陸地區人民在臺灣地區取得設定或移轉不動產物權許可辦法之規定在臺灣地區取得、設定不動產物權者外，其他業務比照與未取得臺灣地區居留資格或登記證照之第三地區人民、法人、團體及其他機構往來。

　　　　　臺灣地區銀行及**信用合作社**辦理前項不動產物權擔保放款業務之授信對象、額度、期限、擔保品、資金用途、核貸成數及其他應注意事項，由主管機關另定之。

# 與境外機構合作或協助境外機構於我國境內從事電子支付機構業務相關行為管理辦法相關條文

中華民國104年4月27日發布

第 7 條　　電子支付機構申請與境外機構合作或協助其於我國境內從事電子支付機構業務相關行為，應符合下列條件：
一、取得主管機關核發之電子支付機構營業執照或兼營許可。

二、最近一年無違反金融相關法規或處理消費金融爭議不
　妥適而受主管機關處分或糾正，或受處分或糾正而其
　違法情事已具體改善並經主管機關認可。
　非兼營電子支付機構業務之銀行及金融資訊服務事業
申請與境外機構合作或協助其於我國境內從事電子支付機
構業務相關行為，應符合下列條件：
一、申請前一年度經會計師查核簽證無累積虧損。
二、最近一年無違反金融相關法規或處理消費金融爭議不
　妥適而受主管機關處分或糾正，或受處分或糾正而其
　違法情事已具體改善並經主管機關認可。
　資料處理服務業者申請與境外機構合作或協助其於
我國境內從事電子支付機構業務相關行為，應符合下列
條件：
一、從事網路實質交易價金代收轉付服務或第三方支付服
　務業，並營業一年以上。
二、申請前一年度經會計師查核簽證無累積虧損。
三、最近一年無違反經濟部相關法規而受經濟部處分，或
　無違反金融相關法規而受主管機關處分，或受處分而
　其違法情事已具體改善並經經濟部或主管機關認可。
　第一項第二款、第二項第二款及前項第三款所稱金融
相關法規，指本條例、電子票證發行管理條例、銀行法、
金融控股公司法、信託業法、票券金融管理法、金融資產
證券化條例、不動產證券化條例、保險法、證券交易法、
期貨交易法、證券投資信託及顧問法、管理外匯條例、
**信用合作社**法、農業金融法、農會法、漁會法及洗錢防
制法。
　第三項第三款所稱經濟部相關法規，指公司法及商業
會計法。

# 銀行法相關條文

中華民國104年6月24日修正

第62-4條　　銀行或金融機構依前條第一項第三款受讓營業及資產負債時，適用下列規定：

一、股份有限公司經代表已發行股份總數過半數股東出席之股東會，以出席股東表決權過半數之同意行之；不同意之股東不得請求收買股份，免依公司法第一百八十五條至第一百八十八條規定辦理。

二、債權讓與之通知以公告方式辦理之，免依民法第二百九十七條規定辦理。

三、承擔債務時，免依民法第三百零一條經債權人之承認規定辦理。

四、經主管機關認為有緊急處理之必要，且對金融市場競爭無重大不利影響時，免依公平交易法第十一條第一項規定向行政院公平交易委員會申報。

　　銀行依前條第一項第三款規定讓與營業及資產負債時，免依大量解僱勞工保護法第五條第二項規定辦理。

　　銀行或其他金融機構依前條第一項第四款規定與受接管銀行合併時，除適用第一項第四款規定外，並適用下列規定：

一、股份有限公司經代表已發行股份總數過半數股東出席之股東會，以出席股東表決權過半數之同意行之；不同意之股東不得請求收買股份；**信用合作社**經社員（代表）大會以全體社員（代表）二分之一以上之出席，出席社員（代表）二分之一以上之同意行之；不同意之社員不得請求返還股金，免依公司法第三百十

　　六條第一項至第三項、第三百十七條及**信用合作社**法
　　第二十九條第一項規定辦理。

二、解散或合併之通知以公告方式辦理之，免依公司法第
　　三百十六條第四項規定辦理。

　　銀行、金融機構或中央存款保險公司依前條第一項第
一款受託經營業務時，適用第一項第四款規定。

# 銀行相關業務公益信託許可及監督辦法相關條文

中華民國93年6月30日發布

第3條　　　本辦法所稱公益信託，係指其設立及受託人經主管機
　　　　　關許可，並以從事有關銀行相關業務之學術或法制研究之
　　　　　贊助、國際合作與國際交流之促進或其他公共利益為目的
　　　　　之信託。

　　　　　前項所稱銀行相關業務係指金融控股公司法第三十六
　　　　　條、銀行法第三條、**信用合作社**法第十五條、票券金融管
　　　　　理法第二十一條、信用卡業務機構管理辦法第二條、信託
　　　　　業法第十六條及第十七條、郵政儲金匯兌法第三條及第四
　　　　　條規定之業務或其他銀行相關業務。

# 銀行負責人應具備資格條件兼職限制及應遵行事項
# 準則相關條文

中華民國104年9月16日修正

第3條　　　有下列情事之一者，不得充任銀行之負責人：

一、無行為能力、限制行為能力或受輔助宣告尚未撤銷者。

二、曾犯組織犯罪防制條例規定之罪，經有罪判決確定者。

三、曾犯偽造貨幣、偽造有價證券、侵占、詐欺、背信

罪，經宣告有期徒刑以上之刑確定，尚未執行完畢，或執行完畢、緩刑期滿或赦免後尚未逾十年者。

四、曾犯偽造文書、妨害祕密、重利、損害債權罪或違反稅捐稽徵法、商標法、專利法或其他工商管理法規定，經宣告有期徒刑確定，尚未執行完畢，或執行完畢、緩刑期滿或赦免後尚未逾五年者。

五、曾犯貪污罪，受刑之宣告確定，尚未執行完畢，或執行完畢、緩刑期滿或赦免後尚未逾五年者。

六、違反銀行法、金融控股公司法、信託業法、票券金融管理法、金融資產證券化條例、不動產證券化條例、保險法、證券交易法、期貨交易法、證券投資信託及顧問法、管理外匯條例、**信用合作社**法、農業金融法、農會法、漁會法、洗錢防制法或其他金融管理法，受刑之宣告確定，尚未執行完畢，或執行完畢、緩刑期滿或赦免後尚未逾五年者。

七、受破產之宣告，尚未復權者。

八、曾任法人宣告破產時之負責人，破產終結尚未逾五年，或調協未履行者。

九、使用票據經拒絕往來尚未恢復往來者，或恢復往來後三年內仍有存款不足退票紀錄者。

十、有重大喪失債信情事尚未了結、或了結後尚未逾五年者。

十一、因違反銀行法、金融控股公司法、信託業法、票券金融管理法、金融資產證券化條例、不動產證券化條例、保險法、證券交易法、期貨交易法、證券投資信託及顧問法、**信用合作社**法、農業金融法、農會法、漁會法或其他金融管理法，經主管機關命令撤換或解任，尚未逾五年者。

十二、受感訓處分之裁定確定或因犯竊盜、贓物罪，受強制工作處分之宣告，尚未執行完畢，或執行完畢尚未逾五年者。

十三、有事實證明從事或涉及其他不誠信或不正當之活動，顯示其不適合擔任銀行負責人者。

第3-1條　銀行之董事長不得兼任總經理。但有下列情形之一，經主管機關核准者，不在此限：

一、董事長或總經理因離職無法繼續執行職務。

二、董事長或總經理經主管機關撤換或解任。

三、董事長或總經理發生其他重大變故，無法繼續執行職務。

　　銀行依前項但書向主管機關申請董事長兼任總經理時，主管機關得核定最長三個月之兼任期限；銀行於期限屆滿一個月前，得視需要向主管機關申請展延一次。

　　銀行負責人不得兼任其他銀行、金融控股公司、信託公司、**信用合作社**、農（漁）會信用部、票券金融公司、證券公司、證券金融公司、證券投資信託公司、證券投資顧問公司、期貨商或保險業（不包括保險輔助人）之負責人。但下列情形，不在此限：

一、因銀行與該等機構間之投資關係，且無董事長、經理人互相兼任情事，得擔任其他銀行之董事、監察人或銀行以外其他機構之負責人。但擔任其他銀行之董事、監察人者，應經主管機關核准。

二、為進行合併或處理問題金融機構之需要，經主管機關核准者，得擔任該等機構之董事長。但兼任其他銀行董事長者，該二銀行間仍應具備投資關係。

三、銀行為金融控股公司之法人董事、監察人者，其負責人因擔任該控股公司之負責人，且銀行與該控股公司

　　　　子公司無董事長、經理人互相兼任情事，得兼任該
　　　　控股公司子公司之負責人。但兼任該控股公司銀行
　　　　子公司職務以董事、監察人為限，且應經主管機關
　　　　核准。

四、銀行為金融控股公司之股東，且與該控股公司子公司
　　　無董事長、經理人互相兼任情事，銀行負責人得兼
　　　任該控股公司子公司之董事、監察人。但兼任該控
　　　股公司銀行子公司之董事、監察人者，應經主管機
　　　關核准。

五、銀行為金融控股公司之子公司，且與該控股公司其他
　　　子公司無董事長、經理人互相兼任情事，銀行負責人
　　　得兼任該控股公司、該控股公司其他子公司，及該等
　　　公司轉投資之境外公司負責人。但兼任該控股公司其
　　　他銀行子公司職務以董事、監察人為限，且應經主管
　　　機關核准。

　　　銀行之董事長或總經理不得擔任非金融事業之董事
長、總經理或職責相當之人。但擔任財團法人或非營利之
社團法人職務者，不在此限。

　　　違反前四項兼職限制規定者，應予解任。

　　　政府或法人為股東時，其代表人或被指定代表行使職
務之自然人，擔任董（理）事、監察人（監事）者，準用
前條及前五項規定。

第 10 條　　　**信用合作社**經主管機關核准變更組織為銀行，或與銀
　　　　行為事業結合，其留用人員原任**信用合作社**之工作經驗，
　　　　視同第四條至第六條及第九條所稱之銀行工作經驗。

# 銀行間資金移轉帳務清算之金融資訊服務事業許可及管理辦法相關條文

中華民國102年1月21日修正

第5條　　　有下列情事之一者，不得充任跨行金融資訊網路事業負責人，包括發起人、董事、監察人、總經理、副總經理、協理、經理、副經理或與其職責相當之人：

一、無行為能力、限制行為能力或受輔助宣告尚未撤銷。

二、曾犯組織犯罪防制條例規定之罪，經有罪判決確定。

三、曾犯偽造貨幣、偽造有價證券、侵占、詐欺、背信罪，經宣告有期徒刑以上之刑確定，尚未執行完畢，或執行完畢、緩刑期滿或赦免後尚未逾十年。

四、曾犯偽造文書、妨害祕密、重利、損害債權罪或違反公司法、電信法、稅捐稽徵法、商標法、專利法或其他工商管理法規定，經宣告有期徒刑確定，尚未執行完畢，或執行完畢、緩刑期滿或赦免後尚未逾五年。

五、曾犯貪污罪，受刑之宣告確定，尚未執行完畢，或執行完畢、緩刑期滿或赦免後尚未逾五年。

六、違反銀行法、金融控股公司法、信託業法、票券金融管理法、金融資產證券化條例、不動產證券化條例、電子票證發行管理條例、保險法、證券交易法、期貨交易法、證券投資信託及顧問法、管理外匯條例、**信用合作社**法、農業金融法、農會法、漁會法、洗錢防制法或其他金融管理法，受刑之宣告確定，尚未執行完畢，或執行完畢、緩刑期滿或赦免後尚未逾五年。

七、受破產之宣告，尚未復權。

八、曾任法人宣告破產時之負責人，破產終結尚未逾五

年，或調協未履行。

九、使用票據經拒絕往來尚未恢復往來者，或恢復往來後
　　三年內仍有存款不足退票紀錄。

十、過去三年內在金融機構之授信，有六個月以上延滯本
　　金或利息之紀錄，且尚未清償。

十一、有重大喪失債信情事尚未了結、或了結後尚未逾
　　　五年。

十二、因違反銀行法、金融控股公司法、信託業法、票券
　　　金融管理法、金融資產證券化條例、不動產證券化
　　　條例、電子票證發行管理條例、保險法、證券交易
　　　法、期貨交易法、證券投資信託及顧問法、**信用合
　　　作社**法、農業金融法、農會法、漁會法或其他金融
　　　管理法，經主管機關命令撤換或解任，尚未逾五年。

十三、受感訓處分之裁定確定或因犯竊盜、贓物罪，受強
　　　制工作處分之宣告，尚未執行完畢，或執行完畢尚
　　　未逾五年。

十四、擔任銀行、**信用合作社**、農（漁）會信用部、票券
　　　金融公司、證券商、證券金融公司、證券投資信託
　　　公司、證券投資顧問公司、期貨商或保險業（不包
　　　括保險輔助人）之負責人。但經主管機關核准者，
　　　不在此限。

十五、有事實證明從事或涉及其他不誠信或不正當之活動
　　　或行為或不具備健全有效經營跨行金融資訊網路事
　　　業之能力，顯示其不適合擔任跨行金融資訊網路事
　　　業負責人。

　　政府或法人股東，擔任董事、監察人者，其代表人或
被指定代表行使職務之自然人，準用前項規定。

　　跨行金融資訊網路事業負責人有第一項之情事時，當

事人應立即通知該事業。該事業於知其負責人有第一項之事由後應即主動處理，並向主管機關申報。

# 銀行間徵信資料處理交換服務事業許可及管理辦法相關條文

中華民國103年10月24日修正

第5條　　有下列情事之一者，不得充任銀行間徵信資料處理交換服務事業負責人，包括董事、監察人、總經理、副總經理、協理、經理、副經理或與其職責相當之人：

一、無行為能力、限制行為能力或受輔助宣告尚未撤銷者。

二、曾犯組織犯罪防制條例規定之罪，經有罪判決確定者。

三、曾犯偽造貨幣、偽造有價證券、侵占、詐欺、背信罪，經宣告有期徒刑以上之刑確定，尚未執行完畢，或執行完畢、緩刑期滿或赦免後尚未逾十年者。

四、曾犯偽造文書、妨害祕密、重利、損害債權罪或違反稅捐稽徵法、商標法、專利法或其他工商管理法規定，經宣告有期徒刑確定，尚未執行完畢，或執行完畢、緩刑期滿或赦免後尚未逾五年者。

五、曾犯貪污罪，受刑之宣告確定，尚未執行完畢，或執行完畢、緩刑期滿或赦免後尚未逾五年者。

六、違反銀行法、金融控股公司法、信託業法、票券金融管理法、金融資產證券化條例、不動產證券化條例、電子票證發行管理條例、保險法、證券交易法、期貨交易法、證券投資信託及顧問法、管理外匯條例、**信用合作社**法、農業金融法、農會法、漁會法、洗錢防制法或其他金融管理法，受刑之宣告確定，尚未執行完畢，或執行完畢、緩刑期滿或赦免後尚未逾五年者。

七、受破產之宣告，尚未復權者。

八、曾任法人宣告破產時之負責人，破產終結尚未逾五年，或調協未履行者。

九、使用票據經拒絕往來尚未恢復往來者，或恢復往來後三年內仍有存款不足退票紀錄者。

十、有重大喪失債信情事尚未了結、或了結後尚未逾五年者。

十一、因違反銀行法、金融控股公司法、信託業法、票券金融管理法、金融資產證券化條例、不動產證券化條例、電子票證發行管理條例、保險法、證券交易法、期貨交易法、證券投資信託及顧問法、**信用合作社**法、農業金融法、農會法、漁會法或其他金融管理法，經主管機關命令撤換或解任，尚未逾五年者。

十二、受感訓處分之裁定確定或因犯竊盜、贓物罪，受強制工作處分之宣告，尚未執行完畢，或執行完畢尚未逾五年者。

十三、有事實證明從事或涉及其他不誠信或不正當之活動或行為或不具備健全有效經營銀行間徵信資料處理交換服務事業之能力，顯示其不適合擔任銀行間徵信資料處理交換服務事業負責人者。

　　政府或法人為股東時，其代表人或被指定代表行使職務之自然人，擔任董事、監察人者，準用前項規定。

　　銀行間徵信資料處理交換服務事業負責人有第一項之情事時，當事人應立即通知該服務事業。該服務事業於知其負責人有第一項之事由後應即主動處理，並向主管機關申報。

# 銀行業暨保險業辦理消費者信用交易廣告應揭示總費用範圍及年百分率計算方式標準相關條文

中華民國94年8月15日發布

第4條　　本標準所稱銀行業，指銀行機構、**信用合作社**、信託投資公司及信用卡公司。

本標準所稱保險業，指保險公司及郵政機構之簡易人壽保險業務。

# 銀行業辦理外匯業務管理辦法相關條文

中華民國104年5月22日修正

第3條　　本辦法所稱銀行業，係指中華民國境內之銀行、全國農業金庫股份有限公司（以下簡稱農業金庫）、**信用合作社**、農（漁）會信用部及中華郵政股份有限公司（以下簡稱中華郵政公司）。

本辦法所稱指定銀行，係指經中央銀行（以下簡稱本行）許可辦理外匯業務，並發給指定證書之銀行或農業金庫。

第7條　　銀行及農業金庫得申請許可辦理第四條第一項所列各款業務之全部或一部。

中華郵政公司得申請許可辦理一般匯出及匯入匯款或買賣外幣現鈔及旅行支票業務。

**信用合作社**及農（漁）會信用部，得申請許可辦理買賣外幣現鈔及旅行支票業務。

第23條　　非指定銀行之銀行業，辦理買賣外幣現鈔及旅行支票業務者，應依下列規定向本行申請許可：

一、本國銀行、農業金庫及其分行應由總行、外國銀行應由臺北分行備文，並檢附營業執照影本（或主管機關核准設立許可函影本）及經辦與覆核人員資歷。

二、**信用合作社**（總社或其分社）應尤其總社備文，並檢附**信用合作社**營業執照影本、經辦與覆核人員資歷、前一會計年度決算後之資產負債表與綜合損益表及最近一年內有無違反金融法規受處分情形之相關文件。

三、農（漁）會信用部及其分部，應由農（漁）會備文，並檢附許可證影本及經辦與覆核人員資歷，經行政院農業委員會審查核可後，函轉本行許可。

四、中華郵政公司及其所屬郵局，應由總公司備文，檢附金管會核准函影本（九十二年一月一日以後成立者）及經辦與覆核人員資歷。

　　前項業務之經辦及覆核人員，應有五個營業日以上之相關外匯業務經歷。

　　中華郵政公司及其所屬郵局辦理一般匯出及匯入匯款業務之許可程序，準用第一項第四款規定；其經辦及覆核人員之資格，準用第十一條之規定。

第 48 條　　銀行業報送本辦法規定各種報表時，應檢附相關單證及附件。

　　本行外匯局於必要時，得要求銀行業填送其他相關報表。

　　銀行業應報送本行外匯局相關報表時間：

一、指定銀行及中華郵政公司：

（一）日報表：次營業日中午十二時前。

（二）月報表：每月營業終了後十日內。

二、非指定銀行、**信用合作社**及農（漁）會信用部：買賣外幣現鈔及旅行支票業務交易日報表，於次營業日中

午十二時前。

前三項報表之格式、內容、填表說明、報表及檢附資料報送方式，依本行另訂之銀行業辦理外匯業務作業規範及其他有關規定辦理。

# 證券商負責人與業務人員管理規則相關條文

中華民國104年8月28日修正

第 11-1 條　　證券商之負責人不得充任銀行、金融控股公司、信託公司、**信用合作社**、農（漁）會信用部、票券金融公司、期貨業、保險業或其他證券業之負責人。但下列情形，不在此限：

一、因證券商與該等機構間之投資關係，且無董事長、經理人互相兼任情事，並經本會核准者。

二、因特殊需要經本會核准者，得擔任該等機構之董事長。

三、證券商為金融控股公司之子公司者，其負責人得兼任該控股公司或其他子公司之負責人。但子公司間不得有經理人互相兼任之情事。

四、證券商為金融控股公司之法人董事、監察人者，其負責人因擔任該控股公司之負責人，得兼任該控股公司子公司之董事、監察人。

證券商因與公開發行之非金融機構間有投資關係者，證券商之負責人不得擔任該被投資公司之董事長、經理人。

證券商負責人之兼任行為，證券商應建立內部審核控管機制，以確保本職及兼任職務之有效執行，並維持證券商業務之正常運作，不得涉有利益衝突、違反證券相關規定或內部控制制度之情事，並應確保股東權益。

# 三、農業

## 行政院農業委員會科學技術研究發展成果歸屬及運用辦法相關條文

中華民國102年2月6日修正

第13條　　執行單位運用研發成果時，得參考下列相關因素計價：

一、商品化後之市場潛力及競爭性。

二、替代之技術來源。

三、業界接受能力。

四、市場價值。

五、研究開發費用。

六、潛在接受研發成果對象。

七、國家整體經濟利益。

八、社會公益。

　　研發成果之授權對象為**農民團體**、個別農民或參與執行該科技計畫業者，研發成果之計價得酌予優惠。

## 行政院農業委員會辦事細則相關條文

中華民國99年1月28日修正

第5條　　企劃處分設六科，各科掌理下列事項：

一、經濟研究科：

（一）農業發展研究計畫之審核及督導。

（二）農業經濟與政策問題之研究。

（三）農業開發計畫之個案經濟評估。

（四）國內外農業經濟資料之蒐集與分析。

（五）國內外農業經濟情況之分析與短期預測。

（六）協調及補助學術單位從事農業經濟研究。

（七）彙編與發行農政刊物。

（八）其他有關農業經濟研究事項。

二、企劃科：

（一）農業發展政策之研擬、協調及督導。

（二）中長期農業發展計畫方案之研擬、策劃及督導。

（三）政府重要經建計畫農業部門計畫之研擬、策劃與協調。

（四）本會年度施政方針與施政計畫之研擬、策劃及督導。

（五）本會施政報告之彙編及協調。

（六）農業發展計畫、方案與重要業務之追蹤考核。

（七）中央主管農業發展計畫之先期作業、策劃、審核協調及督導。

（八）其他有關農業企劃事項。

三、資訊規劃科：

（一）本會整體資訊發展目標及策略之研擬。

（二）新興資訊技術應用於農業之規劃與推動。

（三）安全農業資訊體系之規劃、協調與管理。

（四）農業資料庫之規劃、建置與維運事項。

（五）本會所屬機關資訊業務之審議、查核及輔導建置等事項。

（六）跨部會（機關）農業相關資訊業務之規劃、建置與協調事項。

（七）農業知識管理應用體系之規劃與推動。

（八）農業電子商務、行動商務之規劃與推動。

（九）協助本會及所屬機關業務相關資訊系統之規劃。

（十）稽核本中心資訊服務科負責業務之資訊安全等相關事項。

（十一）其他有關農業資訊規劃及推動事項。

四、資訊服務科：

（一）本會及所屬機關資訊安全管理與稽核事項。

（二）本會及所屬機關農業資訊網站營運之規劃與監督。

（三）本會及所屬機關機房共構及共同業務資訊化規劃。

（四）本會及所屬機關農業無障礙網路環境之規劃與推動。

（五）本會資訊與網路設備之規劃、採購及維運管理。

（六）本中心概、預算之彙編與控管。

（七）農業機構或**農民團體**業務資訊化之規劃及推動。

（八）農業資訊人才培訓計畫之規劃與推動。

（九）本會及所屬機關行政管理資訊系統維運及使用支援。

（十）稽核本中心資訊規劃科負責業務之資訊安全等相關事項。

（十一）本會及所屬機關公務用套裝軟體購置、租用、規劃及管理。

（十二）使用者資訊環境建置、問題排除與諮詢服務。

（十三）其他有關農業資訊服務事項。

五、農地利用科：

（一）農業發展條例及相關法令之擬訂。

（二）農業發展條例相關法令執行之協調、配合、督導及宣傳。

（三）農地利用法規、計畫之研擬、協調及督導。

（四）農地資源調查之統籌規劃、協調及督導。

（五）農地資源維護、管制或變更使用之策劃及督導。

（六）農業用地容許使用法規之研擬、協調及督導。

（七）農地資訊體系之規劃、建立及推動。

（八）農地利用之綜合規劃、協調及督導。

（九）農地租賃之策劃、督導及推動。

（十）農地賦稅之聯繫及協調。

（十一）國土規劃、區域計畫相關事務之聯繫、協調及配合

（十二）其他有關農地利用事項。

六、計畫考核科

（一）年度農業施政計畫及預算配置之管制考核。

（二）農業發展計畫與重要業務項目之績效評估及考核。

（三）農業管理計畫之績效評估及考核。

（四）農業部門中長程公共建設、擴大公共建設計畫績效評估及考核。

（五）受進口損害救助基金與農業發展基金重要發展計畫之績效評估及考核。

（六）本會重要經建計畫農業部門之管制考核。

（七）其他有關農業重要計畫管考事項。

# 行政院農業委員會漁業署組織條例相關條文

中華民國87年7月13日發布

第2條　　　行政院農業委員會漁業署（以下簡稱本署）掌理下列事項：

一、漁業政策、法規、方案、計畫之擬訂及督導。

二、漁業科學、漁業公害防治之研究及規劃。

三、漁船與船員之管理及督導。

四、漁業巡護之執行、協調及督導。

五、漁民團體與**漁業團體**之輔導及督導。

六、漁業從業人員、漁民團體與**漁業團體**推廣人員之訓練、策劃及督導。

七、漁產運銷與加工、漁民福利、漁業金融之督導及配合。

八、國外漁業基地業務之督導。

九、國際漁業合作策劃、推動及漁業涉外事務之協調。

十、漁業資源保育、栽培、管理、調查研究、評估及養殖漁業之策劃、推動、督導與協調。

十一、漁港與其附屬公共設施之規劃及督導。

十二、漁獲統計及資訊之綜理分析。

十三、其他有關漁業及漁民之輔導。

# 行政院農業委員會漁業署辦事細則相關條文

中華民國100年8月4日修正

第8條　　　養殖漁業組分設四科，各科管理下列事項：

一、養殖漁業科

（一）養殖漁業發展政策規劃及擬訂。

（二）養殖漁業水土資源利用規劃及管理。

（三）養殖漁業環境改善計畫規劃、擬訂及審議。

（四）養殖漁業生產區規劃、推動及營運管理之督導。

（五）養殖技術之推廣及督導。

（六）養殖漁業產銷計畫之擬訂、推動及督導。

（七）陸上養殖漁業登記管理之規劃、推動及督導。

（八）海域區劃漁業權管理之規劃、推動及督導。

（九）養殖漁業天然災害預警、災情彙整及災後復養。

（十）養殖水產品生產安全、衛生管理及輔導。

（十一）配合辦理養殖水產動物防疫、檢疫事項。

（十二）基因轉殖水產動植物田間試驗規劃、管理及繁
殖養殖管理。

（十三）其他有關養殖漁業管理事項。

二、漁民組織科

（一）漁民、**漁業團體**目的事業與其組織功能之擬訂、
策劃及督導。

（二）漁民團體業務與財務營運之擬訂、策劃及督導。

（三）漁民團體職員訓練之擬訂、策劃及督導。

（四）漁業推廣政策之擬訂、策劃及督導。

（五）漁家生活、漁民產銷班與福利改善之擬訂、策劃
及督導。

（六）漁業貸款與保險業務之擬訂、策劃及督導。

（七）漁業天然災害救助金之核撥。

（八）漁民團體經濟事業之擬訂、策劃及督導。

（九）漁民活動中心之建設與管理之策劃、推動及督導。

（十）其他有關漁民組織及漁業推廣之輔導事項。

三、水產品安全科

（一）水產品生產之品質安全管理之策劃、推動及督導。

（二）水產品標示與品牌建立之策劃、推動及督導。

（三）水產品認驗證之策劃、推動及督導。

（四）水產品加工、保鮮與品質提昇之策劃、推動及
督導。

（五）水產配合飼料之登記、管理及督導。

（六）其他有關水產品安全事項。

四、市場行銷科

（一）漁產品進出口制度及政策之研擬、協調。

（二）漁產品進出口管理之協調、聯繫及漁產品進出口
同意事項。

（三）漁產品進口關稅修正之策劃及協調。

（四）兩岸經貿業務與外國人投資我國漁業之協調。

（五）水產品國內外市場拓銷與運銷業務之策劃、輔導
　　　及督導。

（六）活體水產動物首次進口之審查。

（七）漁產平準基金之策劃、運用及督導。

（八）魚市場之建設、經營與管理之策劃、推動及督導。

（九）其他有關市場及行銷督導事項。

# 全國農業金庫獨立董事設置及應遵行事項辦法相關條文

中華民國100年6月10日發布

第2條　　全國農業金庫（以下簡稱農業金庫）之獨立董事，應
取得下列專業資格條件之一，並具備五年以上工作經驗：

一、農業、商務、法務、財務、會計或農業金庫業務所需
　　相關科系之公私立大專院校講師以上。

二、法官、檢察官、律師、會計師或其他與農業金庫業務
　　所需之國家考試及格領有證書之專門職業及技術人員。

三、具有農業、商務、法務、財務、會計或農業金庫業務
　　所需之工作經驗。
　　有下列情事之一者，不得充任獨立董事：

一、依公司法第二十七條規定以政府、法人或其代表人
　　當選。

二、曾服公務虧空公款，經判決確定，服刑期滿尚未逾
　　二年。

三、無行為能力、限制行為能力或受輔助宣告尚未撤銷。

四、曾犯組織犯罪防制條例規定之罪，經有罪判決確定。

五、曾犯偽造貨幣、偽造有價證券、侵占、詐欺、背信罪，經宣告有期徒刑以上之刑確定，尚未執行完畢，或執行完畢、緩刑期滿或赦免後尚未逾十年。

六、曾犯偽造文書、妨害祕密、重利、損害債權罪或違反稅捐稽徵法、商標法、專利法或其他工商管理法規定，經宣告有期徒刑確定，尚未執行完畢，或執行完畢、緩刑期滿或赦免後尚未逾五年。

七、曾犯貪污罪，受刑之宣告確定，尚未執行完畢，或執行完畢、緩刑期滿或赦免後尚未逾五年。

八、違反本法、農會法、漁會法、銀行法、金融控股公司法、信託業法、票券金融管理法、金融資產證券化條例、不動產證券化條例、保險法、證券交易法、期貨交易法、證券投資信託及顧問法、管理外匯條例、**信用合作社**法、洗錢防制法或其他金融管理法，受刑之宣告確定，尚未執行完畢，或執行完畢、緩刑期滿或赦免後尚未逾五年。

九、受破產之宣告，尚未復權。

十、曾任法人宣告破產時之負責人，破產終結尚未逾五年，或調協未履行。

十一、使用票據經拒絕往來尚未恢復往來，或恢復往來後三年內仍有存款不足退票紀錄。

十二、有重大喪失債信情事尚未了結、或了結後尚未逾五年。

十三、因違反本法、農會法、漁會法、銀行法、金融控股公司法、信託業法、票券金融管理法、金融資產證券化條例、不動產證券化條例、保險法、證券交易法、期貨交易法、證券投資信託及顧問法、**信用合作社**法或其他金融管理法，經主管機關命令撤換或

解任，尚未逾五年。

十四、受感訓處分之裁定確定或因犯竊盜、贓物罪，受強制工作處分之宣告，尚未執行完畢，或執行完畢尚未逾五年。

十五、擔任其他銀行、金融控股公司、信託公司、**信用合作社**、農會、漁會、票券金融公司、證券公司、證券金融公司、證券投資信託公司、證券投資顧問公司、期貨商或保險業（不包括保險輔助人）之負責人。

十六、有事實證明從事或涉及其他不誠信或不正當之活動，顯示其不適合擔任。

# 全國農業金庫獨立監察人及授信審議委員應具備資格條件準則相關條文

中華民國100年6月10日修正

第2條　　　有下列情事之一者，不得充任全國農業金庫（以下簡稱農業金庫）之獨立監察人或授信審議委員：

一、無行為能力或限制行為能力。

二、曾犯組織犯罪防制條例規定之罪，經有罪判決確定。

三、曾犯偽造貨幣、偽造有價證券、侵占、詐欺、背信罪，經宣告有期徒刑以上之刑確定，尚未執行完畢，或執行完畢、緩刑期滿或赦免後尚未逾十年。

四、曾犯偽造文書、妨害祕密、重利、損害債權罪或違反稅捐稽徵法、商標法、專利法或其他工商管理法規定，經宣告有期徒刑確定，尚未執行完畢，或執行完畢、緩刑期滿或赦免後尚未逾五年。

五、曾犯貪污罪，受刑之宣告確定，尚未執行完畢，或執

　　行完畢、緩刑期滿或赦免後尚未逾五年。

六、違反本法、銀行法、金融控股公司法、信託業法、票券金融管理法、金融資產證券化條例、保險法、證券交易法、期貨交易法、管理外匯條例、**信用合作社**法、洗錢防制法或其他金融管理法，受刑之宣告確定，尚未執行完畢，或執行完畢、緩刑期滿或赦免後尚未逾五年。

七、受破產之宣告，尚未復權。

八、曾任法人宣告破產時之負責人，破產終結尚未逾五年，或調協未履行。

九、使用票據經拒絕往來尚未恢復往來者，或恢復往來後三年內仍有存款不足退票紀錄。

十、有重大喪失債信情事尚未了結、或了結後尚未逾五年。

十一、因違反本法、農會法、漁會法、銀行法、金融控股公司法、信託業法、票券金融管理法、金融資產證券化條例、保險法、證券交易法、期貨交易法、**信用合作社**法或其他金融管理法，經主管機關命令撤換或解任，尚未逾五年。

十二、受感訓處分之裁定確定或因犯竊盜、贓物罪，受強制工作處分之宣告，尚未執行完畢，或執行完畢尚未逾五年。

十三、擔任其他銀行、金融控股公司、信託公司、**信用合作社**、農會、漁會、票券金融公司、證券商、證券金融公司、證券投資信託公司、證券投資顧問公司、期貨商或保險業（不包括保險輔助人）之負責人。

十四、有事實證明從事或涉及其他不誠信或不正當之活動，顯示其不適合擔任。

# 休閒農業輔導管理辦法相關條文

中華民國104年4月28日修正

第5條　　　休閒農業區由當地直轄市或縣（市）主管機關擬具規劃書，報請中央主管機關劃定；跨越直轄市或二縣（市）以上區域者，得協議尤其中一主管機關擬具規劃書。

符合前條第一項至第三項規定之地區，當地居民、休閒農場業者、**農民團體**或鄉（鎮、市、區）公所得擬具規劃建議書，報請當地直轄市或縣（市）主管機關規劃。

休閒農業區規劃書或規劃建議書，其內容如下：

一、名稱及規劃目的。

二、範圍說明：

（一）位置圖：五千分之一最新像片基本圖並繪出休閒農業區範圍。

（二）範圍圖：五千分之一以下之地籍藍晒縮圖。

（三）地籍清冊。

（四）都市土地檢附土地使用分區統計表；非都市土地檢附土地使用分區及用地編定統計表。

三、限制開發利用事項。

四、休閒農業核心資源。

五、整體發展規劃。

六、營運模式及推動組織。

七、既有設施之改善、環境與設施規劃及管理維護情形。

八、預期效益。

九、其他有關休閒農業區事項。

休閒農業區名稱或範圍變更時，應依第一項規定報請中央主管機關核定。

中央主管機關劃定休閒農業區時，應將其名稱及範圍公告，並刊登政府公報；其變更、廢止時，亦同。

休閒農業區規劃書及規劃建議書格式、審查作業規定，由中央主管機關公告之。

第13條　申請籌設休閒農場，應填具申請書，並檢具下列文件：

一、申請人為自然人者，應檢附身分證明文件；申請人為法人者，應檢附負責人身分證明文件及法人設立登記文件。

二、經營計畫書。

前項經營計畫書應包含下列內容及文件：

一、基本資料：

（一）最近三個月內核發之土地登記（簿）謄本。但能申請網路電子謄本者，免附。

（二）地籍圖謄本。

（三）土地使用清冊。

（四）土地使用同意文件或公有土地申請開發同意證明文件。但土地為申請人單獨所有者，免附。

二、現況分析：地理位置及相關計畫示意圖。

三、休閒農業發展資源。

四、發展目標及策略。

五、全區土地使用規劃構想：

（一）基地現況使用及範圍圖。

（二）現有設施合法使用證明文件或相關經營證照。但無現有設施者，免附。

（三）各項設施現況及分期設施計畫表。

（四）分期規劃構想配置圖。但無分期者，免附。

六、營運管理方向。

申請籌設休閒農場之法人，以**農民團體**、農業試驗研

究機構,及其他有農業經營實績之農業企業機構為限。

申請籌設休閒農場面積未滿十公頃者,依第一項規定檢具文件各一式十份,申請籌設休閒農場面積十公頃以上者,檢具文件各一式二十份。

經營計畫書所列之休閒農業設施,得依需要規劃分期興建,並敘明各期施工內容及時程。

# 有機農產品及有機農產加工品驗證管理辦法相關條文

中華民國104年12月10日修正

第5條　　申請有機農產品及有機農產加工品驗證之農產品經營業者,應具備下列各款資格之一:

一、農民。

二、依法設立或登記之農場、畜牧場、**農民團體**或農業產銷班。

三、領有公司或商業登記證明文件者。

# 乳業管理輔導辦法相關條文

中華民國93年12月15日發布

第2條　　本辦法用辭定義如下:

一、乳品:係指乳及乳製品。

二、乳業:係指從事乳品產、製、銷之事業。

三、酪農:係指乳牛及乳羊畜牧場或飼養戶。

四、乳品加工製造業者:係指從事乳品加工製造並取得合法登記之業者。

五、乳業團體：係指與乳業研究、發展、產銷等有關之基金會、學會、協會、公會、農會及**合作社**。

六、廠農產銷體系：乳廠與酪農以一年以上契約方式產銷之協力組織。

# 家畜保險辦法相關條文

中華民國100年9月8日修正

第3條　　本辦法用詞，定義如下：

一、家畜：指畜牧法第三條第一款所稱之家畜。

二、被保險家畜：指前款家畜且經中央主管機關公告為保險標的物者。

三、保險人：指依法辦理家畜保險之農會或農業**合作社**。

四、要保人：指對被保險家畜具有保險利益，向保險人申請訂立保險契約，並負有交付保險費義務之人。

五、被保險人：指於保險事故發生時，遭受損害，享有賠償請求權之人。

六、運輸期間：指被保險家畜裝上運輸工具起，迄運抵目的地卸下運輸工具止。

七、再保險：指保險人以其所承保之危險，轉向他保險人為保險之契約行為。

第5條　　要保人依下列方式投保，經保險人同意後，簽訂家畜保險契約：

一、要保人為農會或農業**合作社**之會員或社員：填具要保書，向所屬農會或農業**合作社**投保。但所屬農會或農業**合作社**未辦理家畜保險業務者，向該直轄市或縣（市）轄區鄰近之保險人投保。

二、要保人非農會會員或農業**合作社**社員之家畜飼養戶：

填具要保書,向飼養場所在地之保險人投保。但飼養場所在地之農會或農業**合作社**未辦理家畜保險業務者,向直轄市或縣(市)轄區鄰近之保險人投保。

要保人與被保險人非同一人者,以要保人基於管理或提供土地予被保險人作為飼養場飼養家畜者為限。

第7條　家畜保險之保險人為鄉(鎮、市、區)農會或農業**合作社**時,其再保險人為全國、省(市)、縣(市)農會或農業**合作社**。

家畜保險之再保險契約與原保險契約同時生效。

省(市)或縣(市)轄區無鄉(鎮、市、區)農會或農業**合作社**者,該省(市)或縣(市)之農會或農業**合作社**,亦得為保險人。

省農會之再保險業務,於全國農會設立時,應併入全國農會辦理。

第8條　保險人與再保險人責任額度及比率如下:

一、保險人之自留責任額度為保險金額百分之六十。

二、再保險人之共同負擔再保責任總額為保險金額百分之四十。

前項再保險人之共同負擔再保責任總額,直轄市及縣(市)級之農會或農業**合作社**者,為保險金額百分之三十三;全國及省級之農會或農業**合作社**者,為保險金額百分之七。

全國農會成立前,依前項所負擔之保險金額,由省農會負擔。

有前條第三項之情形者,中央主管機關必要時得依個別險種及實際情況,公告調整責任額度及比率,不受第一項及第二項規定之限制。

第14條　主管機關、農會及農業**合作社**就辦理家畜保險所需管

理費用及保險費，得編列預算補助之。

# 畜牧法相關條文

中華民國99年11月24日修正

第3條　　本法用詞，定義如下：

一、家畜：係指牛、羊、馬、豬、鹿、兔及其他經中央主
管機關指定之動物。

二、家禽：係指雞、鴨、鵝、火雞及其他經中央主管機關
指定之動物。

三、畜牧場：係指飼養家畜、家禽達第四條所訂規模之
場所。

四、屠宰場：係指依本法設立或本法施行前經主管機關核
准或指定之動物屠宰處所。

五、種畜禽：係指供繁殖用之家畜、家禽。

六、種源：係指與種畜禽有關之遺傳物質如精液、卵、種
蛋、胚、基因、及經遺傳物質轉置或胚移置所產生之
生物。

七、種畜禽業者：係指從事種畜禽或種源之飼養、培育、
改良或繁殖之事業者。

八、種畜禽生產場所：係指飼養、培育、改良或繁殖種畜
禽、種源之場所。

九、畜牧團體：係指與畜牧或獸醫之研究、發展、生產、
供銷等有關之學會、基金會、協會、公會、農會及**合
作社**。

# 財團法人中央畜產會設置辦法相關條文

中華民國96年4月4日修正

第4條　　　中央畜產會之業務如下：

一、畜產品產銷不平衡時，協調畜牧團體或畜牧場擬訂各項因應措施，報請主管機關核定實施。

二、提供有關飼料、動物用藥品等重要畜牧資材供需之資訊。

三、為穩定重要畜產品之價格，得協調**農民團體**或農產品批發市場在批發市場內買入、賣出或辦理該項畜產品之共同運銷。

四、接受主管機關委託，協調個別畜產品有關之畜牧團體、畜牧場、飼養戶、販運商及消費者代表，擬定該項畜產品之生產數量及適當價格。

五、協助畜牧團體執行主管機關所定之畜牧政策。

六、其他主管機關委託辦理之事項。

七、其他有關畜牧產銷建議事項。

# 動物用藥品販賣業管理辦法相關條文

中華民國101年2月4日修正

第2條　　　符合下列各款之一者，得申請為動物用藥品販賣業者：

一、依法設立登記之公司或商號經營動物用藥品之批發、零售、輸入或輸出，聘有專任獸醫師（佐）、藥師或藥劑生駐店管理動物用藥品。

二、依法設立登記之公司或商號經營觀賞魚非處方藥品零售，設有專門管理技術人員駐店管理動物用藥品。

三、動物用藥品製造業者在其製造處所經營自製產品零售業務。

四、依法設立之獸醫診療機構，由獸醫師（佐）自行管理零售動物用藥品。

五、農會、漁會、農業合作社聘有專任獸醫師（佐）管理動物用藥品。

前項第二款之動物用藥品販賣業者，不得販賣觀賞魚非處方藥品以外之動物用藥品。

# 森林法相關條文

中華民國104年7月1日修正

第19條　經營林業者，遇有合作經營之必要時，得依合作社法組織林業合作社，並由當地主管機關輔導之。

# 農產品市場交易法相關條文

中華民國101年11月28日修正

第3條　本法用辭定義如左：

一、農產品：指蔬菜、青果、畜產、漁產與中央主管機關指定之其他農、林、漁、牧業產品及其加工品。

二、農產品批發市場：指每日或定期集中進行農產品交易之機構。

三、農民：指直接從事本法所稱農產品生產之自然人。

四、農民團體：指依法組織之農會、漁會及農產品生產運銷合作社、合作農場。

五、供應人：指向農產品批發市場供應農產品者。

六、承銷人：指向農產品批發市場承購農產品者。

七、販運商：指向農產品生產者或批發市場購買農產品運
　　往其他市場交易者。

八、零批商：指向農產品批發市場購貨，在同一市場內批
　　售農產品予零售商或大消費戶者。

九、零售商：指向消費者銷售農產品之商販。

十、農業企業機構：指從事本法所稱農產品生產之公司
　　組織。

# 農產品市場交易法施行細則相關條文

中華民國96年6月28日修正

第 5 條　　**農民團體**依本法第七條第一項辦理共同運銷，其貨源
以屬於農民直接生產者為限。

第 9 條　　農民或農業產銷班依本法第七條第二項自行辦理共同
運銷，貨源以其直接生產者為限；必要時農產品批發市場
得請其提出當地**農民團體**簽證或出具之農產品生產面積及
數量之證明。

第 18 條　　本法第十八條第二項所定供應人應備置之交易資料
如下：

一、其為**農民團體**者，應備置參加共同運銷之出貨會（社、
　　場）員名冊，載明姓名、住址、貨品名稱及數量。

二、其為農業企業機構及經直轄市、縣（市）主管機關核
　　准之農產品生產者，應備置農產品生產登記簿，載明
　　生產之農產品名稱、供應市場及供應數量。

三、其為販運商者，應備置農產品進、出貨登記簿，載明
　　貨品名稱、數量及貨源或去處。

四、其為農產品進口商者，應備置輸入農產品檢驗合格證
　　明文件及農產品進貨登記簿，載明貨品名稱、數量及

來源。

# 農產品批發市場管理辦法相關條文

中華民國98年1月23日修正

第28條　市場不得進用經營主體負責人、經理人及市場主任之配偶及三親等內血親或姻親為職員。

前項市場經營主體負責人：在農會、漁會為理事、監事、總幹事；在**合作社**為理事、監事；在股份有限公司為董事、監察人。

# 農產品受進口損害救助辦法相關條文

中華民國92年9月8日修正

第7條　救助措施除得由農會、漁會、農業**合作社**等**農民團體**或地方政府向主管機關提出申請外，主管機關並得主動辦理。

前項申請，應填具申請書，載明受害農產品名稱、受害原因、損害區域、損害程度及第六條第一項各款所列因素之說明，並檢附相關資料。

# 農會法相關條文

中華民國103年6月4日修正

第4條　農會任務如左：

一、保障農民權益、傳播農事法令及調解農事糾紛。

二、協助有關土地農田水利之改良、水土之保持及森林之培養。

三、優良種籽及肥料之推廣。

四、農業生產之指導、示範、優良品種之繁殖及促進農業專業區之經營。

五、農業推廣、訓練及農業生產之獎助事項。

六、農業機械化及增進勞動效率有關事項。

七、輔導及推行共同經營、委託經營、家庭農場發展及代耕業務。

八、農畜產品之運銷、倉儲、加工、製造、輸出入及批發、零售市場之經營。

九、農業生產資材之進出口、加工、製造、配售及會員生活用品之供銷。

十、農業倉庫及會員共同利用事業。

十一、會員金融事業。

十二、接受委託辦理農業保險事業。

十三、接受委託協助農民保險事業及農舍輔建。

十四、農村合作及社會服務事業。

十五、農村副業及農村工業之倡導。

十六、農村文化、醫療衛生、福利及救濟事業。

十七、農地利用之改善。

十八、農業災害之防治及救濟。

十九、代理公庫及接受政府或公私團體之委託事項。

二十、農業旅遊及農村休閒事業。

二十一、經主管機關特准辦理之事項。

　　農會舉辦前項事業關於免稅部分，應參照農業發展條例及**合作社**法有關規定辦理；其免稅範圍，由行政院定之。

　　農會辦理第一項任務，應列入年度計畫。

第25-1條　　凡中華民國國民，合於下列規定者，得登記為農會總幹事候聘人：

一、全國及直轄市農會總幹事應具下列資格之一：
（一）大學、獨立學院以上學校畢業或高考及格，並曾任機關、學校或農業、金融機構或**農民團體**相當薦任職職務三年以上。
（二）專科以上學校畢業，並曾任機關、學校或農業、金融機構或**農民團體**相當薦任職職務五年以上。
（三）高中、高職畢業或普考及格，並曾任機關、學校或農業、金融機構或**農民團體**相當薦任職職務七年以上。
二、縣（市）、鄉（鎮、市、區）農會總幹事應具下列資格之一：
（一）大學、獨立學院以上學校畢業或高考及格，並曾任機關、學校或農業、金融機構或**農民團體**相當委任職職務二年以上。
（二）專科以上學校畢業，並曾任機關、學校或農業、金融機構或**農民團體**相當委任職職務四年以上。
（三）高中、高職畢業或普考及格，並曾任機關、學校或農業、金融機構或**農民團體**相當委任職職務六年以上。
三、各級農會新進總幹事之年齡，不得超過五十五歲。

現任總幹事不合前項規定資格者，得不受前項限制。但於下屆任期不足一年即將屆齡退休者，不得登記為總幹事候聘人。

總幹事候聘人經中央或直轄市主管機關評定合格後，經發現其於聘任前有未合第一項規定情形之一者，中央或直轄市主管機關應撤銷其評定；已受聘者，亦同。

省農會併入全國農會前，其總幹事候聘人資格同直轄市農會。

# 農會信用部業務管理辦法相關條文

中華民國90年7月17日修正

第12條　　　有下列情事之一者，不得充任農會信用部及其分部
主任：

一、無行為能力或限制行為能力者。

二、曾犯組織犯罪防制條例規定之罪，經有罪判決確定者。

三、曾犯偽造貨幣、偽造有價證券、侵占、詐欺、背信
罪，經宣告有期徒刑以上之刑確定，尚未執行完畢，
或執行完畢、緩刑期滿或赦免後尚未逾十年者。

四、曾犯偽造文書、妨害祕密、重利、損害債權罪或違反
稅捐稽徵法、商標法、專利法或其他工商管理法規
定，經宣告有期徒刑確定，尚未執行完畢，或執行完
畢、緩刑期滿或赦免後尚未逾五年者。

五、曾犯貪污罪，受刑之宣告確定，尚未執行完畢，或執
行完畢、緩刑期滿或赦免後尚未逾五年者。

六、違反農會法、漁會法、銀行法、保險法、證券交易
法、期貨交易法、管理外匯條例、**信用合作社**法、洗
錢防制法或其他金融管理法，受刑之宣告確定，尚未
執行完畢，或執行完畢、緩刑期滿或赦免後尚未逾五
年者。

七、受破產之宣告，尚未復權者。

八、曾任法人宣告破產時之負責人，破產終結尚未逾五
年，或調協未履行者。

九、使用票據經拒絕往來尚未恢復往來者，或恢復往來後
三年內仍有存款不足退票紀錄者。

十、有重大喪失債信情事尚未了結、或了結後尚未逾五

年者。

十一、因違反農會法、漁會法、銀行法、保險法、證券交
　　　易法、期貨交易法、**信用合作社**法或其他金融管理
　　　法，經主管機關命令撤換或解任，尚未逾五年者。

十二、受感訓處分之裁定確定或因犯竊盜、贓物罪，受強
　　　制工作處分之宣告，尚未執行完畢，或執行完畢尚
　　　未逾五年者。

十三、擔任其他銀行、**信用合作社**、農（漁）會信用部、
　　　票券金融公司、證券商、證券金融公司、證券投資
　　　信託公司、證券投資顧問公司、期貨商或保險業
　　　（不包括保險輔助人）之負責人者。但因農會與銀
　　　行間之投資關係，並經財政部核准者，得擔任其他
　　　銀行之董事、監察人。

十四、有事實證明從事或涉及其他不誠信或不正當之活動，
　　　顯示其不適合擔任農會信用部及其分部主任者。

# 農會漁會信用部主任應具備資格條件及聘任解任辦法相關條文

中華民國98年10月1日修正

第3條　　有下列情事之一者，不得擔任信用部主任或其分部
主任：

一、無行為能力或限制行為能力。

二、曾犯組織犯罪防制條例規定之罪，經有罪判決確定。

三、曾犯偽造貨幣、偽造有價證券、侵占、詐欺、背信
　　罪，經宣告有期徒刑以上之刑確定，尚未執行完畢，
　　或執行完畢、緩刑期滿或赦免後尚未逾十年。

四、曾犯偽造文書、妨害祕密、重利、損害債權罪或違反

稅捐稽徵法、商標法、專利法或其他工商管理法規定，經宣告有期徒刑確定，尚未執行完畢，或執行完畢、緩刑期滿或赦免後尚未逾五年。

五、曾犯貪污罪，受刑之宣告確定，尚未執行完畢，或執行完畢、緩刑期滿或赦免後尚未逾五年。

六、違反本法、農會法、漁會法、銀行法、金融控股公司法、信託業法、票券金融管理法、金融資產證券化條例、不動產證券化條例、保險法、證券交易法、期貨交易法、證券投資信託及顧問法、管理外匯條例、**信用合作社**法、洗錢防制法或其他金融管理法，受刑之宣告確定，尚未執行完畢，或執行完畢、緩刑期滿或赦免後尚未逾五年。

七、受破產之宣告，尚未復權。

八、曾任法人宣告破產時之負責人，破產終結尚未逾五年，或調協未履行。

九、使用票據經拒絕往來尚未恢復往來，或恢復往來後三年內仍有存款不足退票紀錄。

十、有重大喪失債信情事尚未了結、或了結後尚未逾五年。

十一、因違反本法、農會法、漁會法、銀行法、金融控股公司法、信託業法、票券金融管理法、金融資產證券化條例、不動產證券化條例、保險法、證券交易法、期貨交易法、證券投資信託及顧問法、**信用合作社**法或其他金融管理法，經主管機關命令撤換或解任，尚未逾五年。

十二、受感訓處分之裁定確定或因犯竊盜、贓物罪，受強制工作處分之宣告，尚未執行完畢，或執行完畢尚未逾五年。

十三、擔任其他銀行、金融控股公司、信託公司、**信用合**

作社、農會漁會信用部、票券金融公司、證券公司、證券金融公司、證券投資信託公司、證券投資顧問公司、期貨商或保險業（不包括保險輔助人）之負責人者。但因農會、漁會與全國農業金庫或銀行間之投資關係，並經中央主管機關核准者，得擔任全國農業金庫或其他銀行之董事、監察人。

十四、有事實證明從事或涉及其他不誠信或不正當之活動，顯示其不適合擔任信用部主任或其分部主任。

# 農會總幹事遴選辦法相關條文

中華民國104年7月30日修正

第17條　　本法第二十五條之一所稱機關、學校或農業、金融機構或**農民團體**範圍如下：

一、機關：指行政機關。

二、學校：指經教育部核准設立或查證（驗）認定之國內、外公私立小學、國中、高中（職）及大專校院。

三、農業機構：指下列機構：

（一）農業發展條例第三條第八款之農業企業機構。

（二）農業發展條例第三條第九款之農業試驗研究機構。

（三）依農業財團法人監督準則設立之農業財團法人。

（四）依農產品市場交易法設立之農產品批發市場。

（五）依農會法設立之股份有限公司、農會聘任職員聯合訓練機構及農會共同經營機構。

四、金融機構：指金融機構合併法第四條第一款之金融機構。

五、**農民團體**：指農業發展條例第三條第七款之農會、漁會、農業**合作社**及農田水利會。

農會總幹事候聘登記人曾分別於前項所定機關（構）、學校或團體服務者，其服務年資得合併計算。

前項服務年資應為專任職務領有俸給，且該服務機關（構）、學校或團體定有人事編制、職級薪點比敘制度，並應由該服務機關（構）、學校或團體出具服務證明。

# 農業產銷班設立暨輔導辦法相關條文

中華民國103年3月11日修正

第2條　　本辦法所稱輔導單位，指農業產銷班所在地之農會、漁會、農業合作社（場）、農業產業團體、公所，或其他經直轄市或縣（市）主管機關核准與農業相關之機關（構）或團體。

農業產銷班應選定一輔導單位，並取得其出具之輔導同意書。

輔導單位協助農業產銷班辦理下列事項：

一、申請設立、變更及註銷登記等事項。

二、列席班會。

三、辦理評鑑。

四、計畫研提及核轉。

五、政令轉達。

六、其他與農業產銷班有關等事項。

輔導單位每年一月三十一日前，應將前一年度其所輔導農業產銷班每班輔導事項辦理情形，函送直轄市或縣（市）主管機關備查。

# 農業發展條例相關條文

中華民國99年12月8日修正

第3條　　　本條例用辭定義如下：

一、農業：指利用自然資源、農用資材及科技，從事農作、森林、水產、畜牧等產製銷及休閒之事業。

二、農產品：指農業所生產之物。

三、農民：指直接從事農業生產之自然人。

四、家庭農場：指以共同生活戶為單位，從事農業經營之農場。

五、休閒農業：指利用田園景觀、自然生態及環境資源，結合農林漁牧生產、農業經營活動、農村文化及農家生活，提供國民休閒，增進國民對農業及農村之體驗為目的之農業經營。

六、休閒農場：指經營休閒農業之場地。

七、**農民團體**：指農民依農會法、漁會法、農業**合作社**法、農田水利會組織通則所組織之農會、漁會、農業**合作社**及農田水利會。

八、農業企業機構：指從事農業生產或農業試驗研究之公司。

九、農業試驗研究機構：指從事農業試驗研究之機關、學校及農業財團法人。

十、農業用地：指非都市土地或都市土地農業區、保護區範圍內，依法供下列使用之土地：

（一）供農作、森林、養殖、畜牧及保育使用者。

（二）供與農業經營不可分離之農舍、畜禽舍、倉儲設備、曬場、集貨場、農路、灌溉、排水及其他農

用之土地。

（三）**農民團體**與**合作農場**所有直接供農業使用之倉庫、冷凍（藏）庫、農機中心、蠶種製造（繁殖）場、集貨場、檢驗場等用地。

十一、耕地：指依區域計畫法劃定為特定農業區、一般農業區、山坡地保育區及森林區之農牧用地。

十二、農業使用：指農業用地依法實際供農作、森林、養殖、畜牧、保育及設置相關之農業設施或農舍等使用者。但依規定辦理休耕、休養、停養或有不可抗力等事由，而未實際供農作、森林、養殖、畜牧等使用者，視為作農業使用。

十三、農產專業區：指按農產別規定經營種類所設立，並建立產、製、儲、銷體系之地區。

十四、農業用地租賃：指土地所有權人將其自有農業用地之部分或全部出租與他人經營農業使用者。

十五、委託代耕：指自行經營之家庭農場，僅將其農場生產過程之部分或全部作業，委託他人代為實施者。

十六、農業產銷班：指土地相毗連或經營相同產業之農民，自願結合共同從事農業經營之組織。

十七、農產運銷：指農產品之集貨、選別、分級、包裝、儲存、冷凍（藏）、加工處理、檢驗、運輸及交易等各項作業。

十八、農業推廣：指利用農業資源，應用傳播、人力資源發展或行政服務等方式，提供農民終身教育機會，協助利用當地資源，發展地方產業之業務。

第5條　　主管機關為推動農業經營管理資訊化，辦理農業資源及產銷統計、分析，應充實資訊設施及人力，並輔導農民及**農民團體**建立農業資訊應用環境，強化農業資訊蒐集

　　機制。

　　　　鄉（鎮、市、區）公所應指定專人辦理農業資源及產銷資料之調查、統計，層報該管主管機關分析處理。

第7條　　為強化**農民團體**之組織功能，保障農民之權益，各類**農民團體**得依法共同設立全國性聯合會。

第17條　　本條例修正施行前，登記有案之寺廟、教堂、依法成立財團法人之教堂（會）、宗教基金會或**農民團體**，其以自有資金取得或無償取得而以自然人名義登記之農業用地，得於本條例中華民國九十二年一月十三日修正施行後一年內，更名為該寺廟、教堂或依法成立財團法人之教堂（會）、宗教基金會或**農民團體**所有。

第22-1條　主管機關為促進農地流通及有效利用，得輔導**農民團體**辦理農業用地買賣、租賃、委託經營之仲介業務，並予以獎勵。

第28條　　中央主管機關應訂定農業機械化發展計畫，輔導農民或**農民團體**購買及使用農業機械，並予協助貸款或補助。

第33條　　私法人不得承受耕地。但符合第三十四條規定之**農民團體**、農業企業機構或農業試驗研究機構經取得許可者，不在此限。

第34條　　**農民團體**、農業企業機構或農業試驗研究機構，其符合技術密集或資本密集之類目及標準者，經申請許可後，得承受耕地；技術密集或資本密集之類目及標準，由中央主管機關指定公告。

　　　　**農民團體**、農業企業機構或農業試驗研究機構申請承受耕地，應檢具經營利用計畫及其他規定書件，向承受耕地所在地之直轄市或縣（市）主管機關提出，經核轉中央主管機關許可並核發證明文件，憑以申辦土地所有權移轉登記。

中央主管機關應視當地農業發展情況及所申請之類目、經營利用計畫等因素為核准之依據，並限制其承受耕地之區位、面積、用途及他項權利設定之最高金額。

農民團體、農業企業機構或農業試驗研究機構申請承受耕地之移轉許可準則，由中央主管機關定之。

第35條　農民團體、農業企業機構或農業試驗研究機構依前條許可承受耕地後，非經中央主管機關核准，不得擅自變更經營利用計畫或閒置不用。

第36條　農民團體、農業企業機構或農業試驗研究機構依本條例許可承受之耕地，不得變更使用。但經中央主管機關核准之經營利用計畫，應依相關法令規定辦理用地變更者，不在此限。

第37條　作農業使用之農業用地移轉與自然人時，得申請不課徵土地增值稅。

作農業使用之耕地依第三十三條及第三十四條規定移轉與農民團體、農業企業機構及農業試驗研究機構時，其符合產業發展需要、一定規模或其他條件，經直轄市、縣（市）主管機關同意者，得申請不課徵土地增值稅。

前二項不課徵土地增值稅之土地承受人於其具有土地所有權之期間內，曾經有關機關查獲該土地未作農業使用且未在有關機關所令期限內恢復作農業使用，或雖在有關機關所令期限內已恢復作農業使用而再有未作農業使用情事者，於再移轉時應課徵土地增值稅。

前項所定土地承受人有未作農業使用之情事，於配偶間相互贈與之情形，應合併計算。

第46條　農民或農民團體辦理共同供銷、運銷，直接供應工廠或出口外銷者，視同批發市場第一次交易，依有關稅法規定免徵印花稅及營業稅。

第 49 條　　農產品加工業，得由主管機關，或經由**農民團體**或農產品加工業者之申請，劃分原料供應區，分區以契約採購原料。已劃定之原料供應區，主管機關得視實際供需情形變更之。

　　　　　　不劃分原料供應區者，主管機關得會同有關機關統籌協調原料分配。

第 50 條　　主管機關應會同有關機關，協助農民或**農民團體**實施產、製、儲、銷一貫作業，並鼓勵工廠設置於農村之工業用地或工業區內，便利農民就業及原料供應。

第 51 條　　外銷之農產品及農產加工品，得簽訂公約，維持良好外銷秩序。

　　　　　　中央主管機關得指定農產品，由**農民團體**、公營機構專責外銷或統一供貨。

　　　　　　外銷農產加工品輸入其所需之原料與包裝材料，及外銷農產品輸入其所需之包裝材料，其應徵關稅、貨物稅，得於成品出口後，依關稅法及貨物稅條例有關規定申請沖退之。

第 58 條　　為安定農民收入，穩定農村社會，促進農業資源之充分利用，政府應舉辦農業保險。

　　　　　　在農業保險法未制定前，得由中央主管機關訂定辦法，分區、分類、分期試辦農業保險，由區內經營同類業務之全體農民參加，並得委託**農民團體**辦理。

　　　　　　**農民團體**辦理之農業保險，政府應予獎勵與協助。

第 67 條　　主管機關應指定專責單位，或置農業推廣人員，辦理農業推廣業務，必要時，得委託校院、**農民團體**、農業財團法人、農業社團法人、企業組織或有關機關（構）、團體辦理，並予以輔導、監督及評鑑；其經評鑑優良者，並得予以獎勵。

前項評鑑項目、計分標準、成績評定、獎勵及其他應遵行事項之辦法，由中央主管機關定之。

第 69 條　農業用地違反區域計畫法或都市計畫法土地使用管制規定者，應依區域計畫法或都市計畫法規定處理。

農民團體、農業企業機構或農業試驗研究機構依本條例許可承受之耕地，違反第三十六條規定，擅自變更使用者，除依前項規定辦理外，對該農民團體、農業企業機構或農業試驗研究機構之負責人，並處新臺幣六萬元以上三十萬元以下罰鍰。

第 72 條　農民團體、農業企業機構或農業試驗研究機構違反第三十五條之規定，未經核准擅自變更經營利用計畫或將耕地閒置不用者，處新臺幣三萬元以上十五萬元以下之罰鍰並限期改正；逾期不改正者，按次分別處罰。

# 農民團體共同運銷輔導獎勵監督辦法相關條文

中華民國91年7月15日修正

第 3 條　參加農民團體辦理之共同運銷者，以該團體之會（社、場）員為限。

第 4 條　中央、直轄市、縣（市）主管機關得編列預算補助農民團體辦理農產品共同運銷。

第 5 條　農民團體應視區域內農民需要，將農產品共同運銷列為年度重要工作項目，訂定事業計畫，並於計畫結束後向上級主管機關提出工作報告。

第 7 條　辦理共同運銷之農民團體得與農產品批發市場辦理保價供應契約。

第 8 條　辦理共同運銷之農民團體，應邀請供應農產品之農民代表組織共同運銷工作小組，研議左列事項：

一、共同運銷之準備工作。

二、供應市場、種類及數量。

三、運銷費用。

四、互助金之管理運用。

五、共同運銷所遭遇困難問題。

六、運銷設備之運用及運輸方式。

七、有關貨款事項。

八、其他有關共同運銷事項。

第9條　　**農民團體**辦理共同運銷應為參加個別會（社、場）員建立左列資料：

一、生產資料卡：載明作物栽培面積、預估產量、或牲畜飼養頭數。

二、供貨資料卡：載明各月份預期供貨量及實際供貨量。

第10條　　直轄市、縣（市）主管機關及**農民團體**，對農產品市場交易法第九條第二項之互助金，得予以補助。

第11條　　辦理共同運銷之**農民團體**，應指派專人負責辦理各項運銷業務。

第12條　　縣（市）主管機關應按季查核**農民團體**辦理共同運銷之產銷資料，於發現有不實情況時，得視情節輕重予以輔導改善或令其停止辦理共同運銷。

第13條　　**農民團體**辦理共同運銷業務應由直轄市、縣（市）目的事業主管機關訂定考核標準辦理考核獎勵。


# 農民團體農業企業機構及農業試驗研究機構申請承受耕地移轉許可準則相關條文

中華民國104年2月12日修正

第3條　　**農民團體**、農業企業機構及農業試驗研究機構從事之

產業，符合農業技術密集或資本密集類目標準規定者，始得依本準則申請許可承受耕地。

第4條　　**農民團體**申請承受耕地許可時，應填具申請書及檢附下列文件六份，並裝訂成冊，向土地所在地直轄市、縣（市）主管機關提出申請：

一、設立許可文件影本。

二、申請承受耕地之清冊。

三、最近一個月內核發之土地登記謄本及地籍圖謄本。但直轄市、縣（市）地政主管機關能提供網路查詢者，得免予檢附。

四、位置略圖。

五、農業經營利用計畫書。

六、農業用地作農業使用證明書。但申請承受依法拍賣耕地，無法取得者，免予檢附。

第7條　　**農民團體**及農業企業機構申請承受耕地所提出之農業經營利用計畫書，應載明下列事項，其相關細目如附件一：

一、承受耕地之目的及利用內容。

二、承受耕地區位分析。

三、經營類目與當地直轄市、縣（市）農業發展關係。

四、經營目標、策略、實施方法、期程及整體規劃事項。

五、申請承受依法拍賣耕地，無法取得農業用地作農業使用證明書者，應敘明承受該耕地後適法使用之方式。

六、效益及風險評估。

第9條　　直轄市、縣（市）主管機關受理申請承受耕地許可案件，應檢核申請案檢附文件之完整性，至擬承受之耕地進行現勘及作成紀錄，且就申請人提出之農業經營利用計畫書內容逐項進行審查，將其審查結果填具審查簽辦表。

　　經審查符合承受耕地條件者，應併同申請案件資料核

轉中央主管機關審查，經審查許可者，由中央主管機關核發承受耕地許可證明書，其有效期間為一年。

　　前二項之審查期間，在直轄市、縣（市）主管機關為三十日；在中央主管機關為三十日。

　　**農民團體**、農業企業機構及農業試驗研究機構持第二項承受耕地許可證明書辦理所有權移轉登記時，登記機關應於土地登記簿註記「本筆土地依農業發展條例第三十四條規定申請許可承受」；於該土地移轉予自然人時，應於登記完畢後通知中央主管機關。

第15條　　**農民團體**、農業企業機構及農業試驗研究機構承受之耕地，其設定他項權利之最高金額，以不超過設定當期公告土地現值與承受耕地面積之乘積之三點五倍為限。

# 農產品分級包裝標準與實施辦法相關條文

中華民國91年7月15日修正

第4條　　直轄市、縣（市）主管機關應督導**農民團體**及農產品批發市場指導農民及販運商，依前條標準辦理分級包裝。

第6條　　農產品包裝容器，應依產品特性予以劃一，並得委由**農民團體**或農產品批發市場代為統籌購用。

第7條　　**農民團體**及農產品批發市場應配合產品種類及其產期，每年召開農產品分級包裝講習會，以增進產銷業者分級包裝技能及知識。

第8條　　直轄市、縣（市）主管機關對**農民團體**及農產品批發市場之分級包裝作業，應定期檢查，分別予以獎勵或督促改進。

# 農會考核辦法相關條文

中華民國104年10月29日修正

第5條　　　　農會對於年度考核評定成績有異議，應以書面敘明理由，並檢附相關佐證資料，於成績送達之日起十五日內，向主管機關申請復評，並以一次為限；逾期申請者，主管機關應不予受理。

　　　　主管機關為辦理復評，應組成復評小組，並應於受理日起一個月內，召開復評小組會議完成復評。復評小組開會通知單應於會議七日前，併同農會申請復評資料及主管機關就復評項目內容之意見，以書面送達復評小組委員。復評小組開會時，應邀請申請復評農會列席說明。

　　　　復評小組委員組成如下：

一、直轄市、縣（市）主管機關復評小組九人：

　　（一）中央主管機關主管農糧、農業金融、農會輔導業務代表各一人。

　　（二）直轄市或縣（市）主管機關代表一人。

　　（三）全國農會、中華民國**農民團體**幹部聯合訓練協會指派之代表各一人。

　　（四）學者、專家三人。

二、中央主管機關復評小組七人至九人：

　　（一）中央主管機關主管農糧、農業金融、農會輔導業務代表各一人。

　　（二）中華民國**農民團體**幹部聯合訓練協會指派之代表一人。

　　（三）學者、專家三人至五人。

　　　　復評小組委員應親自出席會議，並由委員互推一人為

主席。復評小組會議應就農會申請之復評項目逐項討論。復評小組委員對會議之決議有不同意見者，得提出意見列入紀錄。

　　復評小組會議紀錄應載明下列事項：

一、主席姓名。

二、出席及請假委員姓名。

三、列席人員姓名。

四、記錄人員姓名。

五、各復評項目內容之決議。

六、復評後農會年度考核成績。

　　主管機關應於復評小組會議完成之次日起十日內，依復評小組所為決議核定復評成績，並將復評成績以書面送達申請復評農會、有關機關；其屬直轄市、縣（市）主管機關辦理復評者，並應送達上級農會並報請中央主管機關備查。

# 農業主管機關受理申請許可案件及核發證明文件收費標準相關條文

中華民國101年6月28日修正

第3條　　依本條例應收取費用之範圍如下：

一、農業主管機關依本條例第八條之一規定，核發農業設施之容許使用證明文件者。

二、農業主管機關依本條例第十條規定，審查同意農業用地變更使用者。

三、農業主管機關依本條例第三十四條規定，許可**農民團體**、農業企業機構或農業試驗研究機構承受耕地證明者。

四、農業主管機關為執行本條例第三十八條之一或第三十九條規定，分別核發本條例第三十八條之一土地作農業使用證明書或農業用地作農業使用證明書者。

五、農業主管機關依本條例第六十三條規定，核發設置休閒農場之許可者。

依前項各款規定申請辦理者，其費用之收取應分別核計。

第4條　　依前條應繳交之費用計算基準如下：

一、申請農業設施之容許使用者，每件收取新臺幣二百元。

二、申請農業用地變更使用面積在一公頃以下者，每件新臺幣二千元；面積超過一公頃者，每超過〇‧五公頃加收新臺幣一千元，超過面積不足〇‧五公頃者，以〇‧五公頃計算。

三、申請核發**農民團體**、農業企業機構或農業試驗研究機構許可承受耕地證明者，每件新臺幣一萬元。

四、申請核發本條例第三十八條之一土地作農業使用證明書或農業用地作農業使用證明書者，土地一筆，每件收取新臺幣五百元；每增加一筆土地另收取新臺幣二百元。

五、申請許可設置休閒農場者，每件收取新臺幣一萬元。但未涉及住宿、餐飲、自產農產品加工（釀造）廠、農產品與農村文物展示（區）及教育解說中心等設施者，每件收取新臺幣五千元。

# 農業研究教育及推廣合作辦法相關條文

中華民國103年11月27日修正

第3條　　本辦法用辭定義如下：

一、農業試驗改良場所：指中央主管機關所屬之農業試驗研究機關。

二、農業相關校院：指依大學法設立與農業相關之校院。

三、農業推廣機關（構）：指辦理本條例第三條第十八款有關農業推廣業務之農業機關、**農民團體**、農業財團法人、農業社團法人及企業組織。

# 農業科技園區設置管理條例相關條文

中華民國98年5月13日修正

第26條　園區事業為因應大量生產之需要，得於園區外設置衛星農場。

管理局得編列預算，協助**農民團體**輔導其轄下農業產銷班參與衛星農場之經營。

# 農業動力用電範圍及標準相關條文

中華民國93年10月21日修正

第2條　本條例第二十九條所稱農業動力用電，以合於左列規定之用電，並直接供農業所需者為限：

一、農業灌溉及水利設施操作用電：抽水或揚水以灌溉農作物為目的或操作各種農業水利設施之用電，並經辦妥水權登記取得水權狀、臨時用水執照或經水利主管機關證明依法免為水權登記者。

二、農作物栽培及收穫後處理用電：農作物播種、育苗及栽培管理或各種農產品乾燥、脫粒、洗選、分級、包裝之處理機械用電，或設施園藝所需之光照及溫度調節用電，並經該管直轄市或縣（市）主管機關核發證

明文件或農業機械使用證者。

三、農產品冷藏及糧食倉儲用電：**農民團體**及農產品批發市場冷藏農產品，或**農民團體**存儲公糧、稻米、雜糧之倉儲操作或碾米機械之用電，並經直轄市、縣（市）主管機關或糧食主管機關核發證明文件者。

四、水產養殖用電：海上養殖所需之岸上飼料原料儲藏、冷凍、混合、投餌、洗網機械，並領有漁業權執照或入漁權證明者。陸上養殖所需之抽水、排水、打氣、溫室加溫、循環水等水質改善設備、飼料原料儲藏、冷凍、混合、投餌機械之用電，並領有養殖漁業執照者。

五、畜牧用電：飼養家畜、家禽、污染防治設施、雞蛋洗選、分級包裝或集乳站機械之用電，並經該管直轄市或縣（市）主管機關核發證明文件者。

前項各款之農業動力用電設施在同一場所內者，應向台灣電力股份有限公司（以下簡稱電力公司）申請合編為一個電號，並裝置一個（組）電度表。

直轄市或縣（市）主管機關為執行第一項規定，得依法委辦或委託轄內鄉（鎮、市、區）公所辦理；其作業方式，由直轄市或縣（市）主管機關訂之。

# 農業推廣機關（構）評鑑獎勵辦法相關條文

中華民國94年6月2日行發布

第2條　　本辦法所稱農業推廣機關（構），係指校院、**農民團體**、農業財團法人、農業社團法人、企業組織或有關機關（構）、團體。

# 農業廢棄物共同清除處理機構管理辦法相關條文

中華民國91年4月29日修正

第2條　　　本辦法用辭定義如下：
一、農業廢棄物：指從事農作、森林、水產、畜牧等動植物產銷所產出之廢棄物。
二、農業廢棄物共同清除機構（以下簡稱共同清除機構）：指產出農業廢棄物者為收集、運輸其農業廢棄物所共同投資或聯合**農民團體**加入投資所設立之公司、行號或廠（場）。
三、農業廢棄物共同處理機構（以下簡稱共同處理機構）：指產出農業廢棄物者為處理其農業廢棄物所共同投資或聯合**農民團體**加入投資所設立之公司、行號或廠（場）。

# 漁會法相關條文

中華民國104年12月30日修正

第4條　　　漁會之任務如左：
一、保障漁民權益，傳播漁業法令及調解漁事糾紛。
二、辦理漁業改進及推廣。
三、配合辦理漁民海難及其他事故之救助。
四、接受委託辦理報導漁汛、漁業氣象及漁船通訊。
五、協助設置、管理漁港設施或專用漁區內之漁船航行安全設施及漁業標誌。
六、辦理水產品之進出口、加工、冷藏、調配、運銷及生產地與消費地批發、零售市場經營。

七、辦理漁用物資進出口、加工、製造配售、漁船修造及會員生活用品供銷。

八、協助設置、管理國外漁業基地及有關國際漁業合作。

九、辦理會員金融事業。

十、辦理漁村文化、醫療衛生、福利、救助及社會服務事業。

十一、倡導漁村副業、輔導漁民增加生產,改善生活。

十二、倡導漁村及漁業**合作事業**。

十三、協助漁村建設及接受委託辦理會員住宅輔建。

十四、配合漁民組訓及協助海防安全。

十五、配合辦理保護水產資源及協助防治漁港、漁區水污染。

十六、接受委託辦理漁業保障事業及協助有關漁民保險事業。

十七、接受政府或公私團體之委託事項。

十八、漁村及漁港旅遊、娛樂漁業。

十九、經主管機關特准辦理之事項。

　　漁會舉辦前項之事業,關於免稅部分,應參照農業發展條例及**合作社**法有關規定辦理;其免稅範圍,由行政院定之。

　　漁會辦理第一項任務應列入年度計畫。

# 漁會信用部及其分部主任應具備資格條件準則相關條文

中華民國86年8月15日發布

第4條　　有左列情事之一者,不得充任漁會信用部及其分部主任:

一、限制行為能力者。

二、曾犯偽造貨幣、偽造有價證券、侵占、詐欺、背信罪，經宣告有期徒刑以上之型確定，執行完畢、緩刑期滿或赦免後尚未逾十年者。

三、曾犯偽造文書、妨害祕密、重利、損害債權罪或違反稅捐稽徵法、商標法、專利法或其他工商管理法規，經宣告有期徒刑確定，執行完畢、緩刑期滿或赦免後尚未逾五年者。

四、曾受感訓（管訓）處分者。

五、受保安處分之裁定確定，尚未執行、執行中或執行完畢尚未逾十年者。

六、違反銀行法、漁會法、農會法、**信用合作社**法、保險法、證券交易法或管理外匯條例，受刑之宣告確定，執行完畢、緩刑期滿或赦免後尚未逾五年者。

七、曾任法人宣告破產時之負責人，破產終結尚未逾五年，或調協未履行者。

八、使用票據經拒絕往來尚未期滿者，或期滿後五年內仍有存款不足退票紀錄者。

九、因違反銀行法、漁會法、農會法、**信用合作社**法、保險法或證券交易法被解除職務，尚未逾五年者。

十、有事實證明從事或涉及其他不誠信或不正當之活動，顯示其不適合擔任漁會信用部及其分部主任者。

# 漁會信用部業務管理辦法相關條文

中華民國90年7月17日修正

第12條　　有下列情事之一者，不得充任漁會信用部及其分部主任：

一、無行為能力或限制行為能力者。

二、曾犯組織犯罪防制條例規定之罪，經有罪判決確定者。

三、曾犯偽造貨幣、偽造有價證券、侵占、詐欺、背信罪，經宣告有期徒刑以上之刑確定，尚未執行完畢，或執行完畢、緩刑期滿或赦免後尚未逾十年者。

四、曾犯偽造文書、妨害祕密、重利、損害債權罪或違反稅捐稽徵法、商標法、專利法或其他工商管理法規定，經宣告有期徒刑確定，尚未執行完畢，或執行完畢、緩刑期滿或赦免後尚未逾五年者。

五、曾犯貪污罪，受刑之宣告確定，尚未執行完畢，或執行完畢、緩刑期滿或赦免後尚未逾五年者。

六、違反漁會法、農會法、銀行法、保險法、證券交易法、期貨交易法、管理外匯條例、**信用合作社**法、洗錢防制法或其他金融管理法，受刑之宣告確定，尚未執行完畢，或執行完畢、緩刑期滿或赦免後尚未逾五年者。

七、受破產之宣告，尚未復權者。

八、曾任法人宣告破產時之負責人，破產終結尚未逾五年，或調協未履行者。

九、使用票據經拒絕往來尚未恢復往來者，或恢復往來後三年內仍有存款不足退票紀錄者。

十、有重大喪失債信情事尚未了結、或了結後尚未逾五年者。

十一、因違反漁會法、農會法、銀行法、保險法、證券交易法、期貨交易法、**信用合作社**法或其他金融管理法，經主管機關命令撤換或解任，尚未逾五年者。

十二、受感訓處分之裁定確定或因犯竊盜、贓物罪，受強制工作處分之宣告，尚未執行完畢，或執行完畢尚

未逾五年者。

十三、擔任其他銀行、**信用合作社**、農（漁）會信用部、票券金融公司、證券商、證券金融公司、證券投資信託公司、證券投資顧問公司、期貨商或保險業（不包括保險輔助人）之負責人者。但因漁會與銀行間之投資關係，並經財政部核准者，得擔任其他銀行之董事、監察人。

十四、有事實證明從事或涉及其他不誠信或不正當之活動，顯示其不適合擔任漁會信用部及其分部主任者。

# 漁業法相關條文

中華民國104年7月1日修正

第15條　本法所稱漁業權如左：

一、定置漁業權：係指於一定水域，築礁、設柵或設置漁具，以經營採捕水產動物之權。

二、區劃漁業權：係指區劃一定水域，以經營養殖水產動植物之權。

三、專用漁業權：係指利用一定水域，形成漁場，供入漁權人入漁，以經營左列漁業之權：

（一）採捕水產動植物之漁業。

（二）養殖水產動植物之漁業。

（三）以固定漁具在水深二十五公尺以內，採捕水產動物之漁業。

前項專用漁業權之申請人，以漁會或漁業生產**合作社**為限。

第18條　定置及區劃漁業權核准之優先順序如左：

一、漁場所在地鄉（鎮、市、區）之漁業人或漁業從業人。

二、漁場所在地鄉（鎮、市、區）之漁會或漁業生產**合作社**。

三、漁場所在地直轄市或縣（市）之漁業人或漁業從業人。

四、漁場所在地直轄市或縣（市）之漁會或漁業生產**合作社**。

五、漁場所在地鄉（鎮、市、區）之非漁業人或非漁業從業人。

六、漁場所在地直轄市或縣（市）之非漁業人或非漁業從業人。

七、其他直轄市或縣（市）之漁業人或漁業從業人。

八、其他直轄市或縣（市）之非漁業人或非漁業從業人。

　　漁業權期間屆滿前，漁業人申請繼續經營者，免受前項優先順序之限制。

第 19 條　　經核准經營專用漁業權之漁會或漁業生產**合作社**應訂定入漁規章，並報請主管機關核定。

　　非漁會會員或非漁業生產**合作社**社員之入漁，應另以契約約定之。

# 漁業法施行細則相關條文

中華民國104年10月5日修正

第 9 條　　漁業經營之申請人如左：

一、獨資經營者以其出資人為申請人。

二、合夥經營者以其代表一人為申請人。

三、公司、行號經營者以其法定代表人為申請人。

四、公營機構或水產試驗機構以其法定代理人為申請人。

五、漁會或漁業生產**合作社**以其法定代理人為申請人。

第 18 條　　申請經營漁業權漁業，應填具申請書三份，並檢送下

列文件：

一、漁場圖三份（應標註漁場各基準點與陸上相關方位、距離及網具大小等）。

二、事業計畫書三份。

三、申請人為合夥組織者，應附合夥契約書；為公司組織者，應附登記證明文件；為漁會或漁業生產合作社者，應附會員代表大會或社員大會決議紀錄三份。

四、申請漁場地區或水域屬他人所有或占有者，應檢附其同意文件三份。

五、申請專用漁業權漁業者，應另附入漁規章草案三份，其內容應記載：

（一）可申請入漁經營者之資格。

（二）入漁經營之區域及期間。

（三）入漁經營使用之漁法。

（四）其他應遵守之事項。

前項申請書，應記載下列事項：

一、申請人姓名、地址、國民身分證統一編號及職業。

二、漁業種類及名稱。

三、漁場位置、區域及面積或範圍（定置漁業權漁業免填面積）。

四、漁具種類及數量。

五、漁獲對象。

六、漁期。

第19條 專用漁業權作業區域之核准，以不超過該漁會或漁業生產合作社轄區之水域為限。

# 漁船及船員在國外基地作業管理辦法相關條文

中華民國99年7月28日修正

第12條　　國外基地作業漁船所捕撈之漁獲物，應以本船名義銷售。非本船所捕獲之漁獲物，不得以本船名義銷售。

國外基地作業漁船所捕撈之漁獲物在國外基地就地或轉口銷售，均免開立統一發票及免辦出口簽證手續。

國外基地作業漁船所捕撈之漁獲物，符合下列規定之一者，免辦進口簽證及免徵進口關稅：

一、由國外基地作業漁船自行運回國內或經核准委由漁獲物運搬船、其他漁船運回國內。

二、委由商船或飛機運回國內者，經駐外使領館、代表機構或中央主管機關認可之機構或人員簽證確定，且取得中央主管機關核發之漁船捕獲證明文件。

三、委由商船或飛機運回國內，且採行漁船船位回報措施適時回報船位及漁獲狀況，並經中央主管機關指定為特定種類作業漁船，取得其所屬**漁業團體**、直轄市或縣（市）主管機關核轉中央主管機關核發之漁船捕獲證明文件。

前項第三款所定經中央主管機關指定之特定種類作業漁船，由中央主管機關依漁業種類、作業區域及漁業管理實況需要予以公告，並刊登政府公報。

# 漁港法施行細則相關條文

中華民國96年3月15日修正

第2條　　本法第三條第四款第一目至第三目所稱漁港基本設

施、公共設施及一般設施，其內容如下：

一、基本設施：

（一）堤岸防護設施：防波堤、離岸堤、防沙堤、導流堤、防潮堤、護岸、海堤等設施。

（二）碼頭設施：碼頭、棧橋、浮橋、繫船柱等設施。

（三）水域設施：航道、泊地、浮標、繫船浮筒等設施。

（四）運輸設施：道路、漁業作業專用停車場、橋樑等設施。

（五）航行輔助設施：導航標誌、照明、號誌等設施。

（六）公害防治設施：防止公害之導流、排水及廢棄物、廢污水之處理等設施。

（七）漁業通訊設施：陸上無線電台、播音站及氣象信號等設施。

（八）與漁業有關之政府機關辦公設施：漁港管理機關、海岸巡防機關、警察機關等辦公設施。

二、公共設施：魚市場、曳船道、上架場、漁具整補場、曬網場、卸魚設備、漁民活動中心、漁民休憩設施等設施。

三、一般設施：

（一）公用事業設施：加油、電力、電信、郵政、自來水等設施。

（二）漁業相關產業設施及輔助漁港功能設施：製冰廠、冷凍廠、水產加工廠、修造船廠、漁用機械修護廠、漁網具工廠、魚貨直銷中心、漁會、**漁業團體**及漁業人之辦公處所等設施。

# 獎勵經營林業辦法相關條文

中華民國88年6月29日修正

第 2 條　　本辦法獎勵之受獎人如左：

一、私人：指從事林業經營之自然人。

二、團體：指從事林業經營之公、私法人，包括縣（市）政府、鄉（鎮、市、區）公所、公司、協會、**合作社**等。

# 辦理政策性農業專案貸款辦法相關條文

中華民國105年1月21日修正

第 2-1 條　　本辦法所稱農民組織，指農會、漁會、農田水利會及合法登記之**合作社場**。

本辦法所稱農企業，指符合中小企業認定標準之事業。

第 5 條　　第二條第三款輔導漁業經營貸款之對象為漁業（民）團體、生產**合作社**或實際從事下列漁業經營之漁民：

一、海洋漁業，包含漁撈及養殖。

二、陸上養殖。

三、休閒漁業或娛樂漁業。

四、水產加工或運銷等漁業生產。

前項借款人屬養殖業者，應同時具備下列各款條件：

一、漁會法第十五條第一項第一款所定甲類會員、養殖漁業發展協會會員或農會法第十二條所定農會會員。

二、領有養殖漁業登記證或區劃漁業權執照或專用漁業權入漁證明文件。

第一項貸款期限依貸款額度及購置設備耐用年限覈實

貸放，其中資本支出最長十五年，週轉金最長年限如下：

一、龍膽石斑、烏魚及鱸鰻：五年。

二、其餘為三年。

第一項貸款利率為年息百分之一點五。

第6條　　第二條第四款提升畜禽產業經營貸款之對象如下：

一、改善草食家畜經營類、提升養豬經營類及提升家禽產業經營類：已取得畜牧場登記證書或申辦畜牧場登記中，飼養經中央主管機關公告之家畜（不包括馬）或家禽之農民，養乳牛之農民另須檢附收乳證明。

二、畜牧污染防治類：

（一）畜牧場（戶）：已取得畜牧場登記證書或申辦畜牧場登記中之農民。

（二）禽畜糞堆肥場：已取得主管機關核發禽畜糞堆肥場營運許可證或申辦禽畜糞堆肥場營運許可中之農民、農會或**合作社場**。

三、提升畜禽肉品生產經營類：

（一）登記有案之畜牧類（肉品）**合作社場**。

（二）取得屠宰場登記證書者。

（三）屠宰場登記程序申辦中，且已取得屠宰場同意設立文件者。

四、雞蛋友善生產系統類：符合中央主管機關所定雞蛋友善生產系統定義及指南之蛋雞飼養方式，並符合下列條件之一者：

（一）已取得畜牧場登記證書或申辦畜牧場登記中之農民。

（二）未達中央主管機關公告應申請畜牧場登記之飼養規模，已取得農業用地作畜牧設施容許使用同意書之農民。

前項第一款、第二款第一目或第四款第一目申辦畜牧場登記中之農民，僅得申貸資本支出貸款，並應檢附下列各款資料：

一、所在地直轄市、縣（市）政府核發之農業用地容許作農業設施使用同意書影本，其中設施種類欄中所載應為畜牧設施，且設施細目名稱欄中應載有擬申貸之主要畜牧設施或污染防治設備。

二、擬申貸主要畜牧設施或污染防治設備之建造執照或使用執照之證明文件影本。

第一項第二款第二目申辦禽畜糞堆肥場營運許可中之農民、農會或**合作社場**，僅得申貸資本支出貸款，並應檢附下列各款資料：

一、擬申貸堆肥場所在地直轄市、縣（市）政府核發之土地核准作堆肥場使用文件。

二、擬申貸堆肥場房建築物使用執照之證明文件影本。

第一項各款借款人為申辦畜牧場登記證書、屠宰場登記證書或禽畜糞堆肥場營運許可證中者，應於撥貸後二年內補正各該證明文件，屆期未能補正者，視為違約，該筆貸款轉為貸款經辦機構之一般放款，不予利息差額補貼。

第一項貸款期限依貸款額度及購置設備耐用年限覈實貸放，其中資本支出最長十五年，週轉金最長三年。

第一項貸款利率如下：

一、改善草食家畜經營類、提升養豬經營類、提升家禽產業經營類、提升畜禽肉品生產經營類及雞蛋友善生產系統類：年息百分之一點五。

二、畜牧污染防治類：年息百分之一點二五。

第 17 條　　第二條第十五款青年從農創業貸款之對象如下：

一、年齡十八歲以上四十五歲以下，並符合下列條件之

一者：

（一）農業相關科系畢業。

（二）申貸前五年內曾參加中央主管機關所屬機關
（構）、直轄市、縣（市）政府、農（漁）會、
農業學校（院）舉辦之相關農業訓練滿八十小時。

（三）實際從事農業生產並具備下列條件之一者：

1.於中央主管機關核定之農業經營專區內已簽訂
土地利用公約，並取得擔任營運主體之農會所
出具佐證文件。

2.取得農會法第十二條所定農會會員或漁會法第十
五條第一項第一款所定甲類會員資格。

3.受僱從事水產養殖生產工作，並提供僱用契約、
在職證明、勞工保險或其他足資證明受僱文件
之一。

4.於直轄市或縣（市）政府有養殖放養量申報紀錄。

5.出具林業產銷合作社社員之證明文件、森林登記
證、國有林林產物採取（搬運）許可證、公私有
林林產物採運許可證、林業主管機關核發受政府
獎勵造林證明或其他足資證明持續經營林業文件
之一。

6.配合中央主管機關農業政策，並取得中央主管機
關或所屬機關（構）之相關證明文件。

二、依中央主管機關所定青年農民專案輔導相關規定遴選
之專案輔導青年農民。

前項借款人於貸款存續期間，如有農業以外其他職業
者，其所支領之年薪資所得加計執行業務所得之合計數應
低於勞動基準法所定基本工資之全年總額。

第一項貸款期限依貸款額度及購置設備耐用年限覈實

貸放，其中資本支出最長十年。但借款人資格符合第一項第二款者，資本支出最長十五年。

週轉金最長年限如下：

一、果樹、苗木、茶、油茶、龍膽石斑、烏魚及鱸鰻：五年。

二、其餘為三年。

第一項貸款利率為年息百分之一點五。但借款人資格符合同項第二款者，於專案輔導期間，經營規模達中央主管機關所屬機關（構）訂定之專案輔導青年農民申請設施設備補助規定之最低規模以上，並提出證明文件者，租金貸款為無息貸款，其他貸款之利率為年息百分之一。

# 糧食管理法相關條文

中華民國103年6月18日修正

第 4 條　　本法用詞，定義如下：

一、稻米：指稻穀、糙米、白米、碎米及相關產品米。

二、公糧：指政府所有之糧食。

三、糧商：指依本法辦理糧商登記之營利事業、農會或**合作社**。

四、公糧業者：指受主管機關委託承辦公糧經收、保管、加工、撥付業務之糧商。

五、糧食業務：指糧食買賣、經紀、倉儲、加工、輸出及輸入等業務。

六、市場銷售：指於公開場所對不特定人提供商品並取得對價關係之行為。

第 18-2 條　　經依前二條規定廢止糧商登記或部分糧商登記事項之營利事業、農會或**合作社**，自廢止之日起一年內，不得

依本法申請糧商登記或部分糧商登記事項。

　　經依第十八條第二項第三款規定令其限期改正或第十八條第三項處罰、或依前條第一項、第二項規定處罰者，主管機關並得公告違規糧商名稱、地址、負責人姓名、商品名稱、違規情節及商品抽樣地點、日期。

　　前項違規情節嚴重損害消費者權益者，主管機關應令其市售產品三日內下架、一個月內回收。

　　糧商未於前項期限內下架、回收者，處新臺幣十萬元以上三百萬元以下罰鍰；其情節重大者，應令其歇業、停業一定期間、廢止糧商登記或部分糧商登記事項；經廢止之日起一年內，並不得依本法申請糧商登記或部分糧商登記事項。

# 糧商管理規則相關條文

中華民國103年12月15日修正

第4條　　申請糧商及其分支機構之設立登記，應填具申請書（如附件），檢附下列文件並繳納登記費，向糧商及其分支機構所在地當地分署提出申請：

一、經營組織：
　　（一）獨資或合夥：商業登記證明文件及負責人身分證影本。屬於合夥組織者，並應檢附合夥人身分證影本及合夥契約副本或影本。
　　（二）公司：公司登記證明文件及負責人身分證影本。
　　（三）**合作社**及農會：主管機關核准成立、許可或變更之證明文件及負責人身分證影本。

二、業務內容：
　　（一）經營加工業務者：工廠登記證明文件。

（二）經營倉儲業務者：建築物之使用執照影本。

（三）經營輸出、輸入業務者：出進口廠商登記證明
文件。

# 四、財政

## 土地稅法相關條文

中華民國104年7月1日修正

第10條　　本法所稱農業用地，指非都市土地或都市土地農業區、保護區範圍內土地，依法供下列使用者：

一、供農作、森林、養殖、畜牧及保育使用者。

二、供與農業經營不可分離之農舍、畜禽舍、倉儲設備、曬場、集貨場、農路、灌溉、排水及其他農用之土地。

三、**農民團體**與**合作農場**所有直接供農業使用之倉庫、冷凍（藏）庫、農機中心、蠶種製造（繁殖）場、集貨場、檢驗場等用地。

　　本法所稱工業用地，指依法核定之工業區土地及政府核准工業或工廠使用之土地；所稱礦業用地，指供礦業實際使用地面之土地。

第22條　　非都市土地依法編定之農業用地或未規定地價者，徵收田賦。但都市土地合於左列規定者亦同：

一、依都市計畫編為農業區及保護區，限作農業用地使用者。

二、公共設施尚未完竣前，仍作農業用地使用者。

三、依法限制建築，仍作農業用地使用者。

四、依法不能建築，仍作農業用地使用者。

五、依都市計畫編為公共設施保留地，仍作農業用地使用者。

　　前項第二款及第三款，以自耕農地及依耕地三七五減租條例出租之耕地為限。

農民團體與合作農場所有直接供農業使用之倉庫、冷凍（藏）庫、農機中心、蠶種製造（繁殖）場、集貨場、檢驗場、水稻育苗用地、儲水池、農用溫室、農產品批發市場等用地，仍徵收田賦。

公有土地供公共使用及都市計畫公共設施保留地在保留期間未作任何使用並與使用中之土地隔離者，免徵田賦。

# 加值型及非加值型營業稅法相關條文

中華民國104年12月30日修正

第8條　　下列貨物或勞務免徵營業稅：

一、出售之土地。

二、供應之農田灌溉用水。

三、醫院、診所、療養院提供之醫療勞務、藥品、病房之住宿及膳食。

四、依法經主管機關許可設立之社會福利團體、機構及勞工團體，提供之社會福利勞務及政府委託代辦之社會福利勞務。

五、學校、幼稚園與其他教育文化機構提供之教育勞務及政府委託代辦之文化勞務。

六、出版業發行經主管教育行政機關審定之各級學校所用教科書及經政府依法獎勵之重要學術專門著作。

七、（刪除）

八、職業學校不對外營業之實習商店銷售之貨物或勞務。

九、依法登記之報社、雜誌社、通訊社、電視臺與廣播電臺銷售其本事業之報紙、出版品、通訊稿、廣告、節目播映及節目播出。但報社銷售之廣告及電視臺之廣告播映不包括在內。

十、**合作社**依法經營銷售與社員之貨物或勞務及政府委託
　　其代辦之業務。

十一、農會、漁會、工會、商業會、工業會依法經營銷售
　　　與會員之貨物或勞務及政府委託其代辦之業務，或
　　　依農產品市場交易法設立且農會、漁會、**合作社**、
　　　政府之投資比例合計占百分之七十以上之農產品批
　　　發市場，依同法第二十七條規定收取之管理費。

十二、依法組織之慈善救濟事業標售或義賣之貨物與舉辦
　　　之義演，其收入除支付標售、義賣及義演之必要費
　　　用外，全部供作該事業本身之用者。

十三、政府機構、公營事業及社會團體，依有關法令組設
　　　經營不對外營業之員工福利機構，銷售之貨物或
　　　勞務。

十四、監獄工廠及其作業成品售賣所銷售之貨物或勞務。

十五、郵政、電信機關依法經營之業務及政府核定之代辦
　　　業務。

十六、政府專賣事業銷售之專賣品及經許可銷售專賣品之
　　　營業人，依照規定價格銷售之專賣品。

十七、代銷印花稅票或郵票之勞務。

十八、肩挑負販沿街叫賣者銷售之貨物或勞務。

十九、飼料及未經加工之生鮮農、林、漁、牧產物、副產
　　　物；農、漁民銷售其收穫、捕獲之農、林、漁、牧
　　　產物、副產物。

二十、漁民銷售其捕獲之魚介。

二十一、稻米、麵粉之銷售及碾米加工。

二十二、依第四章第二節規定計算稅額之營業人，銷售其
　　　　非經常買進、賣出而持有之固定資產。

二十三、保險業承辦政府推行之軍公教人員與其眷屬保

險、勞工保險、學生保險、農、漁民保險、輸出保險及強制汽車第三人責任保險，以及其自保費收入中扣除之再保分出保費、人壽保險提存之責任準備金、年金保險提存之責任準備金及健康保險提存之責任準備金。但人壽保險、年金保險、健康保險退保收益及退保收回之責任準備金，不包括在內。

二十四、各級政府發行之債券及依法應課徵證券交易稅之證券。

二十五、各級政府機關標售贓餘或廢棄之物資。

二十六、銷售與國防單位使用之武器、艦艇、飛機、戰車及與作戰有關之偵訊、通訊器材。

二十七、肥料、農業、畜牧用藥、農耕用之機器設備、農地搬運車及其所用油、電。

二十八、供沿岸、近海漁業使用之漁船、供漁船使用之機器設備、漁網及其用油。

二十九、銀行業總、分行往來之利息、信託投資業運用委託人指定用途而盈虧歸委託人負擔之信託資金收入及典當業銷售不超過應收本息之流當品。

三　十、金條、金塊、金片、金幣及純金之金飾或飾金。但加工費不在此限。

三十一、經主管機關核准設立之學術、科技研究機構提供之研究勞務。

三十二、經營衍生性金融商品、公司債、金融債券、新臺幣拆款及外幣拆款之銷售額。但佣金及手續費不包括在內。

　　銷售前項免稅貨物或勞務之營業人，得申請財政部核准放棄適用免稅規定，依第四章第一節規定計算營業稅

額。但核准後三年內不得變更。

## 民間參與重大公共建設進口貨物免徵及分期繳納關稅辦法相關條文

中華民國93年10月18日修正

第9條　　　申請適用分期繳納關稅之案件，其納稅義務人應提供相當於海關核定應納稅款之下列擔保之一，向進口地海關辦理分期繳納：

一、政府發行之公債券。

二、銀行定期存款單。

三、**信用合作社**定期存款單。

四、信託投資公司一年以上普通信託憑證。

五、授信機構之保證。

　　　前項第一款至第四款之擔保應設定質權於海關，並經銀行、**信用合作社**、信託投資公司拋棄行使抵銷權；第五款之保證，應經授信機構拋棄先訴抗辯權。

## 民間機構參與交通建設進口貨物免徵及分期繳納關稅辦法相關條文

中華民國91年12月5日修正

第12條　　　核准分期繳納進口關稅之案件，其納稅義務人應提供左列各款擔保之一向海關辦理分期繳納進口關稅。

一、政府發行之公債券。

二、銀行定期存款單。

三、**信用合作社**定期存款單。

四、信託投資公司一年以上普通信託憑證。

五、授信機構之保證。

六、由經營外匯銀行保兌之外國銀行開具以海關為受益人之信用狀。

前項第一款至第四款之擔保應設定質權於海關，並經銀行、**信用合作社**、信託投資公司拋棄行使抵銷權，第五款之保證，保證人應拋棄先訴抗辯權。

# 平衡稅及反傾銷稅課徵實施辦法相關條文

中華民國105年2月2日修正

第6條　　我國同類貨物生產者或與該同類貨物生產者有關經依法令成立之商業、工業、勞工、**農民團體**或其他團體，具產業代表性者，得代表該同類貨物產業，申請對進口貨物課徵平衡稅或反傾銷稅。

前項所定具產業代表性，以申請時最近一年該同類貨物總生產量計算，其明示支持申請案之我國同類貨物生產者之生產量應占明示支持與反對者總生產量百分之五十以上，且占我國該產業總生產量百分之二十五以上。

第10條　　本辦法所定利害關係人，其範圍如下：

一、受調查貨物之國外生產者、出口商與我國進口商，及以我國進口商或國外生產者、出口商為主要會員之商業、工業或**農民團體**。

二、輸出國或地區、產製國或地區之政府或其代表。

三、我國同類貨物之生產者或以其為主要會員之商業、工業或**農民團體**。

四、其他經主管機關認定之利害關係人。

# 印花稅法相關條文

中華民國91年5月15日修正

第6條　　　左列各種憑證免納印花稅：

一、各級政府機關及鄉（鎮、市、區）公所所立或使用在
　　一般應負納稅義務之各種憑證。

二、公私立學校處理公款所發之憑證。

三、公私營事業組織內部，所用不生對外權利義務關係之
　　單據，包括總組織與分組織間互用而不生對外作用之
　　單據。

四、催索欠款或核對數目所用之帳單。

五、各種憑證之正本已貼用印花稅票者，其副本或抄本。

六、車票、船票、航空機票及其他往來客票、行李票。

七、農民（農、林、漁、牧）出售本身生產之農產品所出
　　具之收據。農產品第一次批發交易，由農產品批發市
　　場代農民（農、林、漁、牧）或**農民團體**出具之銷貨
　　憑證。農民（農、林、漁、牧）或**農民團體**辦理共
　　同供銷、運銷，直接供應工廠或出口外銷出具之銷貨
　　憑證。

八、薪給、工資收據。

九、領受賑金、恤金、養老金收據。

十、義務代收稅捐或其他捐獻政府款項者，於代收時所具
　　之收據。

十一、義務代發政府款項者，於向政府領款時所具之收據。

十二、領受退還稅款之收據。

十三、銷售印花稅票收款收據。

十四、財團或社團法人組織之教育、文化、公益或慈善團

體領受捐贈之收據。

十五、農田水利會收取會員水利費收據。

十六、建造或檢修航行於國際航線船舶所訂之契約。

# 各類所得扣繳率標準相關條文

中華民國105年1月6日修正

第3條　　納稅義務人如為非中華民國境內居住之個人，或在中華民國境內無固定營業場所之營利事業，按下列規定扣繳：

一、非中華民國境內居住之個人，如有公司分配之股利，**合作社**所分配之盈餘，合夥組織營利事業合夥人每年應分配之盈餘，獨資組織營利事業資本主每年所得之盈餘，按給付額、應分配額或所得數扣取百分之二十。

二、薪資按給付額扣取百分之十八。但符合下列各目規定之一者，不在此限：

（一）政府派駐國外工作人員所領政府發給之薪資按全月給付總額超過新臺幣三萬元部分，扣取百分之五。

（二）自中華民國九十八年一月一日起，前目所定人員以外之個人全月薪資給付總額在行政院核定每月基本工資一點五倍以下者，按給付額扣取百分之六。

三、佣金按給付額扣取百分之二十。

四、利息按下列規定扣繳：

（一）短期票券到期兌償金額超過首次發售價格部分之利息，按給付額扣取百分之十五。

（二）依金融資產證券化條例或不動產證券化條例規定發行之受益證券或資產基礎證券分配之利息，按

分配額扣取百分之十五。

（三）公債、公司債或金融債券之利息，按給付額扣取
百分之十五。

（四）以前三目之有價證券或短期票券從事附條件交
易，到期賣回金額超過原買入金額部分之利息，
按給付額扣取百分之十五。

（五）其餘各種利息，一律按給付額扣取百分之二十。

五、租金按給付額扣取百分之二十。

六、權利金按給付額扣取百分之二十。

七、競技競賽機會中獎獎金或給與按給付全額扣取百分之
二十。但政府舉辦之獎券中獎獎金，每聯（組、注）
獎額不超過新臺幣二千元者得免予扣繳。

八、執行業務者之報酬按給付額扣取百分之二十。但個人
稿費、版稅、樂譜、作曲、編劇、漫畫、講演之鐘點
費之收入，每次給付額不超過新臺幣五千元者，得免
予扣繳。

九、與證券商或銀行從事結構型商品交易之所得，按所得
額扣取百分之十五。

十、在中華民國境內無固定營業場所及營業代理人之營利
事業，有前九款所列各類所得以外之所得，按給付額
扣取百分之二十。

十一、退職所得按給付額減除定額免稅後之餘額扣取百分
之十八。

十二、告發或檢舉獎金按給付額扣取百分之二十。

本條例第二十五條第四項規定於一課稅年度內在臺灣
地區居留、停留合計未滿一百八十三天之大陸地區人民與
同條第三項及第四項規定在臺灣地區無固定營業場所之大
陸地區法人、團體或其他機構，取得屬前項第二款至第十

二款之臺灣地區來源所得，適用前項各該款規定扣繳。

# 所得基本稅額條例相關條文

中華民國101年8月8日修正

第3條　　營利事業或個人除符合下列各款規定之一者外，應依本條例規定繳納所得稅：

一、獨資或合夥組織之營利事業。

二、所得稅法第四條第一項第十三款規定之教育、文化、公益、慈善機關或團體。

三、所得稅法第四條第一項第十四款規定之消費**合作社**。

四、所得稅法第四條第一項第十九款規定之各級政府公有事業。

五、所得稅法第七十三條第一項規定之非中華民國境內居住之個人或在中華民國境內無固定營業場所及營業代理人之營利事業。

六、依所得稅法第七十五條第二項規定辦理清算申報或同條第六項所定經宣告破產之營利事業。

七、所得稅結算或決算申報未適用法律規定之投資抵減獎勵，且無第七條第一項各款規定所得額之營利事業。

八、所得稅結算申報未適用法律規定之投資抵減獎勵，且無第十二條第一項各款規定金額之個人。

九、依第七條第一項規定計算之基本所得額在新臺幣五十萬元以下之營利事業。

十、依第十二條第一項規定計算之基本所得額在新臺幣六百萬元以下之個人。

　　前項第九款及第十款規定之金額，每遇消費者物價指數較上次調整年度之指數上漲累計達百分之十以上時，按

上漲程度調整之。調整金額以新臺幣十萬元為單位,未達新臺幣十萬元者,按萬元數四捨五入;其調整之公告方式及所稱消費者物價指數,準用所得稅法第五條第四項規定。

# 所得稅法相關條文

中華民國104年12月2日修正

第4條　　　下列各種所得,免納所得稅:

一、(刪除)

二、(刪除)

三、傷害或死亡之損害賠償金,及依國家賠償法規定取得之賠償金。

四、個人因執行職務而死亡,其遺族依法令或規定領取之撫卹金或死亡補償。個人非因執行職務而死亡,其遺族依法令或規定一次或按期領取之撫卹金或死亡補償,應以一次或全年按期領取總額,與第十四條第一項規定之退職所得合計,其領取總額以不超過第十四條第一項第九類規定減除之金額為限。

五、公、教、軍、警人員及勞工所領政府發給之特支費、實物配給或其代金及房租津貼。公營機構服務人員所領單一薪俸中,包括相當於實物配給及房租津貼部分。

六、依法令規定,具有強制性質儲蓄存款之利息。

七、人身保險、勞工保險及軍、公、教保險之保險給付。

八、中華民國政府或外國政府,國際機構、教育、文化、科學研究機關、團體,或其他公私組織,為獎勵進修、研究或參加科學或職業訓練而給與之獎學金及研究、考察補助費等。但受領之獎學金或補助費,如係

為授與人提供勞務所取得之報酬，不適用之。

九、各國駐在中華民國使領館之外交官、領事官及其他享受外交官待遇人員在職務上之所得。

十、各國駐在中華民國使領館及其附屬機關內，除外交官、領事官及享受外交官待遇之人員以外之其他各該國國籍職員在職務上之所得。但以各該國對中華民國駐在各該國使領館及其附屬機關內中華民國籍職員，給與同樣待遇者為限。

十一、自國外聘請之技術人員及大專學校教授，依據外國政府機關、團體或教育、文化機構與中華民國政府機關、團體、教育機構所簽訂技術合作或文化教育交換合約，在中華民國境內提供勞務者，其由外國政府機關、團體或教育、文化機構所給付之薪資。

十二、（刪除）

十三、教育、文化、公益、慈善機關或團體，符合行政院規定標準者，其本身之所得及其附屬作業組織之所得。

十四、依法經營不對外營業消費**合作社**之盈餘。

十五、（刪除）

十六、個人及營利事業出售土地，或個人出售家庭日常使用之衣物、家具，或營利事業依政府規定為儲備戰備物資而處理之財產，其交易之所得。個人或營利事業出售中華民國六十二年十二月三十一日前所持有股份有限公司股票或公司債，其交易所得額中，屬於中華民國六十二年十二月三十一日前發生之部分。

十七、因繼承、遺贈或贈與而取得之財產。但取自營利事業贈與之財產，不在此限。

十八、各級政府機關之各種所得。

十九、各級政府公有事業之所得。

二十、外國國際運輸事業在中華民國境內之營利事業所得。但以各該國對中華民國之國際運輸事業給與同樣免稅待遇者為限。

二十一、營利事業因引進新生產技術或產品，或因改進產品品質，降低生產成本，而使用外國營利事業所有之專利權、商標權及各種特許權利，經政府主管機關專案核准者，其所給付外國事業之權利金；暨經政府主管機關核定之重要生產事業因建廠而支付外國事業之技術服務報酬。

二十二、外國政府或國際經濟開發金融機構，對中華民國政府或中華民國境內之法人所提供之貸款，及外國金融機構，對其在中華民國境內之分支機構或其他中華民國境內金融事業之融資，其所得之利息。外國金融機構，對中華民國境內之法人所提供用於重要經濟建設計畫之貸款，經財政部核定者，其所得之利息。以提供出口融資或保證為專業之外國政府機構及外國金融機構，對中華民國境內之法人所提供或保證之優惠利率出口貸款，其所得之利息。

二十三、個人稿費、版稅、樂譜、作曲、編劇、漫畫及講演之鐘點費之收入。但全年合計數以不超過十八萬元為限。

二十四、政府機關或其委託之學術團體辦理各種考試及各級公私立學校辦理入學考試，發給辦理試務工作人員之各種工作費用。

　　前項第四款所稱執行職務之標準，由行政院定之。

第 8 條　　本法稱中華民國來源所得，係指左列各項所得：

一、依中華民國公司法規定設立登記成立之公司，或經中華民國政府認許在中華民國境內營業之外國公司所分配之股利。

二、中華民國境內之**合作社**或合夥組織營利事業所分配之盈餘。

三、在中華民國境內提供勞務之報酬。但非中華民國境內居住之個人，於一課稅年度內在中華民國境內居留合計不超過九十天者，其自中華民國境外僱主所取得之勞務報酬不在此限。

四、自中華民國各級政府、中華民國境內之法人及中華民國境內居住之個人所取得之利息。

五、在中華民國境內之財產因租賃而取得之租金。

六、專利權、商標權、著作權、祕密方法及各種特許權利，因在中華民國境內供他人使用所取得之權利金。

七、在中華民國境內財產交易之增益。

八、中華民國政府派駐國外工作人員，及一般雇用人員在國外提供勞務之報酬。

九、在中華民國境內經營工商、農林、漁牧、礦冶等業之盈餘。

十、在中華民國境內參加各種競技、競賽、機會中獎等之獎金或給與。

十一、在中華民國境內取得之其他收益。

第 11 條　　本法稱執行業務者，係指律師、會計師、建築師、技師、醫師、藥師、助產士、著作人、經紀人、代書人、工匠、表演人及其他以技藝自力營生者。

　　本法稱營利事業，係指公營、私營或公私合營，以營利為目的，具備營業牌號或場所之獨資、合夥、公司及其

他組織方式之工、商、農、林、漁、牧、礦冶等營利事業。

本法稱公有事業,係指各級政府為達成某項事業目的而設置,不作損益計算及盈餘分配之事業組織。

本法稱教育、文化、公益、慈善機關或團體,係以合於民法總則公益社團及財團之組織,或依其他關係法令,經向主管機關登記或立案成立者為限。

本法稱合作社,係指依合作社法組織,向所在地主管機關登記設立,並依法經營業務之各種合作社。但不合上項規定之組織,雖其所營業務具有合作性質者,不得以合作社論。

本法所稱課稅年度,於適用於有關個人綜合所得稅時,係指每年一月一日起至十二月三十一日止。

第14條　個人之綜合所得總額,以其全年下列各類所得合併計算之:

第一類:營利所得:公司股東所獲分配之股利總額、合作社社員所獲分配之盈餘總額、合夥組織營利事業之合夥人每年度應分配之盈餘總額、獨資資本主每年自其獨資經營事業所得之盈餘總額及個人一時貿易之盈餘皆屬之。公司股東所獲分配之股利總額或合作社社員所獲分配之盈餘總額,應按股利憑單所載股利淨額或盈餘淨額與可扣抵稅額之合計數計算之;合夥人應分配之盈餘總額或獨資資本主經營獨資事業所得之盈餘總額,除獨資、合夥組織為小規模營利事業者,按核定之營利事業所得額計算外,應按核定之營利事業所得額減除全年應納稅額半數後之餘額計算之。

第二類:執行業務所得:凡執行業務者之業務或演技收入,減除業務所房租或折舊、業務上使用器材設備之折舊及修理費,或收取代價提供顧客使用之藥品、材料等

之成本、業務上雇用人員之薪資、執行業務之旅費及其他直接必要費用後之餘額為所得額。執行業務者至少應設置日記帳一種,詳細記載其業務收支項目;業務支出,應取得確實憑證。帳簿及憑證最少應保存五年;帳簿、憑證之設置、取得、保管及其他應遵行事項之辦法,由財政部定之。執行業務者為執行業務而使用之房屋及器材、設備之折舊,依固定資產耐用年數表之規定。執行業務費用之列支,準用本法有關營利事業所得稅之規定;其帳簿、憑證之查核、收入與費用之認列及其他應遵行事項之辦法,由財政部定之。

第三類:薪資所得:凡公、教、軍、警、公私事業職工薪資及提供勞務者之所得:

一、薪資所得之計算,以在職務上或工作上取得之各種薪資收入為所得額。

二、前項薪資包括:薪金、俸給、工資、津貼、歲費、獎金、紅利及各種補助費。但為雇主之目的,執行職務而支領之差旅費、日支費及加班費不超過規定標準者,及依第四條規定免稅之項目,不在此限。

三、依勞工退休金條例規定自願提繳之退休金或年金保險費,合計在每月工資百分之六範圍內,不計入提繳年度薪資所得課稅;年金保險費部分,不適用第十七條有關保險費扣除之規定。

第四類:利息所得:凡公債、公司債、金融債券、各種短期票券、存款及其他貸出款項利息之所得:

一、公債包括各級政府發行之債票、庫券、證券及憑券。

二、有獎儲蓄之中獎獎金,超過儲蓄額部分,視為存款利息所得。

三、短期票券指期限在一年期以內之國庫券、可轉讓銀行

定期存單、公司與公營事業機構發行之本票或匯票及其他經目的事業主管機關核准之短期債務憑證。短期票券到期兌償金額超過首次發售價格部分為利息所得，除依第八十八條規定扣繳稅款外，不併計綜合所得總額。

第五類：租賃所得及權利金所得：凡以財產出租之租金所得，財產出典典價經運用之所得或專利權、商標權、著作權、祕密方法及各種特許權利，供他人使用而取得之權利金所得：

一、財產租賃所得及權利金所得之計算，以全年租賃收入或權利金收入，減除必要損耗及費用後之餘額為所得額。

二、設定定期之永佃權及地上權取得之各種所得，視為租賃所得。

三、財產出租，收有押金或任何款項類似押金者，或以財產出典而取得典價者，均應就各該款項按當地銀行業通行之一年期存款利率，計算租賃收入。

四、將財產借與他人使用，除經查明確係無償且非供營業或執行業務者使用外，應參照當地一般租金情況，計算租賃收入，繳納所得稅。

五、財產出租，其約定之租金，顯較當地一般租金為低，稽徵機關得參照當地一般租金調整計算租賃收入。

第六類：自力耕作、漁、牧、林、礦之所得：全年收入減除成本及必要費用後之餘額為所得額。

第七類：財產交易所得：凡財產及權利因交易而取得之所得：

一、財產或權利原為出價取得者，以交易時之成交價額，減除原始取得之成本，及因取得、改良及移轉該項資

產而支付之一切費用後之餘額為所得額。

二、財產或權利原為繼承或贈與而取得者，以交易時之成交價額，減除繼承時或受贈與時該項財產或權利之時價及因取得、改良及移轉該項財產或權利而支付之一切費用後之餘額為所得額。

三、個人購買或取得股份有限公司之記名股票或記名公司債、各級政府發行之債券或銀行經政府核准發行之開發債券，持有滿一年以上者，於出售時，得僅以其交易所得之半數作為當年度所得，其餘半數免稅。

第八類：競技、競賽及機會中獎之獎金或給與：凡參加各種競技比賽及各種機會中獎之獎金或給與皆屬之：

一、參加競技、競賽所支付之必要費用，准予減除。

二、參加機會中獎所支付之成本，准予減除。

三、政府舉辦之獎券中獎獎金，除依第八十八條規定扣繳稅款外，不併計綜合所得總額。

第九類：退職所得：凡個人領取之退休金、資遣費、退職金、離職金、終身俸、非屬保險給付之養老金及依勞工退休金條例規定辦理年金保險之保險給付等所得。但個人歷年自薪資所得中自行繳付之儲金或依勞工退休金條例規定提繳之年金保險費，於提繳年度已計入薪資所得課稅部分及其孳息，不在此限：

一、一次領取者，其所得額之計算方式如下：

（一）一次領取總額在十五萬元乘以退職服務年資之金額以下者，所得額為零。

（二）超過十五萬元乘以退職服務年資之金額，未達三十萬元乘以退職服務年資之金額部分，以其半數為所得額。

（三）超過三十萬元乘以退職服務年資之金額部分，全

數為所得額。退職服務年資之尾數未滿六個月者，以半年計；滿六個月者，以一年計。

二、分期領取者，以全年領取總額，減除六十五萬元後之餘額為所得額。

三、兼領一次退職所得及分期退職所得者，前二款規定可減除之金額，應依其領取一次及分期退職所得之比例分別計算之。

第十類：其他所得：不屬於上列各類之所得，以其收入額減除成本及必要費用後之餘額為所得額。但告發或檢舉獎金、與證券商或銀行從事結構型商品交易之所得，除依第八十八條規定扣繳稅款外，不併計綜合所得總額。

前項各類所得，如為實物、有價證券或外國貨幣，應以取得時政府規定之價格或認可之兌換率折算之；未經政府規定者，以當地時價計算。

個人綜合所得總額中，如有自力經營林業之所得、受僱從事遠洋漁業，於每次出海後一次分配之報酬、一次給付之撫卹金或死亡補償，超過第四條第一項第四款規定之部分及因耕地出租人收回耕地，而依平均地權條例第七十七條規定，給予之補償等變動所得，得僅以半數作為當年度所得，其餘半數免稅。

第一項第九類規定之金額，每遇消費者物價指數較上次調整年度之指數上漲累計達百分之三以上時，按上漲程度調整之。調整金額以千元為單位，未達千元者按百元數四捨五入。其公告方式及所稱消費者物價指數準用第五條第四項之規定。

第 32 條　　營利事業職工之薪資、合於左列規定者，得以費用或損失列支：

一、公司、**合作社**職工之薪資，經預先決定或約定執行業

務之股東、董事、監察人之薪資，經組織章程規定或股東大會或社員大會預先議決，不論營業盈虧必須支付者。

二、合夥及獨資組織之職工薪資、執行業務之合夥人及資本主之薪資，不論營業盈虧必須支付，且不超過同業通常水準者。

第43-2條　自一百年度起，營利事業對關係人之負債占業主權益超過一定比率者，超過部分之利息支出不得列為費用或損失。

　　前項營利事業辦理結算申報時，應將對關係人之負債占業主權益比率及相關資訊，於結算申報書揭露。

　　第一項所定關係人、負債、業主權益之範圍、負債占業主權益一定比率及其他應遵行事項之辦法，由財政部定之。

　　銀行、**信用合作社**、金融控股公司、票券金融公司、保險公司及證券商，

　　不適用前三項規定。

第66-9條　自八十七年度起，營利事業當年度之盈餘未作分配者，應就該未分配盈餘加徵百分之十營利事業所得稅。

　　前項所稱未分配盈餘，自九十四年度起，係指營利事業當年度依商業會計法規定處理之稅後純益，減除下列各款後之餘額：

一、（刪除）

二、彌補以往年度之虧損及經會計師查核簽證之次一年度虧損。

三、已由當年度盈餘分配之股利淨額或盈餘淨額。

四、已依公司法或其他法律規定由當年度盈餘提列之法定盈餘公積，或已依**合作社**法規定提列之公積金及公

益金。

五、依本國與外國所訂之條約，或依本國與外國或國際機構就經濟援助或貸款協議所訂之契約中，規定應提列之償債基金準備，或對於分配盈餘有限制者，其已由當年度盈餘提列或限制部分。

六、已依公司或**合作社**章程規定由當年度盈餘給付之董、理、監事職工紅利或酬勞金。

七、依其他法律規定，由主管機關命令自當年度盈餘已提列特別盈餘公積或限制分配部分。

八、依其他法律規定，應由稅後純益轉為資本公積者。

九、（刪除）

十、其他經財政部核准之項目。

　　前項第三款至第八款，應以截至各該所得年度之次一會計年度結束前，已實際發生者為限。

　　營利事業當年度之財務報表經會計師查核簽證者，第二項所稱之稅後純益，應以會計師查定數為準。其後如經主管機關查核通知調整者，應以調整更正後之數額為準。

　　營利事業依第二項第五款及第七款規定限制之盈餘，於限制原因消滅年度之次一會計年度結束前，未作分配部分，應併同限制原因消滅年度之未分配盈餘計算，加徵百分之十營利事業所得稅。

第76條　　納稅義務人辦理結算申報，應檢附自繳稅款繳款書收據與其他有關證明文件及單據；其為營利事業所得稅納稅義務人者，並應提出資產負債表、財產目錄及損益表。

　　公司及**合作社**負責人於申報營利事業所得稅時，應將股東或社員之姓名、

　　住址、已付之股利或盈餘數額；合夥組織之負責人應將合夥人姓名、住址、出資比例及分配損益之比例，列單

申報。

第88條　　納稅義務人有下列各類所得者，應由扣繳義務人於給付時，依規定之扣繳率或扣繳辦法，扣取稅款，並依第九十二條規定繳納之：

一、公司分配予非中華民國境內居住之個人及總機構在中華民國境外之營利事業之股利淨額；**合作社**、合夥組織或獨資組織分配予非中華民國境內居住之社員、合夥人或獨資資本主之盈餘淨額。

二、機關、團體、學校、事業、破產財團或執行業務者所給付之薪資、利息、租金、佣金、權利金、競技、競賽或機會中獎之獎金或給與、退休金、資遣費、退職金、離職金、終身俸、非屬保險給付之養老金、告發或檢舉獎金、結構型商品交易之所得、執行業務者之報酬，及給付在中華民國境內無固定營業場所或營業代理人之國外營利事業之所得。

三、第二十五條規定之營利事業，依第九十八條之一之規定，應由營業代理人或給付人扣繳所得稅款之營利事業所得。

四、第二十六條規定在中華民國境內無分支機構之國外影片事業，其在中華民國境內之營利事業所得額。

　　獨資、合夥組織之營利事業依第七十一條第二項或第七十五條第四項規定辦理結算申報或決算、清算申報，有應分配予非中華民國境內居住之獨資資本主或合夥組織合夥人之盈餘總額者，應於該年度結算申報或決算、清算申報法定截止日前，由扣繳義務人依規定之扣繳率扣取稅款，並依第九十二條規定繳納；其後實際分配時，不適用前項第一款之規定。

　　前二項各類所得之扣繳率及扣繳辦法，由財政部擬

訂，報請行政院核定。

第89條　前條各類所得稅款，其扣繳義務人及納稅義務人如下：

一、公司分配予非中華民國境內居住之個人及總機構在中華民國境外之營利事業之股利淨額；**合作社**分配予非中華民國境內居住之社員之盈餘淨額；獨資、合夥組織之營利事業分配或應分配予非中華民國境內居住之獨資資本主或合夥組織合夥人之盈餘，其扣繳義務人為公司、**合作社**、獨資組織或合夥組織負責人；納稅義務人為非中華民國境內居住之個人股東、總機構在中華民國境外之營利事業股東、非中華民國境內居住之社員、合夥組織合夥人或獨資資本主。

二、薪資、利息、租金、佣金、權利金、執行業務報酬、競技、競賽或機會中獎獎金或給與、退休金、資遣費、退職金、離職金、終身俸、非屬保險給付之養老金、告發或檢舉獎金、結構型商品交易之所得，及給付在中華民國境內無固定營業場所或營業代理人之國外營利事業之所得，其扣繳義務人為機關、團體、學校之責應扣繳單位主管、事業負責人、破產財團之破產管理人及執行業務者；納稅義務人為取得所得者。

三、依前條第一項第三款規定之營利事業所得稅扣繳義務人，為營業代理人或給付人；納稅義務人為總機構在中華民國境外之營利事業。

四、國外影片事業所得稅款扣繳義務人，為營業代理人或給付人；納稅義務人為國外影片事業。

扣繳義務人未履行扣繳責任，而有行蹤不明或其他情事，致無從追究者，

稽徵機關得逕向納稅義務人徵收之。

機關、團體、學校、事業、破產財團或執行業務者每

年所給付依前條規定應扣繳稅款之所得，及第十四條第一項第十類之其他所得，因未達起扣點，或因不屬本法規定之扣繳範圍，而未經扣繳稅款者，應於每年一月底前，將受領人姓名、住址、國民身分證統一編號及全年給付金額等，依規定格式，列單申報主管稽徵機關；並應於二月十日前，將免扣繳憑單填發納稅義務人。每年一月遇連續三日以上國定假日者，免扣繳憑單申報期間延長至二月五日止，免扣繳憑單填發期間延長至二月十五日止。

第 106 條　　有下列各款事項者，除由該管稽徵機關限期責令補報或補記外，處以一千五百元以下罰鍰：

一、（刪除）

二、公司組織之營利事業負責人、**合作社**之負責人，違反第七十六條規定，屆期不申報應分配或已分配與股東或社員之股利或盈餘。

三、合夥組織之營利事業負責人，違反第七十六條規定，不將合夥人之姓名、住址、投資數額及分配損益之比例，列單申報。

四、營利事業負責人，違反第九十條規定，不將規定事項詳細記帳。

五、倉庫負責人，違反第九十一條第一項規定，不將規定事項報告。

# 所得稅法施行細則相關條文

中華民國103年9月30日修正

第 56 條　　本法所稱小規模營利事業，指規模狹小，交易零星，每月銷售額未達使用統一發票標準而按查定課徵營業稅之營利事業。

　　本法第六十九條第四款所稱依本法或其他有關法律規定免徵營利事業所得稅者，指依本法第四條第一項第十三款、第十四款及第十九款規定免納所得稅之教育、文化、公益、慈善機關或團體及其附屬作業組織、依法經營不對外營業之消費**合作社**、公有事業及依廢止前獎勵投資條例第六條、已廢止之促進產業升級條例於中華民國八十八年十二月三十一日修正施行前第八條之一、廢止前促進產業升級條例第九條、第九條之二、第十條、第十五條、第七十條之一、九十年一月二十日修正施行前科學工業園區設置管理條例第十五條、科學工業園區設置管理條例第十八條、獎勵民間參與交通建設條例第二十八條、已廢止之九二一震災重建暫行條例於八十九年十一月二十九日修正施行前第四十條、促進民間參與公共建設法第三十六條、企業併購法第三十七條、第三十九條、國際金融業務條例第十三條、第二十二條之七、八十九年一月二十六日修正施行前農業發展條例第十八條、國際機場園區發展條例第三十五條、自由貿易港區設置管理條例第二十九條及其他法律規定全部所得額免徵營利事業所得稅之營利事業。

# 海關查扣侵害商標權物品實施辦法相關條文

中華民國101年8月2日修正

第3條　　　申請查扣有侵害商標權之虞之物品，應提供相當於海關核估該進口貨物完稅價格或出口貨物離岸價格之保證金或相當之下列擔保：

一、政府發行之公債。

二、銀行定期存單。

三、**信用合作社**定期存單。

四、信託投資公司一年以上普通信託憑證。

五、授信機構之保證。

　　前項第一款至第四款之擔保，應設定質權於海關。

# 海關查扣侵害專利權物實施辦法相關條文

中華民國103年3月24日發布

第3條　　查扣之申請符合前條之規定者，海關應即通知申請人提供相當於海關核估該進口物完稅價格之保證金或相當之下列擔保：

一、政府發行之公債。

二、銀行定期存單。

三、**信用合作社**定期存單。

四、信託投資公司一年以上普通信託憑證。

五、授信機構之保證。

　　前項第一款至第四款之擔保，應設定質權於海關。

　　申請人未提供第一項保證金或相當之擔保前，海關對於疑似侵權物依進口貨物通關規定辦理。

# 海關查扣著作權或製版權侵害物實施辦法相關條文

中華民國94年1月27日修正

第2條　　著作權人或製版權人依本法第九十條之一第一項規定對輸入或輸出侵害其著作權或製版權之物申請查扣者，應提供相當於海關核估該進口貨物完稅價格或出口貨物離岸價格之保證金，作為被查扣人因查扣所受損害之賠償擔保，並以書面敘明下列事項，向貨物輸入或輸出地海關申請之：

一、享有著作權或製版權。

二、足以辨認侵害物之描述。

三、侵害事實。

　　前項第一款及第三款事項應釋明之。

　　第一項之保證金，得以下列擔保代之：

一、政府發行之公債。

二、銀行定期存單。

三、**信用合作社**定期存單。

四、信託投資公司一年以上普通信託憑證。

五、授信機構之保證。

　　前項第一款至第四款之擔保，應設定質權於海關。

# 海關實施假扣押或其他保全措施裁量基準及作業辦法相關條文

中華民國100年4月12日修正

第5條　　前條所稱相當擔保，指除現金外，相當於欠繳應繳關稅、滯納金或罰鍰金額之下列擔保：

一、政府發行之公債。

二、銀行定期存單。

三、**信用合作社**定期存單。

四、信託投資公司一年以上普通信託憑證。

五、授信機構之保證。

六、其他經財政部核准，易於變價及保管，且無產權糾紛之財產。

　　前項第一款至第四款及第六款之擔保，應依法設定抵押權或質權於海關。

# 海關管理承攬業辦法相關條文

中華民國104年3月25日發布

第6條　　　承攬業經核准登記之翌日起十日內，應依下列規定向海關繳納保證金，以完成核准登記：

一、海運承攬業應繳納保證金新臺幣一百萬元；其為安全認證優質企業者，應繳納保證金新臺幣五十萬元。

二、空運承攬業應繳納保證金新臺幣二十萬元；其為安全認證優質企業者，應繳納保證金新臺幣十萬元。

　　前項保證金數額調整時，承攬業應於海關通知到達之翌日起三十日內領回或補繳其差額。

　　第一項保證金，除以現金繳納外，得以下列方式提供：

一、政府發行之公債。

二、銀行定期存單。

三、**信用合作社**定期存單。

四、信託投資公司一年以上普通信託憑證。

五、授信機構之保證。

六、其他經財政部核准，易於變價及保管，且無產權糾紛之財產。

　　前項第一款至第四款及第六款之擔保，應依法設定抵押權或質權於海關。

# 海關管理保稅運貨工具辦法相關條文

中華民國102年4月18日修正

第6條　　　經核准登記之保稅運貨工具，其所有人應於核准登記之翌日起十日內，依下列規定向海關繳納保證金，以完成

登記；但其所有人為政府機關或公營事業機構者，不在
此限。

一、保稅卡車每輛繳納保證金新臺幣五萬元。

二、駁船依下列方式繳納保證金：

（一）加入駁船公會由公會具名成立聯保者，每艘保證
金新臺幣五萬元。

（二）未參加聯保者，每艘保證金新臺幣八萬元。

（三）同一所有人登記駁船在五艘以上者，其保證金按
七折繳納。

三、保稅貨箱，長度未達十五呎者，每箱繳納保證金新臺
幣三千元，十五呎（含）以上未達二十呎者，每箱繳
納保證金新臺幣三萬元，二十呎（含）以上者，每箱
繳納保證金新臺幣五萬元。箱數超過一百者，其超過
部分之保證金按七折繳納。

前項保證金得以下列方式提供：

一、政府發行之公債。

二、銀行定期存單。

三、**信用合作社**定期存單。

四、信託投資公司一年以上普通信託憑證。

五、授信機構之保證。

六、其他經財政部核准，易於變價及保管，且無產權糾紛
之財產。

前項第一款至第四款及第六款之擔保，應依法設定抵
押權或質權於海關。

# 海關管理貨櫃集散站辦法相關條文

中華民國104年12月7日修正

第4條　　　集散站經營業經交通部核准設立，應檢具下列文件，送經當地海關會同當地航政機關實地勘察後，核准登記為集散站。其專營或兼營轉口貨物者，除內陸集散站經財政部關務署（以下簡稱關務署）依第九條規定辦理公告外，以設置於港區範圍內與貨櫃碼頭相連之港口集散站或碼頭專區為限。

一、申請書：應載明申請機關、公司或行號之名稱、統一編號、地址、電話號碼及負責人銜稱、姓名、身分證統一編號、電話號碼及其住址。

二、集散站地點、建築構造、交通部核准設立面積範圍及站內布置圖說。

三、集散站土地及建築物使用權證件及其影本。

四、集散站經營業許可證及其影本。

五、與通關網路業者簽訂之契約書。

前項第三款之文件，如申請人為政府機關或公營事業者，得予免送。

集散站業者依交通部所核准設立面積範圍，應與外界有明顯之區隔。

經核准登記之集散站應於核准登記之翌日起十日內，向海關繳納保證金新臺幣三十萬元，以完成登記。但集散站業者為政府機關或公營事業者，得予免繳。

前項保證金除以現金繳納外，得以下列方式提供：

一、政府發行之公債。

二、銀行定期存單。

三、**信用合作社**定期存單。

四、信託投資公司一年以上普通信託憑證。

五、授信機構之保證。

六、其他經財政部核准，易於變價及保管，且無產權糾紛之財產。

前項第一款至第四款及第六款之擔保，應依法設定抵押權或質權於海關。

經完成登記之集散站，由海關發給集散站登記證後，仍應每兩年向海關辦理複勘及校正，複勘時，並由海關會同當地航政機關為之。登記證遺失時，應即申請補發。

# 國有邊際養殖用地放領實施辦法相關條文

中華民國91年2月20日修正

第6條　　**合作農場**或其他與農業有關之團體（以下簡稱農業團體）於中華民國六十五年九月二十四日以前已承租國有邊際養殖用地者，由該土地管理機關與其承租人終止租約，並依規定與**合作農場**場員、農業團體會員重新訂立租約後放領與本辦法發布時使用該土地之**合作農場**場員、農業團體會員。

前項所定場員或會員之身分，由該**合作農場**或農業團體確認之。

# 統一發票使用辦法相關條文

中華民國104年3月9日修正

第4條　　合於下列規定之一者，得免用或免開統一發票：

一、小規模營業人。

二、依法取得從事按摩資格之視覺功能障礙者經營，且全部由視覺功能障礙者提供按摩勞務之按摩業。

三、計程車業及其他交通運輸事業客票收入部分。

四、依法設立之免稅商店及離島免稅購物商店。

五、供應之農田灌溉用水。

六、醫院、診所、療養院提供之醫療勞務、藥品、病房之住宿及膳食。

七、依法經主管機關許可設立之社會福利團體、機構及勞工團體，提供之社會福利勞務及政府委託代辦之社會福利勞務。

八、學校、幼稚園及其他教育文化機構提供之教育勞務，及政府委託代辦之文化勞務。

九、職業學校不對外營業之實習商店。

十、政府機關、公營事業及社會團體依有關法令組設經營，不對外營業之員工福利機構。

十一、監獄工廠及其作業成品售賣所。

十二、郵政、電信機關依法經營之業務及政府核定代辦之業務，政府專賣事業銷售之專賣品。但經營本業以外之部分，不包括在內。

十三、經核准登記之攤販。

十四、（刪除）

十五、理髮業及沐浴業。

十六、按查定課徵之特種飲食業。

十七、依法登記之報社、雜誌社、通訊社、電視臺及廣播電臺銷售其本事業之報紙、出版品、通訊稿、廣告、節目播映、節目播出。但報社銷售之廣告及電視臺之廣告播映，不包括在內。

十八、代銷印花稅票或郵票之勞務。

十九、**合作社**、農會、漁會、工會、商業會、工業會依法
　　　經營銷售與社員、會員之貨物或勞務及政府委託其
　　　代辦之業務。

二十、各級政府發行之債券及依法應課徵證券交易稅之
　　　證券。

二十一、各級政府機關標售贓餘或廢棄之物資。

二十二、法院、海關及其他機關拍賣沒入或查封之財產、
　　　　貨物或抵押品。

二十三、銀行業。

二十四、保險業。

二十五、信託投資業、證券業、期貨業及票券業。

二十六、典當業之利息收入及典物孳生之租金。

二十七、娛樂業之門票收入、說書場、遊藝場、撞球場、
　　　　桌球場、釣魚場及兒童樂園等收入。

二十八、外國國際運輸事業在中華民國境內無固定營業場
　　　　所，而由代理人收取自國外載運客貨進入中華民
　　　　國境內之運費收入。

二十九、營業人取得之賠償收入。

三　十、依法組織之慈善救濟事業標售或義賣之貨物與舉
　　　　辦之義演，其收入除支付標售、義賣及義演之必
　　　　要費用外，全部供作該事業本身之用者。

三十一、經主管機關核准設立之學術、科技研究機構提供
　　　　之研究勞務。

三十二、農產品批發市場之承銷人。

三十三、營業人外銷貨物、與外銷有關之勞務或在國內提
　　　　供而在國外使用之勞務。

三十四、保稅區營業人銷售與課稅區營業人未輸往課稅區
　　　　而直接出口之貨物。

三十五、其他經財政部核定免用或免開統一發票者。

# 發展再生能源進口貨物免徵及分期繳納關稅辦法相關條文

中華民國99年1月14日發布

第7條 　　申請適用分期繳納關稅之案件，其納稅義務人應提供相當於海關核定應納稅款之下列擔保之一，向進口地海關辦理分期繳納：

一、政府發行之公債。

二、銀行定期存單。

三、**信用合作社**定期存單。

四、信託投資公司一年以上普通信託憑證。

五、授信機構之保證。

　　前項第一款至第四款之擔保，應設定質權於海關。

# 菸酒管理法相關條文

中華民國103年6月18日修正

第9條 　　菸製造業者以股份有限公司為限。

　　酒製造業者，除未變性酒精製造業者以股份有限公司為限外，應為公司、合夥、獨資事業或其他依法設立之農業組織。

# 菸酒管理法施行細則相關條文

中華民國103年12月22日修正

第5條 　　本法第九條第二項所稱農業組織，指依法設立之農

會、農業產銷班、農業**合作社**、**合作農場**或其他農業組織。

# 進口貨物先放後稅實施辦法相關條文

中華民國103年12月11日修正

第4條　　本辦法所稱之擔保，指合於下列各款之一者：

一、現金。

二、政府發行之公債券。

三、銀行定期存單。

四、**信用合作社**定期存單。

五、信託投資公司一年以上普通信託憑證。

六、授信機構之保證。

七、其他經財政部核准，易於變價及保管，且無產權糾紛之財產。

前項第二款至第五款及第七款之擔保，應依法設定抵押權或質權於海關。

# 運輸工具進出口通關管理辦法相關條文

中華民國104年3月25日修正

第12條　　運輸業經核准登記之翌日起十日內應向海關繳納保證金新臺幣五萬元，以完成登記。

保證金數額調整時，運輸業應於海關通知之翌日起一個月內領回或補繳其差額。

保證金除以現金繳納外，得以下列方式提供：

一、政府發行之公債。

二、銀行定期存單。

三、**信用合作社**定期存單。

四、信託投資公司一年以上普通信託憑證。

五、授信機構之保證。

六、其他經財政部核准，易於變價及保管，且無產權糾紛之財產。

前項第一款至第四款及第六款之擔保，應依法設定抵押權或質權於海關。

## 優質企業認證及管理辦法相關條文

中華民國104年9月22日修正

第4條　依本辦法規定提供之稅費擔保，以下列方式為之：

一、現金。

二、政府發行之公債。

三、銀行定期存單。

四、**信用合作社**定期存單。

五、信託投資公司一年以上普通信託憑證。

六、授信機構之保證。

七、其他經財政部核准，易於變價及保管，且無產權糾紛之財產。

前項第二款至第五款及第七款之擔保，應依法設定抵押權或質權於海關。

## 營利事業委託會計師查核簽證申報所得稅辦法相關條文

中華民國94年12月30日修正

第3條　下列各營利事業，其營利事業所得稅結算申報，應委託經財政部核准登記為稅務代理人之會計師查核簽證申報：

一、銀行業、**信用合作社**業、信託投資業、票券金融業、融資性租賃業、證券業（證券投資顧問業除外）、期貨業及保險業。

二、公開發行股票之營利事業。

三、依原獎勵投資條例或促進產業升級條例或其他法律規定，經核准享受免徵營利事業所得稅之營利事業，其全年營業收入淨額與非營業收入在新臺幣五千萬元以上者。

四、依金融控股公司法或企業併購法或其他法律規定，合併辦理所得稅結算申報之營利事業。

五、不屬於以上四款之營利事業，其全年營業收入淨額與非營業收入在新臺幣壹億元以上者。

# 營利事業所得稅查核準則相關條文

中華民國103年9月30日修正

第71條　薪資支出：

一、所稱薪資總額包括：薪金、俸給、工資、津貼、獎金、營業盈餘之分配、按公司權益商品價格基礎之給付、退休金、退職金、養老金、資遣費、按期定額給付之交通費及膳宿費、各種補助費及其他給與。

二、公司、**合作社**職工之薪資，經事先決定或約定，執行業務之股東、董事、監察人之薪資，經組織章程規定或股東大會或社員大會預先議決，不論盈虧必須支付者，准予核實認列。

三、合夥及獨資組織執行業務之合夥人，資本主及經理之薪資，不論盈虧必須支付者，准予核實認列；其他職工之薪資，不論盈虧必須支付並以不超過規定之通常

水準為限。其超過部分，應不予認定。上述薪資通常水準，由財政部各地區國稅局於會計年度開始二個月前調查擬訂，報請財政部核定之。

四、公司為獎勵及酬勞員工，以員工分紅入股、發行員工認股權憑證、現金增資保留部分股份供員工認購、買回庫藏股轉讓予員工等獎酬公司員工者，自中華民國九十七年一月一日起，可核實認定為薪資費用。

五、公司股東、董事或合夥人兼任經理或職員者，應視同一般之職工，核定其薪資支出。

六、薪資支出非為定額，但依公司章程、股東會議決、合夥契約或其他約定有一定計算方法，而合於第二款及第三款規定者，應予認定。

七、聘用外國技術人員之薪資支出，於查帳時，應依所提示之聘用契約核實認定。

八、營利事業職工退休金費用認列規定如下：

（一）適用勞動基準法之營利事業，依勞動基準法提撥之勞工退休準備金，或依勞工退休金條例提繳之勞工退休金或年金保險費，每年度得在不超過當年度已付薪資總額百分之十五限度內，以費用列支。

（二）非適用勞動基準法之營利事業定有職工退休辦法者，每年度得在不超過當年度已付薪資總額百分之四限度內，提列職工退休金準備，並以費用列支。但營利事業設置職工退休基金，與該營利事業完全分離，其保管、運用及分配等符合財政部之規定者，每年度得在不超過當年度已付薪資總額百分之八限度內，提撥職工退休基金，並以費用列支。

（三）營利事業得依前二目擇一提撥勞工退休準備金、職工退休基金、提繳勞工退休金或年金保險費、提列職工退休金準備。

（四）已依前三目規定提列職工退休金準備、提撥職工退休基金、勞工退休準備金者，以後職工退休、資遣發給退休金或資遣費時，應儘先沖轉職工退休金準備，或由職工退休基金或依法由勞工退休準備金項下支付；不足時，始得以當年度費用列支。

（五）依勞工退休金條例第七條第二項、第十四條第四項及同條例施行細則第二十條第三項規定，為不適用勞動基準法之本國籍工作者或委任經理人提繳之退休金，每年度得在不超過當年度已付薪資總額百分之六限度內，以費用列支。但不得再依第一目及第二目規定重複列報退休金費用。

九、營利事業因解散、廢止、合併或轉讓，依第七十五條規定計算清算所得時，勞工退休準備金或職工退休金準備或職工退休基金之累積餘額，應轉作當年度收益處理。但轉讓時，經約定全部員工均由新組織留用，並繼續承認其年資者，其以往年度已依法提列之職工退休金準備累積餘額，得轉移新組織列帳。

十、薪資支出未依法扣繳所得稅款者，除應通知限期補繳、補報扣繳憑單，並依法處罰外，依本條有關規定予以認定。

十一、支付臨時工資，應有簽名或蓋章之收據或名冊為憑。

十二、薪資支出之原始憑證，為收據或簽收之名冊；其由工會或**合作社**出具之收據者，應另付工人之印領清

冊；職工薪資如係送交銀行分別存入各該職工帳戶
者，應以銀行蓋章證明存入之清單予以認定。

十三、因業務需要延時加班而發給之加班費，應有加班紀
錄，憑以認定；其未提供加班紀錄或超出勞動基準
法第三十二條所訂定之標準部分，仍應按薪資支
出列帳，並應依規定合併各該員工之薪資所得扣繳
稅款。

# 關稅法相關條文

中華民國103年8月20日總修正

第11條　　　依本法提供之擔保或保證金，得以下列方式為之：

一、現金。

二、政府發行之公債。

三、銀行定期存單。

四、**信用合作社**定期存單。

五、信託投資公司一年以上普通信託憑證。

六、授信機構之保證。

七、其他經財政部核准，易於變價及保管，且無產權糾紛
之財產。

前項第二款至第五款及第七款之擔保，應依法設定抵
押權或質權於海關。

# 五、經濟

## 中小企業發展條例相關條文

中華民國105年1月6日修正

第7條　　主管機關為推動中小企業相互合作，應以左列事項為輔導重點：

一、業界垂直合併及中心衛星工廠制度之建立與推廣。

二、業界水平合併及聯合產銷制度之建立與推廣。

三、互助基金或**合作事業**。

四、技術合作與共同技術之開發。

五、共同設備之購置。

六、行銷據點之建立。

## 公司名稱及業務預查審核準則相關條文

中華民國104年11月30日修正

第10條　　公司之特取名稱不得使用下列文字：

一、單字。

二、連續四個以上疊字或二個以上疊詞。

三、我國及外國國名。但外國公司其本公司以國名為公司名稱者，不在此限。

四、第七條第一項第二款、第三款之文字或商品名稱。

　　公司之名稱不得使用下列文字：

一、管理處、服務中心、福利中心、活動中心、農會、漁會、公會、工會、機構、聯社、福利社、**合作社**、研習班、研習會、產銷班、研究所、事務所、聯誼社、

      聯誼會、互助會、服務站、大學、學院、文物館、社
      區、寺廟、基金會、協會、社團、財團法人或其他易
      於使人誤認為與政府機關或公益團體有關之名稱。

二、關係企業、企業關係、關係、集團、聯盟、連鎖或其
      他表明企業結合之文字。

三、其他不當之文字。

# 出進口廠商登記辦法相關條文

中華民國103年6月10日修正

第 10-1 條      法人、團體依本法第十條第二項規定申請登記為出
進口廠商者，應檢附申請書及法人登記證書、**合作社**登記
證或其他經目的事業主管機關核發之立案證書。

      前項法人、團體申請出進口廠商登記，準用本辦法有
關登記、變更登記程序、英文名稱使用及其他應遵行事項
之規定。

# 原產地證明書及加工證明書管理辦法相關條文

中華民國102年1月17日修正

第 8 條      依本法第二十條之二第一項或第二項本文簽發原產地
證明書或加工證明書之財團法人、工業團體、商業團體、
農會、漁會、省級以上之農業**合作社**或省級以上之農產品
產銷協會，應符合下列條件：

一、財團法人
  （一）屬經濟部監督之經濟事務財團法人。
  （二）捐助章程之業務項目含接受政府委託核發產業所
       需相關證明。

二、工、商業團體

（一）最近二年經人民團體主管機關評鑑為甲等以上或
經人民團體主管機關認定最近二年會務運作正常。

（二）前一年內無受貿易局停止六個月以上簽發原產地
證明書或加工證明書之處分或終止委託之紀錄。

三、農會

（一）縣（市）級以上之農會。

（二）最近二年經其主管機關考核為甲等以上或認定最
近二年會務運作正常。

（三）組織章程之業務項目含接受政府委託或經其主管
機關特准辦理事項。

（四）前一年內無受貿易局停止六個月以上簽發原產地
證明書或加工證明書之處分或終止委託之紀錄。

四、漁會、省級以上之農業**合作社**或省級以上之農產品產
銷協會

（一）最近二年經其主管機關考核為甲等以上或認定最
近二年會（社）務運作正常。

（二）組織章程之業務項目含接受政府委託或經其主管
機關特准辦理事項。

（三）前一年內無受貿易局停止六個月以上簽發原產地
證明書或加工證明書之處分或終止委託之紀錄。

第9條　　　工業團體、商業團體、農會、漁會、省級以上之農
業**合作社**或省級以上之農產品產銷協會，符合前條簽發條
件，得於貿易局公告之期間內，向貿易局申請核准其簽發
本法第二十條之二第二項但書之特定原產地證明書。但簽
發單位有下列情形之一者，貿易局得不予核准：

一、不符合國際條約、協定、國際組織規範或外國政府之
要求。

二、簽發單位申請時之前一年內受停止簽發原產地證明書
　　之處分。

三、簽發單位申請時之前一年內未有簽發原產地證明書之
　　紀錄。

四、經廢止核准之日起至重新申請之日止未滿一年。

　　經貿易局核准簽發特定原產地證明書之簽發單位，依
本法第二十八條第三項規定受停止簽發特定原產地證明書
處分，停止簽發期滿，欲簽發特定原產地證明書者，須依
前項規定重新申請。

第10條　　財團法人、工業團體、商業團體、農會、漁會、省級
以上之農業**合作社**或省級以上之農產品產銷協會，依本法
第二十條之二第一項或第二項簽發原產地證明書或加工證
明書，應事先檢具下列文件送貿易局審查：

一、依法核准設立及符合第八條或第九條條件之證明文件。

二、使用於原產地證明書或加工證明書上之簽發單位章戳
　　及簽發人員之簽名樣章。

三、符合貿易局規定簽發原產地證明書或加工證明書之軟
　　硬體設備清單。

四、原產地證明書或加工證明書線上作業系統使用申請書。

　　本辦法於中華民國九十九年七月二十日修正前已為
本法第二十條之二第二項原產地證明書之簽發單位，且於
該日前一年內未受停止六個月以上簽發原產地證明書處分
者，得檢具使用於加工證明書上之簽發單位章戳及簽發人
員之簽名樣章，送貿易局審查辦理簽發加工證明書，不適
用前項規定。

　　前二項簽發人員之簽名樣章，於送件審查時，經表明
其使用與原產地證明書或加工證明書上相同者，得免檢具
該文件。

第一項及第二項使用於原產地證明書或加工證明書之簽發單位章戳及簽發人員之簽名樣章修改時，應先送貿易局辦理變更。

# 商業名稱及所營業務預查審核準則相關條文

中華民國104年12月10日修正

第10條 商業名稱不得使用下列文字：

一、會、局、處、署、黨、隊、中心、縣（市）府、農會、漁會、公會、工會、機構、聯社、福利社、**合作社**、教育會、研習班、研習會、產銷班、研究所、事務所、聯誼社、聯誼會、互助會、服務站、大學、學院、文物館、社區、寺廟、基金會、協會、社團、財團法人或其他易於使人誤認為與政府機關或公益團體有關之名稱。

二、妨害公共秩序或善良風俗之名稱。

三、公司、商社、會社或其他類似公司組織之文字。

四、有限合夥或其他類似有限合夥組織之文字。

五、易於使人誤認為與專門職業技術人員執業範圍有關之文字。

六、易於使人誤認為性質上非屬營利事業之文字。

七、關係企業、企業關係、關係、集團、聯盟、連鎖或其他表明企業結合之文字。

八、其他不當之文字。

# 專任電氣技術人員及用電設備檢驗維護業管理規則相關條文

中華民國104年6月60日修正

第3條　　　本規則所稱用電場所,指低壓(六百伏特以下)受電且契約容量達五十瓩以上,裝有電力設備之工廠、礦場或供公眾使用之建築物,及高壓(超過六百伏特至二萬二千八百伏特)與特高壓(超過二萬二千八百伏特)受電,裝有電力設備之場所。

前項所稱供公眾使用之建築物如下:

一、劇院、電影院、演藝場、歌廳、舞廳、夜總會、俱樂部、指壓按摩場所、錄影節目帶播映場所、視聽歌唱場所、酒家、酒店。

二、保齡球館、遊藝場、室內兒童樂園、室內溜冰場、室內游泳池、體育館、健身休閒中心、電子遊戲場、資訊休閒場所、公共浴室、育樂中心。

三、旅館、有寢室客房之招待所。

四、市場、超級市場、百貨商場、零售商店。

五、餐廳、咖啡廳、茶室、速食店。

六、博物館、美術館、資料館、陳列館、展覽場、水族館、圖書館。

七、寺廟、廟宇、教會、集會堂、殯儀館。

八、醫院、診所、療養院、孤兒院、養老院、產後護理機構、感化院。

九、銀行、**合作社**、郵局、電信公司營業所、自來水營業所、瓦斯公司營業所、行政機關、證券交易場所。

十、幼兒園(含社區或部落互助教保服務中心)、學校、

補習班、訓練班。

十一、車站、航空站、加油站、修車場。

十二、其他經中央主管機關核定者。

# 產業創新條例相關條文

中華民國104年12月30日修正

第2條　　本條例用詞，定義如下：

一、公司：指依公司法設立之公司。

二、企業：指依法登記之獨資、合夥事業、公司或**農民團體**。

三、無形資產：指無實際形體、可明辨內容、具經濟價值及可直接支配排除他人干涉之資產。

# 貿易法相關條文

中華民國102年12月11日修正

第20-2條　　經濟部國際貿易局得應出口人輸出貨品之需要，簽發原產地證明書或加工證明書，並得收取費用。必要時，得委託其他機關、財團法人、工業團體、商業團體或農會、漁會、省級以上之農業**合作社**及省級以上之農產品產銷協會辦理之。

　　工業團體、商業團體或農會、漁會、省級以上之農業**合作社**及省級以上之農產品產銷協會對於出口貨品亦得簽發原產地證明書或加工證明書。但為履行國際條約、協定及國際組織規範或應外國政府要求之特定原產地證明書，且經經濟部國際貿易局公告者，未經該局核准，不得簽發。

　　簽發原產地證明書或加工證明書，不得有下列行為：

一、未依規定之格式、程序或收費數額簽發。

二、未經核准簽發前項但書之特定原產地證明書。

三、未依規定保存文件。

四、未保守出口人之營業祕密。

五、其他有損害我國商譽或擾亂貿易秩序之行為。

　　原產地證明書及加工證明書之格式、原產地認定基準、加工證明書核發基準、第一項委託及終止委託之條件、第二項辦理簽發與核准簽發之條件、申請時應檢附之文件、簽發程序、收費數額、文件保存期限及其他應遵行事項之辦法，由主管機關定之。

第28條　　出進口人有下列情形之一者，經濟部國際貿易局得予以警告、處新臺幣三萬元以上三十萬元以下罰鍰或停止其一個月以上一年以下輸出、輸入或輸出入貨品：

一、違反第五條規定，與禁止或管制國家或地區為貿易行為。

二、違反第六條第一項規定之暫停貨品輸出入行為或其他必要措施。

三、違反第十一條第二項限制輸出入貨品之規定。

四、違反第十三條之一第一項規定，未經許可輸出或未經取得出口國之許可文件輸入。

五、違反第十五條第一項規定，未依輸出入許可證內容辦理輸出入。

六、有第十七條各款所定禁止行為之一。

七、違反第二十四條規定，拒絕提供文件、資料或檢查。

八、違反第二十五條規定，妨害商業利益。

　　有前項第一款至第六款規定情形之一，其情節重大者，經濟部國際貿易局除得依前項規定處罰外，並得廢止其出進口廠商登記。

第二十條之二第二項之工業團體、商業團體或農會、漁會、省級以上之農業**合作社**及省級以上之農產品產銷協會違反同條第三項規定者，經濟部國際貿易局得予以警告或處新臺幣三萬元以上三十萬元以下罰鍰，其情節重大者，並得停止其一個月以上一年以下簽發原產地證明書或加工證明書。

違反第二十條之三第二項及第四項規定者，由經濟部國際貿易局處新臺幣五十萬元以上三百萬元以下罰鍰，其情節重大者，處貨價三倍之罰鍰，並得停止其一個月以上一年以下簽具原產地聲明書之資格。

# 離島供水營運虧損補助辦法相關條文

中華民國93年5月12日修正

第2條　　離島供水營運虧損補助對象，以經中央自來水主管機關核准經營之自來水營運單位或縣（市）政府核准之自來水**合作社**為限。

第4條　　離島自來水營運單位或自來水**合作社**，應依下列公式計算離島供應自來水之合理虧損：

合理虧損＝必須之自來水成本－前條中央自來水主管機關訂定公告之平均費率收取之離島自來水費總收入。

前項所稱必須之自來水成本，包括離島自來水供應必須之各項生產成本、財務費用、應分攤之業務、管理費用、研究發展費用及員工訓練費用。

第5條　　離島自來水營運單位或自來水**合作社**應於每年二月中旬前提供當年度虧損估算表，送自來水中央主管機關審核及編列次年度預算。

第6條　　離島自來水營運單位或自來水**合作社**於各年度結束

後，應編列決算書，提報上一年度售水虧損額度，向中央自來水主管機關申請撥補；中央自來水主管機關應於接獲申請後三個月內完成初審，核撥虧損額度七成之經費。

其虧損餘額之撥補，按經審計部審定或會計師簽證後之財務報表，於一個月內依上一年度之售水虧損實績編製報表，向中央自來水主管機關申請撥補；中央自來水主管機關應於接獲申請後三個月內完成審核，並覈實撥補其餘額。

# 離島供電營運虧損補助辦法相關條文

中華民國91年2月6日發布

第2條　　　離島供電營運虧損補助對象，以經中央電業主管機關核准經營之當地電業或縣（市）政府核准之電力**合作社**為限。

第3條　　　離島當地電業或電力**合作社**，應依下列公式，計算離島供應電力之合理虧損：

合理虧損＝必須之合理售電成本（包括合理直接成本與費用、資金成本及分攤共同費用）－比照臺灣本島相關用電類別平均費率分別計得之售電總收入。

前項用詞定義如下：

一、直接成本與費用：指電業或電力**合作社**從事離島供電所發生之發電燃料、購入電力、運維費、折舊、稅捐及營業外支出，扣去電費收入以外各項收入之淨額等項之成本與費用。

二、資金成本：指電業或電力**合作社**從事離島供電所需固定資產投入與營運所需資金之成本。

三、分攤共同費用：指離島供電所應攤計之共同費用。

第4條　　　離島當地電業或電力**合作社**應於每年二月底前提供當年度離島售電虧損估算表，送中央電業主管機關審核及編

列次年度預算。

第 5 條　　　　從事離島供電之電業或電力**合作社**於各年度結束後，應根據經審計部審定或會計師簽證後之財務報表，於一個月內依上一年度之售電虧損實績編製報表，向中央電業主管機關申請撥補；中央電業主管機關應於接獲申請後三個月內完成審核，並辦理撥補。

# 六、勞動

## 工廠法相關條文

中華民國64年12月19日修正

第 38 條　　　工廠在可能範圍內，應協助工人舉辦工人儲蓄及**合作社**等事宜。

## 勞工保險條例相關條文

中華民國104年7月1日修正

第 6 條　　　年滿十五歲以上，六十五歲以下之左列勞工，應以其雇主或所屬團體或所屬機構為投保單位，全部參加勞工保險為被保險人：

一、受僱於僱用勞工五人以上之公、民營工廠、礦場、鹽場、農場、牧場、林場、茶場之產業勞工及交通、公用事業之員工。

二、受僱於僱用五人以上公司、行號之員工。

三、受僱於僱用五人以上之新聞、文化、公益及**合作事業**之員工。

四、依法不得參加公務人員保險或私立學校教職員保險之政府機關及公、私立學校之員工。

五、受僱從事漁業生產之勞動者。

六、在政府登記有案之職業訓練機構接受訓練者。

七、無一定雇主或自營作業而參加職業工會者。

八、無一定雇主或自營作業而參加漁會之甲類會員。

　　前項規定，於經主管機關認定其工作性質及環境無礙

　　身心健康之未滿十五歲勞工亦適用之。

　　前二項所稱勞工，包括在職外國籍員工。

# 勞工保險條例施行細則相關條文

中華民國104年11月9日勞修正

第13條　　本條例第六條及第八條之勞工，其雇主、所屬團體或所屬機構申請投保時，除政府機關、公立學校及使用政府機關（構）提供之線上申請系統辦理投保手續者外，應檢附負責人國民身分證正背面影本及各目的事業主管機關核發之下列相關證件影本：

一、工廠應檢附工廠有關登記證明文件。

二、礦場應檢附礦場登記證、採礦或探礦執照。

三、鹽場、農場、牧場、林場、茶場，應檢附登記證書。

四、交通事業應檢附運輸業許可證或有關證明文件。

五、公用事業應檢附事業執照或有關證明文件。

六、公司、行號應檢附公司登記證明文件或商業登記證明文件。

七、私立學校、新聞事業、文化事業、公益事業、**合作事業**、漁業、職業訓練機構及各業人民團體應檢附立案或登記證明書。

八、其他各業應檢附執業證照或有關登記、核定或備查證明文件。

　　投保單位無法取得前項各款規定之證件者，應檢附稅捐稽徵機關核發之扣繳單位設立（變更）登記申請書或使用統一發票購票證，辦理投保手續。

# 勞工退休金條例施行細則相關條文

中華民國103年6月24日修正

第3條　　　雇主依本條例第六條第一項規定申報提繳退休金時，除政府機關、公立學校及使用政府機關（構）提供之線上申請系統辦理者外，應檢附雇主國民身分證影本，或負責人國民身分證影本及下列證件影本：

一、工廠：工廠登記有關證明文件。

二、礦場：礦場登記證、採礦或探礦執照。

三、鹽場、農場、牧場、林場、茶場等：登記證書。

四、交通事業：運輸業許可證或有關證明文件。

五、公用事業：事業執照或有關證明文件。

六、公司、行號：公司登記證明文件或商業登記證明文件。

七、私立學校、新聞事業、文化事業、公益事業、**合作事業**、漁業、職業訓練機構及各業人民團體：立案或登記證明書。

八、其他事業單位：目的事業主管機關核發之許可或證明文件。

　　　　　　不能取得前項各款規定之證件者，應檢附稅捐稽徵機關核發之扣繳單位設立（變更）登記或使用統一發票購票證辦理。

　　　　　　依第一項規定應檢附負責人國民身分證影本者，負責人非本國籍時，以居留證或護照影本為之。

# 就業保險法施行細則相關條文

中華民國104年5月14日修正

第8條　　　投保單位依本法第六條第三項規定為所屬勞工申報參加本保險時，除使用政府機關（構）提供之線上申請系統辦理投保手續者外，應填具投保申請書及加保申報表各一份送交保險人，並檢附負責人國民身分證正背面影本及各目的事業主管機關核發之下列相關證件影本：

一、工廠應檢附工廠登記或設立許可相關證明文件。

二、礦場應檢附礦場登記證、採礦或探礦執照。

三、鹽場、農場、牧場、林場及茶場應檢附登記證書。

四、交通事業應檢附運輸業許可證或有關證明文件。

五、公用事業應檢附事業執照或有關證明文件。

六、公司、行號應檢附公司登記證明文件或商業登記證明文件。

七、新聞事業、文化事業、公益事業、**合作事業**、職業訓練機構及各業人民團體應檢附立案或登記證明書。

八、其他各業應檢附執業證照或相關登記、核備證明文件。

　　　投保單位無法取得前項各款規定之證件者，應檢附稅捐稽徵機關核發之扣繳單位設立（變更）登記申請書或使用統一發票購票證辦理投保手續。

# 七、衛生福利

## 全民健康保險法施行細則相關條文

中華民國104年12月15日修正

第 27 條　　符合本法第十五條規定之投保單位，應填具投保單位成立申報表及保險對象投保申報表各一份送交保險人。

投保單位除政府機關、公立學校、農田水利會及公營事業外，應檢附負責人身分證明文件影本及下列相關證件影本：

一、工廠應檢附工廠登記有關證明文件。

二、礦場應檢附礦場登記證。

三、鹽場、農場、牧場、林場、茶場應檢附登記證書。

四、交通事業應檢附運輸業許可證或有關證明文件。

五、民營公用事業應檢附事業執照或有關證明文件。

六、公司、行號應檢附公司登記證明文件或商業登記證明文件。

七、私立學校、新聞事業、文化事業、公益事業、**合作事業**、農業、漁業及各業人民團體應檢附立案或登記證明文件。

八、本法第十條第一項第一款第三目之雇主，應檢附僱用契約書或證明文件。

九、第一款至前款以外之投保單位，應檢附目的事業主管機關核發之許可或登記證明文件。

投保單位依前二項規定將申報表及證明文件影本送交保險人當日，即完成申報應辦手續。

經由公司及商業設立一站式線上申請作業網站，申請

成立投保單位者，免依第一項及第二項規定，檢送申報表及相關證明文件影本。

# 老人福利服務提供者資格要件及服務準則相關條文

中華民國104年11月6日修正

第16條　　身體照顧及家務服務由下列單位提供：

一、醫療機構、護理機構、醫療法人。

二、老人福利機構、身心障礙福利機構。

三、公益社團法人、財團法人、社會福利團體、照顧服務勞動**合作社**。

四、社會工作師事務所。

第19條　　關懷訪視及電話問安服務由下列單位提供：

一、醫事服務機構、護理機構。

二、社會福利機構。

三、公益社團法人、財團法人、社會團體、照顧服務勞動**合作社**。

四、依法登記有案之宗教團體。

五、社會工作師事務所。

第23條　　居家式餐飲服務由下列單位提供：

一、醫療機構、護理機構、醫療法人。

二、老人福利機構、身心障礙福利機構。

三、公益社團法人、財團法人、社會福利團體、社區發展協會、照顧服務勞動**合作社**。

四、餐館業及其他餐飲業。

除前項所定居家式餐飲服務提供單位外，遇有特殊情形者，得由直轄市、縣（市）主管機關結合當地資源提供服務。

第 56 條　　社區式日間照顧服務由下列單位提供：
　　　　　　一、醫療機構、護理機構、醫療法人。
　　　　　　二、老人福利機構、身心障礙福利機構。
　　　　　　三、公益社團法人、財團法人、社會福利團體、社區發展
　　　　　　　　協會、照顧服務勞動**合作社**。
　　　　　　四、社會工作師事務所。

第 61 條　　社區式餐飲服務由下列單位提供：
　　　　　　一、醫療機構、護理機構、醫療法人。
　　　　　　二、老人福利機構、身心障礙福利機構。
　　　　　　三、公益社團法人、財團法人、社會福利團體、社區發展
　　　　　　　　協會、照顧服務勞動**合作社**。
　　　　　　四、餐館業及其他餐飲業。

第 65 條　　家庭托顧服務由下列單位提供服務：
　　　　　　一、醫療機構、護理機構、醫療法人。
　　　　　　二、老人福利機構、身心障礙福利機構。
　　　　　　三、公益社團法人、財團法人、社會福利團體、照顧服務
　　　　　　　　勞動**合作社**。
　　　　　　四、社會工作師事務所。
　　　　　　前項服務提供單位應依第六十七條規定，招募遴選合
　　　　格之照顧服務員，並報經當地主管機關備查後輔導其提供
　　　　服務。

第 71 條　　教育服務由下列單位提供：
　　　　　　一、老人福利機構、身心障礙福利機構。
　　　　　　二、公益社團法人、財團法人、社會團體、照顧服務勞動
　　　　　　　　**合作社**。
　　　　　　三、社會教育機構。
　　　　　　四、社區大學。
　　　　　　五、學校。

六、大眾傳播業。

第 89 條　　資訊提供及轉介服務由下列單位提供：

一、老人福利機構、身心障礙福利機構。

二、公益社團法人、財團法人、社會團體、照顧服務勞動
　　**合作社**。

三、社會工作師事務所。

# 身心障礙者個人照顧服務辦法相關條文

中華民國104年5月20日修正

第 12 條　　身體照顧服務及家務服務得由下列單位提供：

一、醫療機構、護理機構、精神照護機構。

二、身心障礙福利機構、老人福利機構。

三、財團法人、社會福利團體、照顧服務勞動**合作社**。

四、社會工作師事務所。

第 16 條　　友善服務得由下列單位提供：

一、醫療或護理機構、精神照護機構。

二、社會福利機構。

三、財團法人、社會福利團體、照顧服務勞動**合作社**、社
　　區發展協會。

四、依法設立或登記有案之寺廟、宗教社團或宗教財團
　　法人。

五、社會工作師事務所。

第 19 條　　送餐到家服務得由下列單位提供：

一、醫療或護理機構、精神照護機構。

二、身心障礙福利機構、老人福利機構。

三、財團法人、社會福利團體、照顧服務勞動**合作社**、社
　　區發展協會。

四、餐館業或其他餐飲業。

第 27 條　　日常生活能力培養得由下列單位提供：

一、醫療、護理機構或復健相關醫事團體。

二、身心障礙福利機構、老人福利機構。

三、財團法人、社會福利團體、照顧服務勞動**合作社**。

四、社會工作師事務所。

五、精神復健機構。

第 62-3 條　　家庭托顧服務，得由下列單位辦理：

一、身心障礙福利機構、老人福利機構。

二、財團法人、社會福利團體、照顧服務勞動**合作社**。

三、社會工作師事務所。

　　前項服務提供單位應辦理下列事項：

一、協助家庭托顧服務員提供服務前，與服務對象簽訂家
　　庭托顧服務契約，明定雙方權利義務。

二、定期召開工作會報。

# 身心障礙者家庭照顧者服務辦法相關條文

中華民國104年5月20日修正

第 23 條　　照顧者支持與訓練及研習得由下列單位提供：

一、醫療或護理機構、精神照護機構。

二、社會福利機構。

三、財團法人、社團法人、社會福利團體、照顧服務勞動
　　**合作社**。

四、社會教育機構。

五、社會工作師事務所。

六、其他有關之公私立機構或團體。

第 26 條　　家庭關懷訪視及服務得由下列單位提供：

一、醫療或護理機構、精神照護機構。

二、社會福利機構。

三、財團法人、社團法人、社會福利團體、照顧服務勞動**合作社**、社區發展協會。

四、依法設立或登記有案之寺廟、宗教社團或宗教財團法人。

五、社會工作師事務所。

# 身心障礙者權益保障法相關條文

中華民國104年12月16日修正

第69-1條　　各級主管機關應輔導視覺功能障礙者設立以從事按摩為業務之勞動**合作社**。

　　　　　　前項勞動**合作社**之社員全數為視覺功能障礙，並依法經營者，其營業稅稅率應依加值型及非加值型營業稅法第十三條第一項規定課徵。

# 長期照顧服務法相關條文

中華民國104年6月3日公布

第62條　　本法施行前，已依其他法律規定，從事本法所定長照服務之機關（構）、法人、團體、**合作社**、事務所等（以下稱長照有關機構），應於本法施行後五年內依本法之規定，申請長照機構設立許可，或完成改制及長照機構許可設立文件之換發；屆期未取得許可或換發者，不得提供長照服務。

　　　　　前項私立機構住宿式服務類之長照有關機構得不受第二十二條第一項之限制，以原私立機構住宿式服務類之長

照機構名稱完成前項改制及許可設立文件之換發。但其負責人或長照機構擴充、縮減、遷移、名稱等變更，應依第二十二條第一項規定辦理。

長照有關機構之管理，於第一項期限內，未經許可設立或未完成改制前，除應符合其他法律規定外，準用第十八條、第十九條、第二十三條、第三十九條至第四十五條及前條之規定；其有違反者，依相關罰則規定處罰之。

第一項改制之申請、作業及其他應遵行事項之辦法，由中央主管機關定之。

# 醫療廢棄物共同清除處理機構管理辦法相關條文

中華民國92年4月8日修正

第 3 條　　共同清除、處理機構得以下列方式設立：

一、醫師公會：由醫師公會集合各醫療機構、醫事檢驗所，共同清除或共同處理其產生之醫療廢棄物。

二、**合作社**：由醫療機構、醫事檢驗所成立**合作社**，共同清除或共同處理其產生之醫療廢棄物。

三、財團法人：由醫療機構、醫事檢驗所捐助設立財團法人，共同清除或共同處理其產生之醫療廢棄物。

四、股份有限公司：由醫療機構、醫事檢驗所聯合具有廢棄物清除、處理合作意願者加入投資所設立之股份有限公司，共同清除或共同處理加入投資之醫療機構、醫事檢驗所產生之醫療廢棄物。

前項第三款財團法人之設立，依行政院衛生署監督衛生財團法人準則之規定。

第一項第四款之股份有限公司，具有廢棄物清除、處理合作意願者之總投資比例不得高於百分之二十。本辦法

施行前已設立者，其總投資比例依原規定不得高於百分之四十九。

第 9 條　　共同清除機構設立完成後，應檢具下列相關文件，向本署申請共同清除營運許可，發給共同清除營運許可證，始得營運：

一、申請書。

二、**合作社**登記執照、法人登記證書、公司登記證明文件或公會立案證明文件及章程。

三、共同清除機構設立許可文件。

四、**醫療機構、醫事檢驗所**名冊及共同關係等相關資料。但以股份有限公司方式設立者，並應檢具投資名冊及其各該投資比例等證明文件。

五、主任管理員名冊及其取得行政院環境保護署核發之合格證書。

六、**醫療廢棄物**清除設施及工具清冊（含清運工具車籍資料）。

七、**醫療廢棄物**處理及最終處置去處證明文件。

八、營運管理計畫書。

九、其他經本署指定或相關法令規定之文件。

第 10 條　　共同處理機構設立完成後，應檢具下列相關文件，向本署申請共同處理營運許可，發給共同處理營運許可證，始得營運：

一、申請書。

二、**合作社**登記執照、法人登記證書、公司登記證明文件或公會立案證明文件及章程。

三、共同處理機構設立許可文件。

四、**醫療機構、醫事檢驗所**名冊及共同關係等相關資料。但以股份有限公司方式設立者，並應檢具投資名冊及

其各該投資比例等證明文件。

五、主任管理員、甲級廢棄物處理技術員及乙級廢棄物處
理技術員之名冊及其取得行政院環境保護署核發之合
格證書。

六、醫療廢棄物處理設施完工驗收證明文件。

七、試運轉功能檢驗報告。

八、污染防治監測計畫書。

九、醫療廢棄物最終處置去處證明文件。

十、營運管理計畫書。

十一、其他經本署指定或相關法令規定之文件。

# 八、原住民族

## 民間機構置社會工作人員補助辦法相關條文

中華民國92年4月24日發布

第2條　　本辦法之補助對象，為僱用原住民五十人以上之民營公司、**合作社**或其他依法設立之民間機構。

## 原住民族基本法相關條文

中華民國104年12月16日修正

第27條　　政府應積極推行原住民族儲蓄互助及其他**合作事業**，輔導其經營管理，並得予以賦稅之優惠措施。

## 原住民個人或團體經營原住民族地區溫泉輔導及獎勵辦法相關條文

中華民國104年1月29日修正

第2條　　本辦法用語定義如下：

一、原住民族地區：指經行政院依原住民族工作權保障法第五條第四項規定核定之原住民地區。

二、原住民個人：指依據原住民身分法規定具有原住民身分之個人。

三、原住民團體：指經政府立案，其負責人為原住民，且原住民社員、會員、理監事、董監事之人數及其持股比率，各達百分之八十以上之法人、機構或其他團

體。但原住民**合作社**指原住民社員超過該**合作社**社員總人數百分之八十以上者。

# 原住民族工作權保障法相關條文

中華民國104年2月4日修正

第7條　　政府應依原住民群體工作習性，輔導原住民設立各種性質之原住民**合作社**，以開發各項工作機會。

　　　　原住民**合作社**之籌設、社員之培訓及營運發展等事項，應由各目的事業主管機關輔導辦理；其輔導辦法，由中央各相關目的事業主管機關會同中央主管機關定之。

　　　　第一項原住民**合作社**，指原住民社員超過該**合作社**社員總人數百分之八十以上者。

第8條　　原住民**合作社**依法經營者，得免徵所得稅及營業稅。但自本法施行之日起六年內應免徵所得稅及營業稅。

第9條　　原住民**合作社**之營運發展經費得由各級政府酌予補助。

　　　　各級目的事業主管機關應定期辦理原住民**合作社**考核，成績優良者，應予獎勵，其考核及獎勵辦法，由中央目的事業主管機關會同中央主管機關定之。

第10條　　各級政府應設置原住民**合作社**輔導小組，其職責如下：

一、為原住民講解**合作社**法及相關法令。

二、扶助原住民符合**合作社**法第九條之設立行為及登記種類之規定。

三、原住民**合作社**成立後，定期追蹤輔導**合作社**之運作。

四、為原住民**合作社**之長期諮詢機構。

五、其他有關原住民**合作社**之輔導事項。

# 原住民族工作權保障法施行細則相關條文

中華民國103年12月12日修正

第5條　　本法第八條所稱原住民**合作社**依法經營者，指依**合作社**法及其相關法令規定設立、經營，且原住民社員符合本法第七條第三項所定比率之**合作社**。

前項原住民**合作社**依本法第八條但書規定免徵所得稅及營業稅期間，自中華民國九十年十一月二日起至中華民國九十六年十一月一日止。

第一項原住民**合作社**設立後，因社員出社、退社、除名或新社員之加入，致原住民社員人數未達本法第七條第三項所定比率者，應繳納未達比率月份之所得稅及營業稅。

前項應繳納之所得稅，應以當年度所得額依規定稅率計算之稅額為準，按未達比率月份占全年之比例計算之。

第8條　　本法第十一條所稱原住民機構、法人或團體，指經政府立案，其負責人為原住民，且原住民社員、會員、理監事、董監事及股東之人數，達百分之八十以上，經所在地直轄市、縣（市）主管機關證明者。但原住民**合作社**依本法第七條第三項規定認定之。

原住民機構、法人或團體申請前項證明，應檢具下列文件：

一、登記或設立之證明。

二、負責人之戶口名簿影本。

三、社員名簿、會員名冊、理監事或董監事名冊、股東名簿及其中具有原住民身分者之戶口名簿影本。

直轄市、縣（市）主管機關已連結內政部戶役政資

訊系統者，前項第二款及第三款之戶口名簿影本，得免附之。未連結者，直轄市、縣（市）政府應查驗所附戶口名簿影本與正本相符。

第一項證明之有效期間為六個月。

# 原住民族委員會處務規程相關條文

中華民國103年4月1日發布

第 10 條　經濟發展處掌理下列事項：

一、原住民族經濟、產業、觀光、金融政策與法規之規劃、協調及審議。

二、原住民族綜合發展基金之規劃、管理及輔導。

三、原住民族融資、保險、儲蓄及原住民儲蓄互助社、金融規劃、協調及輔導。

四、自治區原住民族經濟、觀光、產業、金融、**合作事業**、合辦事業、公共造產事業、公用及公營事業之輔導。

五、原住民族技藝研習、培訓與產業經營之規劃及輔導。

六、原住民族影視音樂及創意產業之規劃、協調、執行及輔導。

七、原住民族土地開發、利用、經營等有關產業、金融、營運等經濟發展事項之規劃、協調及輔導。

八、原住民族傳統智慧創作保護之規劃、協調及推動。

九、其他有關原住民族經濟發展事項。

# 九、交通

## 公路法相關條文

中華民國102年7月3日修正

第56條　　經營計程車客運服務業，應向所在地之公路主管機關申請核准，其應具備資格、申請程序、核准籌備與廢止核准籌備之要件、業務範圍、營運監督、服務費收取、車輛標識、營運應遵守事項與對計程車客運服務業之限制、禁止事項及其違反之糾正、限期改善、限期停止其繼續接受委託或廢止其營業執照之條件等事項之辦法，由交通部定之。

　　計程車客運服務業以**合作社**組織經營者，其籌設程序、核准籌備與廢止核准核備之要件、社員資格條件、設立最低人數、業務範圍、管理方式及營運應遵守等事項之管理辦法，由交通部會同內政部定之。

## 交通部公路總局各區監理所辦事細則相關條文

中華民國92年4月15日發布

第7條　　運輸業管理課掌理下列事項：
一、汽車運輸業籌備立案之審（核）查事項。
二、汽車運輸業組織、轉讓、名稱、負責人、地址、資本額、營運種類、營運路線、設站等變更、登記之審（核）查事項。
三、汽車運輸業車輛增減、替補、異動之審核事項。
四、貨車裝載整體物品臨時通行證之審核事項。

五、貨車裝載危險物品臨時通行證之審核事項。

六、動力機械臨時通行證之審核事項。

七、查處違反汽車運輸業管理事項。

八、汽車運輸業相關業務之督導管理事項。

九、運輸業營運資料之統計及管理事項。

十、計程車客運服務業、運輸**合作社**及無線電台之設置許可及督導管理事項。

十一、汽車運輸業管理業務之改進建議事項。

十二、其他交辦事項。

# 汽車運輸業管理規則相關條文

中華民國104年10月6日修正

第91-3條　　計程車客運業使用設置輪椅區之車輛提供服務，應命其所屬駕駛人參加該管公路主管機關或其委託辦理之訓練並領得結訓證書，始得提供服務。個人經營計程車客運業或計程車運輸**合作社**社員，亦同。

第94條　　凡取得個人經營計程車客運業牌照申領許可者，應在核發牌照或汽車運輸業營業執照前繳驗左列有效之證明文件：

一、營業小客車駕駛人執業登記證。

二、購車證明或車輛讓渡書。

三、投保強制汽車責任保險之保險證。

　　參加計程車運輸**合作社**之社員申領牌照或汽車運輸業營業執照者，同前項規定。

第95條　　個人經營計程車客運業者，應自購車輛，並以一車為限。

　　個人經營計程車客運業者除其配偶及同戶直系血親持

有有效之營業小客車駕駛人執業登記證，而無第九十三條之情事者得輪替駕駛營業外，不得僱用他人或將車輛交予他人駕駛營業。

　　個人經營計程車客運業者，如因疾病或其他重要事故，本人不能駕駛營業，需要僱用其他人臨時替代時，其受僱人之資格，必須持有有效之營業小客車駕駛人執業登記證，而無第九十三條之情事者，且一次以一人為限。

　　第二項、第三項申請輪替或臨時替代之駕駛人應檢具有關證明文件，報請當地公路監理機關核准後，方得輪替或臨時替代駕駛營業。

　　計程車運輸**合作社**社員，除報請公路主管機關核准得將車輛交予符合規定資格之配偶或直系血親輪替駕駛營業外，不得轉讓車輛牌照或僱用他人或將車輛交予他人駕駛營業。

第96-1條　中央或直轄市公路主管機關，為加強計程車管理，得邀請相關機關、團體代表、學者專家及社會公正人士等組成計程車諮詢委員會，就計程車客運業、計程車客運服務業、計程車運輸**合作社**之管理事宜提供諮詢，其設置要點由中央及直轄市公路主管機關分別定之。

# 汽車運輸業審核細則相關條文

中華民國104年11月12日發布

第4條　公路主管機關核准汽車運輸業申請籌設，應合於下列第一款一目以上及第二款至第四款之規定：
一、合於當地運輸需要者：
　（一）有利於當地工業之發展。
　（二）有利於當地農業之發展。

（三）有利於當地商業之發展。

（四）有利於當地林業之發展。

（五）有利於當地漁業之發展。

（六）有利於當地畜牧或養殖業之發展。

（七）有利於當地礦業之發展。

（八）有利於當地觀光事業之發展。

（九）有利於當地都市計畫新市鎮及新社區之發展。

（十）有利於當地客、貨運輸之發展。

二、應能增進公眾便利者：

（一）營運路線規劃周延，有助於當地客貨運輸之改善及交通之便捷。

（二）當地無同類之汽車運輸業，或現有之汽車運輸業不足以適應大眾運輸需要。

（三）有助於市區之均衡發展，或解決偏遠地區之交通。

三、具有充分經營財力者：

（一）公路汽車客運業最低資本額新臺幣一億元以上。但經營離島或偏遠地區路線者；或由該管公路主管機關所設審議委員會認定能維持運輸供給穩定，並兼顧經營品質及效率，經該管公路主管機關核可者，不在此限。

（二）市區汽車客運業最低資本額新臺幣一億元以上。但由該管公路主管機關所設審議委員會認定能維持運輸供給穩定，並兼顧經營品質及效率，經該管公路主管機關核可者，不在此限。

（三）遊覽車客運業最低資本額新臺幣五千萬元以上。但專辦交通車業務及金門、連江地區經營遊覽車客運業者，其資本額得為新臺幣一千萬元以上。

（四）計程車客運業最低資本額以公司行號經營者新臺

幣五百萬元以上。但個人經營計程車客運業不在
此限。

（五）小客車租賃業最低資本額甲種小客車租賃業新臺
幣五千萬元以上，乙種小客車租賃業新臺幣五
百萬元以上，丙種小客車租賃業新臺幣五百萬元
以上。

（六）小貨車租賃業最低資本額新臺幣五百萬元以上。

（七）汽車貨運業最低資本額新臺幣二千五百萬元以
上，其屬專辦搬家業務及金門、連江地區經營汽
車貨運業者，最低資本額應為新臺幣一千萬元以
上。但個人經營小貨車貨運業則不在此限。

（八）汽車路線貨運業最低資本額新臺幣五千萬元以上。

（九）汽車貨櫃貨運業最低資本額新臺幣三千萬元以上

四、具有足夠合於規定車輛及站、場設備者：

（一）車輛設備：

1. 公路汽車客運業應具備全新大客車五十輛以上。
   但經營離島或偏遠地區路線者；或由該管公路主
   管機關所設審議委員會認定能維持運輸供給穩
   定，並兼顧經營品質及效率，經該管公路主管機
   關核可者，不在此限；其使用小客車為營業車輛
   者，以九人座為限，且同一路線使用輛數比例不
   得超過二分之一。

2. 市區汽車客運業應具備全新大客車五十輛以上。
   但由該管公路主管機關所設審議委員會認定能維
   持運輸供給穩定，並兼顧經營品質及效率，經該
   管公路主管機關核可者，不在此限；其使用小客
   車為營業車輛者，以九人座為限，且同一路線使
   用輛數比例不得超過二分之一。

3. 遊覽車客運業除專辦交通車業務者,其車齡不得超過七年外,均應具備全新大客車三十輛以上。但金門、連江地區經營遊覽車客運業者,應具備全新大客車得為六輛以上。

4. 計程車客運業以公司行號經營者應具備全新小客車三十輛以上,個人經營計程車客運業者以自購一輛為限,其車齡不得超過三年。計程車運輸**合作社**車輛數量、車齡條件,由該管公路主管機關定之。

5. 小客車租賃業甲種應具備全新小客車或小客貨兩用車合計一百輛以上,乙種應具備全新小客車或小客貨兩用車合計十輛以上。

6. 小貨車租賃業應具備全新小貨車或小客貨兩用車合計十輛以上。

7. 汽車貨運業應具備全新貨車二十輛以上,其屬專辦搬家業務者應具備全新貨車八輛以上,金門、連江地區經營汽車貨運業者應具備全新貨車五輛以上,並得視營運需要購置聯結車併同貨車計算。但個人經營小貨車貨運業者,以自購小貨車一輛為限,其車齡不得超過二年。

8. 汽車路線貨運業應具備全新大貨車三十輛以上。並得視營業需要購置聯結車併同貨車計算。

9. 汽車貨櫃貨運業應具備全新曳引車十五輛及半拖車三十輛以上。

(二)站、場設備:

1. 營業所、站之設備符合營業需要。

2. 汽車運輸業停車場之設置規定如附件;停車場所在地之直轄市、縣(市)政府另依停車場法第二

十三條訂定汽車運輸業停車場設置規定者，從其規定。

3. 汽車運輸業應設立乙種以上汽車修理廠辦理汽車修護或委託汽車修理業代辦之。

金門、連江地區籌設成立之遊覽車客運業及汽車貨運業，其營運範圍限於金門、連江地區，申請移至臺灣地區營業者，應合於臺灣地區之遊覽車客運業及汽車貨運業設立基準，其原有車輛得予併計。

第一項第四款第一目所定最低車額以外之車輛得使用已領有營業用牌照之車輛。

已設立之公司行號，其經營業務涉及非本公司行號商品配送者，應於中華民國八十九年十二月三十一日前，申請補辦汽車貨運業設立登記，其原領自用貨車牌照，准予換領營業用牌照；其原使用車輛併入第一項第四款第一目所定最低車輛設備車額計算。

已設立之公司行號，其經營業務涉及提供租賃期一年以上之小客車者，應於中華民國九十二年十二月三十一日前，申請補辦丙種小客車租賃業設立登記，其原領自用小客車之牌照，准予換領營業用牌照。

已設立之公司行號，其經營業務涉及提供小貨車租賃者，應於中華民國九十二年十二月三十一日前，申請補辦小貨車租賃業設立登記，其原領自用小貨車之牌照，准予換領營業用牌照；其原使用車輛併入第一項第四款第一目所定最低車輛設備車額計算。

金門、連江地區於中華民國八十一年十一月七日前已設立之公司行號，其經營業務涉及以載貨汽車運送貨物為營業者，應於中華民國九十三年十二月三十一日前，申請補辦汽車貨運業設立登記，其原領自用貨車牌照，准予換

領營業用牌照；其原使用車輛併入第一項第四款第一目所定最低車輛設備車額計算。

原經營汽車貨運業中專辦搬家業務者轉型為非專辦搬家業務之汽車貨運業，應合於第一項第三款、第四款汽車貨運業設立基準；其原於核准籌備日後領牌貨車，以八輛為限，得予併計。

原經營汽車貨運業轉型為汽車路線貨運業，應合於第一項第三款、第四款汽車路線貨運業設立基準；其原於核准籌備日後領牌之大貨車，以二十輛為限，得予併計。

# 計程車客運服務業申請核准經營辦法相關條文

中華民國103年7月30日修正

第4條　　經營計程車客運服務業，應填具籌設申請書，向該管公路主管機關申請核准籌設。

經營派遣計程車客運服務業務（以下簡稱派遣業務），除應依前項規定辦理外，並檢具下列文件，向該管公路主管機關申請：

一、新籌設公司者，檢附公司章程草案，其為有限公司者，並檢具全體股東身分證明文件影本；其為股份有限公司者，並檢具發起人身分證明文件影本。

二、已成立公司增加計程車客運服務業營業項目者，為公司章程修正草案，並檢附公司登記證明文件、股份有限公司之股東會議事錄或有限公司之股東同意書。

三、已成立計程車運輸**合作社**者，為運輸**合作社**章程。

四、營業計畫書，應載明下列事項：

（一）組織。

（二）資本額及資金來源。

（三）派遣系統（設備、設置地點、自有或租用、是否與其他派遣計程車客運服務業共用同一套派遣系統、是否與同一類型之其他廠牌派遣系統相容）、營業方式。

（四）設置車輛及駕駛員清冊（含駕駛員姓名、車號、車齡、排氣量）。

（五）派遣中心工作人員編制。

（六）派遣車隊規模發展計畫。

（七）建立服務品牌計畫。

（八）緊急應變計畫（發生重大災難時對駕駛員及派遣工作人員之調度計畫）。

（九）車頂燈及車身之企業識別標識圖例。

前項第四款第三目之派遣系統非屬自有者，應一併提供派遣系統經營業者之公司證明文件。

經營派遣業務申請籌設分公司，應檢具第二項第一款及第四款各目文件，向分公司所在地公路主管機關申請核准籌設。

公路主管機關得訂定審查規定或遴聘（派）學者、專家及電信主管機關代表審查第二項及前項申請籌設文件。

第24條　　以計程車運輸**合作社**型態經營派遣業務，不受第五條資本額、第六條公司登記或商業登記之限制。但以服務其社員為限。

# 計程車駕駛人執業登記管理辦法相關條文

中華民國95年10月19日發布

第7條　　汽車駕駛人應於領得合格成績單六個月內檢附合格成績單及執業事實證明文件，向原申請之警察局辦妥執業

登記，始發給執業登記證及其副證；逾期者，該成績單失效，並應重新申請辦理執業登記。

前項執業事實，指有下列情形之一者：

一、受僱於計程車客運業。

二、自備汽車參與計程車客運業經營。

三、計程車運輸**合作社**社員或其輪替駕駛。

四、經營個人計程車客運業。

五、個人計程車客運業之輪替或臨時替代駕駛。

第 15 條　　公路監理機關及警察機關得就各該機關持有之職業駕駛執照或執業登記證之吊銷、註銷、吊扣、廢止及所轄計程車客運業或運輸**合作社**之設立、停業、歇業或變更其名稱、負責人、地址等登記事項及其異動等資料，互相提供利用。

# 國營航空站噪音防制費分配及使用辦法相關條文

中華民國102年12月24日修正

第 10 條　　航空站於接受第七條申請人提出之噪音防制設施申請書後，依下列規定審核所申請之噪音防制設施項目：

一、第四條第一款之防音門窗，設置完成後應具一定減音值。

二、住戶合法建築物之補助範圍，應為具有門窗可直接通達戶外之居住使用區域。

三、學校及托育機構合法建築物之補助範圍，應為受航空噪音影響學生學習之區域，不包含**合作社**、廁所、廚房及其他認定不屬學習區域。

四、醫院合法建築物之補助範圍，應為病床設置之區域。

第九條第一項第一款及前項第一款具一定減音值之定

義及認定方式由民航局公告並刊登行政院公報。

# 道路交通安全規則相關條文

中華民國104年12月29日修正

第16條　　　汽車所有人依前條規定申請者，應填具申請書，並依下列規定提出證明文件：

一、以個人名義申請登記者，應繳驗國民身分證或軍人身分證或僑民居留證明。如繳驗證件不能清楚辨認者，並應繳驗有效之駕駛執照或全民健康保險卡或護照等第二身分證明文件。

二、以機關、學校或團體名義申請登記者，除應有該機關、學校或團體正式證明文件外，並應提具財稅機關編配之統一編號。如其證明文件為影本者，應另繳驗統一編號編配通知書影本。

三、以公司、行號名義申請登記者，應繳驗公司、行號主管機關核准登記之公文（公司含登記表）或公司、行號主管機關核發之登記證明書，並應提具財稅機關編配之統一編號，如係以公司、行號之聯絡處、辦事處或通信處名義登記者，除應憑總公司、行號之證明外，亦應提具總公司、行號之財稅機關編配之統一編號。但其繳驗之證明文件為影本者，另繳驗該公司、行號最近一期繳納營業稅證明文件影本。

四、以執行業務者名義申請登記者，應繳驗該執行業務者負責人身分證影本及執業證明文件或所屬公會出具之證明，並提具統一編號編配通知書影本。

五、個人經營計程車客運業及計程車運輸**合作社**社員，應繳驗國民身分證、有效計程車駕駛人執業登記證及該

管公路主管機關核發之同意文件。

前項第一款至第四款，原汽車所有人委託汽車買賣業代辦過戶者，得憑各該款規定之證明文件影本及委託汽車買賣業代辦過戶之委託書或當地汽車商業同業公會開具之證明書申請登記，並另繳驗汽車買賣業之商業登記證明文件、汽車商業同業公會會員證及代辦人身分證，始得辦理。以當地汽車商業同業公會開具之證明書申請登記者，其商業登記證明文件得以影本審驗。

前項委託汽車買賣業代辦過戶，如係辦理機車過戶者，其證明書並得由當地機車修理業職業工會開具。但其繳驗之工會會員證與商業登記證明文件上之負責人應屬同一人。

前二項之汽車買賣業，應依法辦妥公司或行號登記，並經當地公路監理機關登記列管，且無偽造、變造證件或虛偽不實之情事者，方得辦理受託代辦過戶業務。

汽車所有人委託汽車買賣業以外之他人代辦汽車過戶者，除繳驗第一項第一款規定之證明文件外，應另繳驗代辦人身分證與汽車所有人有效之駕駛執照或全民健康保險卡或護照等證明文件。但汽車所有人有效之駕駛執照或全民健康保險卡或護照等證明文件得以經法院或民間公證人認證文件代替之。

從事汽車運輸業者，不得領用與其經營性質相同種類之自用車牌照。但因行政或修護需要者，公路監理機關得以其營業車輛每五十輛發給一付之比例，發給自用小型車牌照一付，十輛以上未滿五十輛者以一付計。

自用大客車、自用大貨車、自用大客貨兩用車、自用小貨車或幼童專用車牌照，不得以個人名義申請登記，但以直接從事生產，需裝載本身所需或生產之物品時，經公

　　路監理機關核准，得申請領用自用大貨車、自用小貨車牌
　　照，其審核規定。

　　　　申領身心障礙者專用車輛牌照，以個人名義領照使用
　　之自用小客車及自用小客貨兩用車為限，其審核規定。

　　　　申領車廂為部分或全部無車頂之大客車牌照，以經主
　　管機關核准行駛路線，並專供市區汽車客運業作為公共汽
　　車使用之車輛為限。

第42條　　車輛車身顏色及加漆標識，應依下列規定：

一、大客車、大貨車、小貨車、拖車、大型客貨兩用車及
　　特種車，應於車廂兩邊顯明位置標示汽車所有人名
　　稱，融資性租賃車輛應標示租用人名稱；其為平板式
　　汽車或車廂兩邊無法標示者，得於兩邊車門標示。但
　　以個人名義領照使用之車輛、車身兩邊無法標示之拖
　　車及執行特殊任務有保密必要之公務車輛經所屬機關
　　核可並敘明該車用途向車籍所在地公路監理機關申
　　請於行車執照或牌照登記書上註記「免標示所有人名
　　稱」者，得不須標示。

二、大客車應於門旁標示牌照號碼及乘客人數，營業大客
　　車並應於乘客人數下標示載重量，另自中華民國九十
　　六年二月一日起應於車門旁標示出廠年份及依附件六
　　之一標示大客車分類。計程車應於兩側後門標示牌照
　　號碼及公司行號、運輸合作社或個人名稱，後窗玻璃
　　標示牌照號碼，計程車兩側車門（不含車窗）範圍得
　　以平面漆繪或穩固黏貼方式張貼廣告，並應符合各目
　　的事業主管機關及地方政府相關廣告物管理之法令規
　　定辦理。應標示於兩側後門之牌照號碼及公司行號、
　　運輸合作社或個人名稱，得移置於後葉子板。但後葉
　　子板位置空間不足者，牌照號碼及公司行號、運輸合

作社或個人名稱仍應標示於兩側後門。

三、大貨車、小貨車及曳引車應於兩邊車門或顯著位置標示牌照號碼及總重量或總聯結重量。全拖車及拖架車身兩側顯明位置應標示總重量;半拖車車身兩側顯明位置應標示總聯結重量。大貨車、小貨車及拖車應於後方標示牌照號碼,其字體尺度、字樣及標示方式由交通部另定之。

四、大型客貨兩用車應於兩邊車門或顯明位置標示牌照號碼、乘客人數及載重噸位。

五、救護車漆白色並應於車身兩側標示紅十字。

六、消防車漆大紅色。

七、教練車車廂兩邊顯明位置標示駕訓班班名及斑馬紋,車身前後並應加掛標示有「教練車」之附牌或標示「教練車」之字樣。

八、幼童專用車及專供載運學生之校車車身顏色及標識應符合相關目的事業主管機關之規定。

九、汽車車身顏色不得與警用巡邏車相同。

十、新領牌照、汰舊換新及變更顏色之計程車,其車身顏色應使用台灣區塗料油漆工業同業公會塗料色卡編號一之十八號純黃顏色。申請設置輪椅區之計程車,另應依規定於車輛前、後、左及右方設有載運輪椅使用者車輛之識別標示。

十一、申請牌照及變更顏色之轎式自用小客車車身顏色不得與前款計程車車身顏色相同。

十二、遊覽車客運業專辦交通車業務之車輛,應於車身兩側車窗下緣以台灣區塗料油漆工業同業公會塗料色卡編號一之十八號純黃顏色加漆一條三十公分寬之水平帶狀標識條紋。

十三、汽車貨運業專辦搬家業務之車輛，車身顏色應使用純白顏色，並於車身兩側貨廂標示「專營搬家」字樣，字體不得小於二十五公分見方，且於擋風玻璃張貼「搬家貨運業執業證明」標識。

十四、裝載砂石、土方之傾卸框式大貨車及半拖車，應於貨廂兩邊之前方標示貨廂內框尺寸，其字體尺度、字樣及標示方式由交通部另定之。

十五、裝載砂石、土方之傾卸框式大貨車及半拖車，貨廂外框顏色應使用台灣區塗料油漆工業同業公會塗料色卡編號一之十九號黃顏色。其他傾卸框式大貨車及半拖車之貨廂外框顏色，不得使用該顏色。

十六、使用燃料為壓縮天然氣者，應於車身前後汽車號牌附近顯明位置處標示「壓縮天然氣汽車」。

十七、免徵使用牌照稅特種車之車身顏色及標識，應符合各該中央目的事業主管機關規定。

　　計程車應於儀錶板上右側與右前座椅背設置執業登記證插座，並於右前座椅背標示牌照號碼；未經核定之標識及裝置不得設置。

　　第一項各款標識材質應為防水漆料或粘貼牢固之材料，其顏色應依規定或為其標示處底色之明顯對比色，且應以正楷字體標明。字體尺度除另有規定者外，應依下列規定：

一、標示於車廂兩邊之汽車所有人，大型車每字至少二十五公分見方，小型車每字至少十六公分見方；標示於兩邊車門之汽車所有人，大型車每字至少八公分見方，小型車每字至少五公分見方。

二、標示於車門或車廂兩邊之總聯結重量、總重量、載重之噸位、乘客人數、出廠年份、大客車分類及牌照號

碼,大型車每字至少四公分見方,小型車每字至少三公分見方。

# 十、教育

## 學校衛生法相關條文

中華民國104年12月30日修正

第 22 條　　學校應加強餐廳、廚房、員生消費合作社之衛生管理。

各級主管機關或學校應辦理前項設施相關人員之衛生訓練、進修及研習。

學校餐飲衛生管理，應符合食品衛生管理法第八條第一項所定食品之良好衛生規範準則。

各級主管機關應督導學校建立餐飲衛生自主管理機制，落實自行檢查管理。學校每週應至少檢查餐飲場所一次，並予記錄；其紀錄應保存三年。

各級教育主管機關應會同農業及衛生主管機關不定期抽查學校餐飲衛生，並由農業或衛生主管機關抽驗學校食品之衛生安全及品質。

第一項及第四項之管理及督導項目、方法、稽查及其他應遵行事項之辦法，由中央主管機關會同中央衛生主管機關定之。

# 十一、法務

## 中華民國九十六年罪犯減刑條例相關條文

第3條　　下列各罪，經宣告死刑、無期徒刑或逾有期徒刑一年六月之刑者，不予減刑：

一、貪污治罪條例第四條至第六條之罪。但依同條例第十二條規定減輕其刑者，不在此限。

二、公職人員選舉罷免法第八十七條、第八十七條之一、第八十七條之二第一項後段、第二項、第八十九條第一項、第二項、第九十條之一第一項、第九十條之二第一項、第二項、第九十一條第一項及第九十一條之一第一項之罪。

三、總統副總統選舉罷免法第八十條、第八十一條、第八十二條第一項後段、第二項、第八十四條第一項、第二項、第八十六條第一項、第八十七條第一項、第八十八條第一項、第八十九條第一項及第六項之罪。

四、槍砲彈藥刀械管制條例第七條、第八條、第十二條第一項至第三項、第十三條第一項、第三項、中華民國九十四年一月二十六日修正公布前之槍砲彈藥刀械管制條例第十條及第十一條之罪。

五、組織犯罪防制條例第三條第一項、第二項、第四條、第六條及第九條之罪。

六、洗錢防制法第九條第一項及第二項之罪。

七、毒品危害防制條例第四條至第六條、第七條第一項、第二項、第八條第一項、第二項、第十二條、第十五條、中華民國九十二年七月九日修正公布前之毒品危

害防制條例第四條至第六條、第七條第一項、第二項、第八條第一項、第二項、第十二條、第十五條、中華民國八十七年五月二十日修正公布前之肅清煙毒條例第五條至第八條之罪。

八、兒童及少年性交易防制條例第二十三條至第二十六條、第二十七條第一項至第五項、第三十條及第三十一條之罪。

九、懲治走私條例第四條至第六條、第九條及第十條之罪。

十、犯銀行法、金融控股公司法、**信用合作社**法、金融資產證券化條例、不動產證券化條例、信託業法、票券金融管理法、證券交易法、期貨交易法、證券投資信託及顧問法、保險法或農業金融法之罪。

十一、妨害國幣懲治條例第三條之罪。

十二、藥事法第八十二條第一項、第二項、第八十三條第一項及第二項之罪。

十三、民用航空法第一百條及第一百零一條之罪。

十四、森林法第五十條、第五十一條第二項、第五十二條第一項、第二項、水土保持法第三十二條第二項、山坡地保育利用條例第三十四條第二項之罪。

十五、刑法第一百三十五條、第一百三十六條第一項後段、第二項、第一百七十三條第一項、第一百七十五條第一項、第一百七十六條故意炸燬第一百七十三條之物、第一百八十五條之一第一項至第五項、第一百八十五條之二、第一百八十五條之三、第一百八十六條之一第二項、第一百九十條第二項、第一百九十條之一第三項、第一百九十一條之一第三項、第一百九十六條第一項、第二百零一條、第二百二十一條、第二百二十二條、第二百二十四條、

第二百二十四條之一、第二百二十五條第一項、第二百二十六條、第二百二十六條之一、第二百二十七條第一項、第二百二十八條第一項、第二百二十九條第一項、第二百四十二條、第二百七十一條、第二百七十二條、第二百七十七條第二項、第二百七十八條第一項、第二項、第二百八十條對於直系血親尊親屬犯第二百七十七條第二項或第二百七十八條第一項、第二項之罪、第二百九十六條、第二百九十六條之一、第二百九十七條、第二百九十八條第二項、第二百九十九條、第三百零二條第二項、第三百零三條對於直系血親尊親屬犯第三百零二條第二項之罪、第三百零五條、第三百二十條、第三百二十一條、第三百二十五條、第三百二十六條、第三百二十八條第一項至第四項、第三百二十九條、第三百三十條、第三百三十二條至第三百三十四條、第三百三十六條第一項、第二項、第三百三十九條、第三百四十二條第一項、第三百四十六條、第三百四十七條第項至第三項及第三百四十八條之罪。

十六、中華民國九十五年七月一日修正施行前之刑法第二百二十三條、第三百二十二條、第三百二十七條、第三百三十一條、第三百四十條、第三百四十五條、洗錢防制法第九條第三項、兒童及少年性交易防制條例第二十三條第三項、第二十四條第三項、第二十五條第三項、第二十七條第五項、藥事法第八十二條第二項及第八十三條第二項之罪。

十七、中華民國九十一年一月三十日公布廢止前之懲治盜匪條例第二條第一項、第二項、第三條第一項、第

二項、第四條第一項、第二項、第五條第一項、第
二項、第六條、中華民國九十三年一月七日公布廢
止前之妨害軍機治罪條例第二條第一項、第三條第
一項及第四條第一項之罪。

十八、中華民國八十八年六月二日修正公布前之麻醉藥品
管理條例第十三條之一第二項第一款至第三款之罪。

十九、陸海空軍刑法第二十條第一項前段、第二項、第三
項、第二十一條、第二十二條第一項前段、第二項
前段、第三項、第二十三條第一項前段、第二項、
第二十四條第一項、第三項、第四十一條第一項前
段、第三項、第四十七條第一項、第四十八條第一
項、第四十九條第一項、第四項、第五十條第一
項、第三項、第五十三條第一項、第二項、第五十
四條、第五十八條第一項前段、第四項、第六十四
條第一項至第四項、第六十五條第一項至第四項、
第六十六條第一項後段、第六十七條、第六十八
條、中華民國九十年十月二日修正施行前第八十三
條、第八十四條、第八十五條盜取財物及第八十七
條之罪。

前項刑法及其特別法之罪，依陸海空軍刑法第七十六
條、第七十七條引置者，亦同。

前二項不予減刑之罪，因法律修正致其條次、法定刑
與修正前之法律有所變更者，如新舊法比較，其構成要件
相當，適用舊法裁判之罪，亦不予減刑。

# 受刑人吸菸管理及戒菸獎勵辦法相關條文

中華民國82年8月16日發布

第7條　　　受刑人吸食之菸，應由監獄**合作社**依市價販賣，不得由外界送入或自行攜入，價款尤其保管金或勞作金中扣除之，品牌及數量得酌予限制。點菸器具由監獄供應。

# 受刑人金錢及物品保管辦法相關條文

中華民國91年3月27日修正

第10條　　　受刑人應得之勞作金，每月由作業科製作勞作金給付清冊提請監務委員會議審議通過，於監內適當地點公布週知後，將該給付清冊送交保管人員，保管人員依清冊製作收入彙總表並登錄勞作金總簿，陳送機關首長核閱，勞作金款項撥交出納人員轉帳至保管金專戶，轉帳通知單送交會計室，保管人員應將收入彙總表分送**合作社**、出納人員與會計室，並由**合作社**登帳入受刑人勞作金分戶卡。

　　　前項儲存之勞作金，除法令規定得自由使用部分外，非有正當理由，報經機關長官核准者，不得動支。

第18條　　　受刑人購物應開立購物三聯單，逐級審核，**合作社**依三聯單登帳、製作報表後送交保管人員，並通知場舍主管登錄手摺。

　　　保管人員依報表結帳、扣款、登錄保管金或勞作金總簿，並製作支出彙總表，陳送機關首長核閱，會計室依彙總表製作支出傳票，由出納人員轉帳至**合作社**專戶後，將匯款通知單送交會計室核對。

　　　保管人員對購物三聯單及扣款名冊之歸檔及銷毀應會

同會計人員依會計法第八十三條、第八十四條及審計法第五十七條規定辦理。

第20條　　受刑人出監，名籍股應通知保管人員、**合作社**、作業科及會計室，由保管人員結算其保管金及勞作金，並查核當日有無購物；保管人員於核對手摺、分戶卡、明細表資料無誤後，經受刑人於出監名冊及分戶卡上簽名捺指印，由週轉金核發該受刑人保管金及勞作金結餘款，並應填具週轉金支用清單，依會計程序，辦理結報。

# 法務部矯正署處務規程相關條文

中華民國99年12月27日發布

第8條　　後勤資源組掌理事項如下：

一、矯正機關名籍、檔案管理之規劃、指導及監督。

二、收容人生活給養、金錢與物品保管之規劃、指導及監督。

三、矯正機關勒戒、戒治費用收取業務之規劃、指導及監督。

四、矯正機關收容人福利事項之規劃、指導及監督。

五、矯正機關**合作社**業務之規劃、指導及監督。

六、矯正機關新建、遷建、擴建、整建計畫之研擬、審核及督導。

七、矯正機關建築修繕、設施改善、設備採購計畫之規劃、審核及督導。

八、矯正機關經費出納之管理及監督。

九、矯正機關財產、物品、車輛及宿舍等事務管理之監督。

十、其他有關後勤資源事項。

# 洗錢防制法相關條文

中華民國98年6月10日修正

第3條　　本法所稱重大犯罪，指下列各款之罪：

一、最輕本刑為五年以上有期徒刑以上之刑之罪。

二、刑法第二百零一條、第二百零一條之一之罪。

三、刑法第二百四十條第三項、第二百四十一條第二項、第二百四十三條第一項之罪。

四、刑法第二百九十六條第一項、第二百九十七條第一項、第二百九十八條第二項、第三百條第一項之罪。

五、兒童及少年性交易防制條例第二十三條第二項至第四項、第二十七條第二項之罪。

六、槍砲彈藥刀械管制條例第十二條第一項至第三項、第十三條第一項、第二項之罪。

七、懲治走私條例第二條第一項、第三條第一項之罪。

八、證券交易法第一百七十一條第一項第一款所定違反同法第一百五十五條第一項、第二項或第一百五十七條之一第一項之規定、第一百七十一條第一項第二款、第三款及第一百七十四條第一項第八款之罪。

九、銀行法第一百二十五條第一項、第一百二十五條之二第一項、第一百二十五條之二第四項適用同條第一項、第一百二十五條之三第一項之罪。

十、破產法第一百五十四條、第一百五十五條之罪。

十一、組織犯罪防制條例第三條第一項、第二項後段、第四條、第六條之罪。

十二、農業金融法第三十九條第一項、第四十條第一項之罪。

十三、票券金融管理法第五十八條第一項、第五十八條之
　　　一第一項之罪。

十四、保險法第一百六十八條之二第一項之罪。

十五、金融控股公司法第五十七條第一項、第五十七條之
　　　一第一項之罪。

十六、信託業法第四十八條之一第一項、第四十八條之二
　　　第一項之罪。

十七、**信用合作社**法第三十八條之二第一項、第三十八條
　　　之三第一項之罪。

十八、本法第十一條之罪。

　　　下列各款之罪，其犯罪所得在新臺幣五百萬元以上
者，亦屬重大犯罪：

一、刑法第三百三十六條第二項、第三百三十九條、第三
　　百四十四條之罪。

二、政府採購法第八十七條第一項、第二項後段至第六
　　項、第八十八條、第八十九條、第九十條第一項、第
　　二項後段、第三項、第九十一條第一項、第二項後
　　段、第三項之罪。

第5條　　本法所稱金融機構，包括下列機構：

一、銀行。

二、信託投資公司。

三、**信用合作社**。

四、農會信用部。

五、漁會信用部。

六、全國農業金庫。

七、辦理儲金匯兌之郵政機構。

八、票券金融公司。

九、信用卡公司。

十、保險公司。

十一、證券商。

十二、證券投資信託事業。

十三、證券金融事業。

十四、證券投資顧問事業。

十五、證券集中保管事業。

十六、期貨商。

十七、信託業。

十八、其他經金融目的事業主管機關指定之金融機構。

　　下列機構適用本法有關金融機構之規定：

一、銀樓業。

二、其他有被利用進行洗錢之虞之機構，經法務部會同中央目的事業主管機關指定者。

　　前二項之中央目的事業主管機關認定有疑義者，由行政院指定目的事業主管機關。

　　第一項、第二項機構所從事之交易，必要時，得由法務部會同中央目的事業主管機關規定其使用現金以外之支付工具。

# 十二、其他

## 中央文職公教人員生活必需品配給辦法相關條文

中華民國78年6月16日修正

第12條　　逐戶分送依左列規定辦理：

一、員工及其親屬每月受領配給實物，採憑票（配給票）配發制。前款配給票，以米、油、煤油、鹽四聯為一組，員工及其親屬大中小口分別印製，其票式另訂之。

二、委託當地**合作社**或農會承辦轄區內配送實物業務，酌給損耗運輸費，其標準另訂之，並視業務需要，得委託市（縣）**合作社**或縣（市）農會代辦指定業務，酌給業務補助費。

前款配送業務之委辦，如當地**合作社**農會均辦理不善，經認定不堪信託時，得另行委託其他適當機構承辦之。

主辦配給單位得設置實驗機構承辦配送業務，以資示範。

## 外匯收支或交易申報辦法相關條文

中華民國102年7月30日修正

第3條　　本辦法所用名詞定義如下：

一、銀行業：指經本行許可辦理外匯業務之銀行、**信用合作社**、農會信用部、漁會信用部及中華郵政股份有限公司。

二、公司：指依中華民國法令在中華民國設立登記或經中華民國政府認許並登記之公司。

三、行號：指依中華民國商業登記法登記之獨資或合夥經
　　營之營利事業。

四、團體：指依中華民國法令經主管機關核准設立之團體。

五、個人：指年滿二十歲領有中華民國國民身分證、臺灣
　　地區相關居留證或外僑居留證證載有效期限一年以上
　　之自然人。

六、非居住民：指未領有臺灣地區相關居留證或外僑居留
　　證，或領有相關居留證但證載有效期限未滿一年之非
　　中華民國國民，或未在中華民國境內依法設立登記之
　　公司、行號、團體，或未經中華民國政府認許之非中
　　華民國法人。

# 立法院退卸職委員禮遇辦法相關條文

中華民國96年11月9日修正

第4條　　　本院得提供退卸職委員服務事項如下：

一、使用本院電子信箱。

二、於退卸職日起一個月內，申請製作本院委員個人網站
　　虛擬主機系統之委員所屬網頁資料電子檔光碟

三、申請製作本院資訊系統由委員個人自行建檔之私有資
　　料電子檔光碟。

四、利用國會圖書館閱覽書報雜誌。

五、利用本院醫療設施；其配偶及直系親屬亦同。

六、需醫療照顧時，給予必要之協助。

七、使用康園餐廳。

八、購買本院員工消費**合作社**供應之貨品。

九、亡故時，給予必要之協助。

十、其他繼續發展之福利設施。

# 立法院維護安全實施辦法相關條文

中華民國90年1月17日修正

第6條　　本院應就門禁、議場、會議室、辦公處所與附屬設施、停車場、康園餐廳及**合作社**等劃分為若干責任區，分別指派專人加強維護安全。

第24條　　本院康園餐廳及**合作社**區應劃定範圍，以與院內辦公區適度隔離。

　　　　　濟南路門定時開放由警衛駐守。

　　　　　非本院人員不得進入辦公區內。

第25條　　本院康園餐廳及**合作社**區各營業部門需向廠商採購進貨時，一律由濟南路門進出。其物品，警衛認為必要時得予檢查。

# 行政院處務規程相關條文

中華民國104年1月29日修正

第9條　　內政衛福勞動處掌理下列事項之政策研議、法案審查、計畫核議及業務督導：

一、戶政、役政、警政、入出國及移民、消防及空中勤務。

二、地政、國土管理、建築研究、宗教禮制、**合作事業**及人民團體。

三、健康促進、衛生醫療服務、全民健康保險、疫病防治、藥物管理及中醫藥發展。

四、福利服務、國民年金、社會救助、社會照顧及社區發展。

五、勞動關係、勞動基準、勞工保險、勞工福祉、勞工安

全衛生、勞動檢查及勞動力發展運用。

六、原住民族自治、教育文化、衛生福利、經濟產業、公共建設及土地管理。

七、其他有關內政、衛生福利、勞動及原住民族事項。

# 押標金保證金暨其他擔保作業辦法相關條文

中華民國102年8月15日修正

第2條　　本法第三十條第二項之用辭定義如下：

一、金融機構：指經中央目的事業主管機關核准得辦理本票、支票或定期存款單之銀行、**信用合作社**、農會信用部、漁會信用部及中華郵政股份有限公司。

二、金融機構本票：指金融機構簽發一定之金額，於指定之到期日由自己或分支機構無條件支付與受款人或執票人之票據。

三、金融機構支票：指金融機構簽發一定之金額，委託其他金融機構或由其自己於見票時無條件支付與受款人或執票人之票據。

四、金融機構保付支票：指金融機構於支票上記載照付或保付或其他同義字樣並簽名之票據。

五、郵政匯票：指由中華郵政股份有限公司所簽發及兌付之匯票。

六、無記名政府公債：指我國政府機關或公營事業所發行之無記名債票。

七、設定質權之金融機構定期存款單：指設定質權予招標機關之金融機構定期存款單，無記名可轉讓金融機構定期存款單。

八、銀行：依銀行法第二條之規定。

九、銀行保兌之不可撤銷擔保信用狀：指外國銀行中未經
　　我國政府認許並在我國境內登記營業之外國銀行所開
　　發之不可撤銷擔保信用狀經銀行保兌者。

十、銀行書面連帶保證：指由銀行開具連帶保證書並負連
　　帶保證責任者。

十一、保險公司：指依保險法經設立許可及核發營業執
　　　照者。

前項第七款設定質權之金融機構定期存款單，得以信
託投資公司代為確定用途信託資金之信託憑證代之。

# 計程車專用無線電臺設置使用管理辦法相關條文

中華民國96年7月13日修正

第3條　　　申請設置電臺者，以具有下列資格之一者為限：

一、計程車客運業。

二、計程車客運服務業。

三、計程車運輸合作社。

四、計程車客運商業同業公會、計程車客運服務業商業同
　　業公會、計程車駕駛員職業工會。

五、警察機關所成立之交通義警、交通服務單位。

六、其他符合設置標準，並經公路主管機關認可之法人、
　　團體。

第6條　　　申請設置電臺者，應檢具下列文件送請當地公路監理
機關審查，審查合格者由當地公路監理機關通知申請人於
一個月內向本會各區監理處繳費領取架設許可證。申請人
未依規定期限繳費者，由當地公路監理機關駁回其申請。
但申請人未能於規定期限繳費者，得於期限屆滿前以書面
敘明正當理由，向當地公路監理機關申請延展一個月，並

以一次為限：

一、計程車專用無線電臺架設許可證申請書。

二、營運計畫書。

三、基地臺所在地之同一計程車營業區域內，計程車所有
　　人架設車臺意願之同意書或駕駛人切結書二百輛份以
　　上。其屬省轄區域計程車數量較少者得酌減為一百五
　　十輛份以上。但申請人如係經社政主管機關核准設
　　立之殘障團體、法人，其份數由當地公路主管機關訂
　　定之。

　　前項第一款文件由本會各區監理處審查，第二款、第
三款文件，由當地公路監理機關審查。

　　對同一營業區內參加申請架設車臺之車輛，以當地公
路監理機關轄區列管之車輛優先受理，再依次考慮同一營
業區內，其他公路監理機關管轄之車輛，但已裝置車臺車
輛或重複申請登記之車輛應予刪除。

　　以計程車運輸**合作社**名義申請者，其申請架設電臺，
以同一**合作社**為限。

# 國軍老舊眷村改建零星餘戶處理辦法相關條文

中華民國104年7月30日修正

第6條　　本辦法所稱成本價格，指下列情形之一：

一、國防部自行改建之住宅社區，依本條例施行細則第十
　　八條計算之房地總價。

二、國軍老舊眷村改建總冊內土地，依都市更新條例以權
　　利變換方式分回之住宅及基地，依更新後計算之房地
　　總價。

三、國軍老舊眷村改建總冊內土地，由國防部與政府機關

聯合開發或合建分回之住宅及基地，以開發契約計算之房地總價。

第9條　　志願役現役軍官、士官得承購之坪型，依國軍老舊眷村改建配售坪型辦法第二條第一項第一款至第三款規定辦理。志願役現役士兵得承購之坪型，依前開辦法第二條第一項第四款規定辦理。

　　　　第二條所定之人員價購國軍老舊眷村改建配售坪型辦法第二條第一項第五款規定之十二坪型住宅者，不適用前項規定。

# 督促程序使用電腦或其他科技設備作業辦法相關條文

中華民國104年8月10日修正

第3條　　本辦法用詞定義如下：

一、金融機構：指銀行、**信用合作社**、農會信用部、漁會信用部、票券金融公司、信用卡業務機構及郵政儲金匯業局。

二、電信事業：指經營以電信設備提供通信服務供公眾使用之事業。

三、使用電腦設備聲請依督促程序發支付命令：指金融機構或電信事業以網路聲請發支付命令及線上繳納督促程序聲請費，並由法院接收電子資料製作支付命令。

# 審計機關審核公私合營事業辦法相關條文

中華民國105年2月22日修正

第2條　　本辦法所稱公私合營事業範圍如左：

一、政府與人民合資經營，政府資本未超過百分之五十者。

二、公有營事業機關及各基金轉投資於其他事業，其轉投資之資本額未超過該事業資本百分之五十者。

三、公有營事業機關及各基金接受政府委託代管公庫對國外**合作事業**及國內民營事業直接投資，政府資本未超過該合資事業百分之五十者。

四、政府及其所屬機關或基金投資國際金融機構或與國外合作而投資於其公私企業者。

# 附錄、廢止之合作社相關法規

- 九二一震災災區災民經營勞動合作社補助辦法（民國95年02月04日）
- 市區鄉鎮保合作社章程準則（民國92年01月22日）
- 各種專業合作社章程準則（民國92年01月24日）
- 金融主管機關受託統一管理信用合作社暫行辦法（民國89年12月07日）
- 省、縣、市合作社聯合社章程準則（民國92年01月24日）
- 退除役軍官力行生產合作社經營實施辦法（民國90年09月03日）
- 臺灣省青果運銷合作社輔導辦法（民國95年04月17日）
- 設置合作農場辦法（民國104年09月07日）
- 青果運銷合作社監事會監查規則（民國81年01月15日）
- 信用合作社內部控制及稽核制度實施辦法（民國99年03月29日）
- 信用合作社安定基金設置及管理辦法（民國90年10月04日）
- 信用合作社安定基金貸款審核準則（民國90年10月04日）
- 信用合作社放款審核委員會組織準則（民國83年10月18日）
- 信用合作社社員代表暨監事暨經理人選聘準則（民國85年06月28日）
- 信用合作社建立稽核制度實施辦法（民國83年10月20日）
- 信用合作社理監事獎金發給辦法（民國83年01月25日）
- 信用合作社資金融通及管理辦法（民國83年06月09日）
- 信用合作社資產重估辦法（民國90年11月14日）
- 信用合作社資產增值處理辦法（民國92年01月22日）
- 信用合作社暨農、漁會信用部業務輔導辦法（民國88年06月29日）
- 信用合作社暨農漁會信用部業務輔導辦法（民國88年06月29日）
- 信用合作社管理辦法（民國89年08月09日）
- 信用合作社內部控制及稽核制度實施辦法（民國99年03月29日）

- 信用合作社安定基金設置及管理辦法（民國90年10月04日）
- 信用合作社安定基金貸款審核準則（民國90年10月04日）
- 信用合作社放款審核委員會組織準則（民國83年10月18日）
- 信用合作社社員代表理監事暨經理人選聘準則（民國85年06月28日）
- 信用合作社建立稽核制度實施辦法（民國83年10月20日）
- 信用合作社理監事獎金發給辦法（民國83年01月25日）
- 信用合作社資金融通及管理辦法（民國83年06月09日）
- 信用合作社資產重估辦法（民國90年11月14日）
- 信用合作社資產增值處理辦法（民國92年01月22日）
- 信用合作社暨農、漁會信用部業務輔導辦法（民國88年06月29日）
- 信用合作社暨農漁會信用部業務輔導辦法（民國88年06月29日）
- 信用合作社管理辦法（民國89年08月09日）
- 九二一震災重建暫行條例（民國95年02月04日）
- 人民幣在臺灣地區管理及清算辦法（民國102年08月30日）
- 大陸地區財金專業人士來臺從事財金事務相關活動許可辦法（民國87年06月29日）
- 大陸地區農業專業人士來臺從事農業相關活動許可辦法（民國87年06月29日）
- 中央存款保險公司檢查金融機構業務辦法（民國92年10月29日）
- 中央銀行委託臺灣省合作金庫檢查基層金融機構業務辦法（民國85年06月29日）
- 中央銀行檢查金融機構業務辦法（民國91年12月25日）
- 內政部警政署保安警察第七總隊辦事細則（81.07.29訂定）（民國103年02月11日）
- 支票存款戶處理辦法（民國92年03月04日）
- 企業併購償還積欠銀行債務免徵營利事業所得稅辦法（民國96年02月08日）

- 合作金庫條例（民國104年07月01日）
- 在中華民國舉辦商展辦法（民國92年03月12日）
- 行政院金融重建基金處理經營不善金融機構作業辦法（民國101年01月01日）
- 行政院金融監督管理委員會銀行局暫行組織規程（民國98年01月16日）
- 行政院金融監督管理委員會銀行局辦事細則（民國98年01月16日）
- 行政院原住民族委員會辦事細則（民國103年03月24日）
- 行政院國軍退除役官兵輔導委員會各農場退除役官兵農業生產輔導辦法（民國90年）
- 行政院國軍退除役官兵輔導委員會辦事細則（民國102年10月30日）
- 事務管理規則（民國94年06月29日）
- 金融業申請電腦處理個人資料登記程序許可要件及收費標準（民國99年10月26日）
- 金融機構申請派員出國處理準則（民國79年04月09日）
- 金融機構設置簡易型分行管理辦法（民國96年01月16日）
- 金融機構監管接管辦法（民國100年01月12日）
- 金融機構辦理莫拉克颱風受災居民債務展延利息補貼辦法（民國103年10月30日）
- 保險業管理辦法（民國97年01月09日）
- 政府開發工業區設置托兒所土地出租辦法（民國90年09月12日）
- 財政部及中央銀行共同委託中央存款保險公司檢查基層金融機構業務辦法（民國87年07月01日）
- 財政部委託中央存款保險公司檢查基層金融機構業務辦法（民國93年06月29日）
- 財政部委託中央銀行檢查金融機構業務辦法（民國93年06月29日）
- 財政部金融局辦事細則（民國102年01月08日）

- 國防部總政治作戰局辦事細則（97.01.04訂定）（民國101年12月30日）
- 第二屆立法委員選舉政黨使用電視從事競選宣傳辦法（民國83年05月04日）
- 勞工退休基金監理會組織法（民國104年06月24日）
- 進出口貨物彙總清關實施辦法（民國94年09月16日）
- 農田水利會會務委員遴派辦法（民國93年10月15日）
- 農倉業法（民國89年11月01日）
- 農業推廣規程（民國89年08月30日）
- 農業產銷班組織輔導辦法（民國93年09月15日）
- 臺灣地區洋菸洋酒管理辦法（民國90年12月30日）
- 臺灣地區菸酒零售管理辦法（民國90年12月30日）
- 銀行發行現金儲值卡許可及管理辦法（民國104年04月23日）
- 銀行辦理票據承兌、保證及貼現業務辦法（民國91年02月20日）
- 獎勵投資條例（民國80年01月30日）
- 學校衛生保健實施辦法（民國100年05月12日）
- 糧商登記規則（民國87年09月30日）
- 職業介紹法（民國81年05月08日）
- 公民營事業申請聘僱外籍或僑居國外人員辦法（民國85年03月06日）
- 直轄市自治法（民國88年04月14日）
- 省縣自治法（民國88年04月14日）

Do觀點41　PF0178

# 中華民國合作社法規彙編

---

**編　　著**／蘇佳善
**責任編輯**／杜國維
**圖文排版**／楊家齊
**封面設計**／蔡瑋筠

**出版策劃**／獨立作家
**發 行 人**／宋政坤
**法律顧問**／毛國樑　律師
**製作發行**／秀威資訊科技股份有限公司
　　　　　　地址：114 台北市內湖區瑞光路76巷65號1樓
　　　　　　電話：+886-2-2796-3638　傳真：+886-2-2796-1377
　　　　　　服務信箱：service@showwe.com.tw
**展售門市**／國家書店【松江門市】
　　　　　　地址：104 台北市中山區松江路209號1樓
　　　　　　電話：+886-2-2518-0207　傳真：+886-2-2518-0778
**網路訂購**／秀威網路書店：https://store.showwe.tw
　　　　　　國家網路書店：https://www.govbooks.com.tw

**出版日期**／2016年7月　BOD一版　**定價**／570元

| 獨立 | 作家 |
Independent Author

寫自己的故事，唱自己的歌

中華民國合作社法規彙編 / 蘇佳善編著. -- 一版.
-- 臺北市：獨立作家, 2016.07
　　面；　公分. -- (Do觀點；41)
　BOD版
　ISBN 978-986-93153-4-0(平裝)

　1. 合作法規

559.1                                        105009514

國家圖書館出版品預行編目

# 讀 者 回 函 卡

感謝您購買本書，為提升服務品質，請填妥以下資料，將讀者回函卡直接寄
回或傳真本公司，收到您的寶貴意見後，我們會收藏記錄及檢討，謝謝！
如您需要了解本公司最新出版書目、購書優惠或企劃活動，歡迎您上網查詢
或下載相關資料：http:// www.showwe.com.tw

您購買的書名：＿＿＿＿＿＿＿＿＿＿＿＿＿＿＿＿＿＿＿＿＿＿＿＿

出生日期：＿＿＿＿＿年＿＿＿＿＿月＿＿＿＿日

學歷：□高中 (含) 以下　　□大專　　□研究所 (含) 以上

職業：□製造業　□金融業　□資訊業　□軍警　□傳播業　□自由業
　　　□服務業　□公務員　□教職　　□學生　□家管　　□其它＿＿＿

購書地點：□網路書店　□實體書店　□書展　□郵購　□贈閱　□其他

您從何得知本書的消息？

　□網路書店　□實體書店　□網路搜尋　□電子報　□書訊　□雜誌

　□傳播媒體　□親友推薦　□網站推薦　□部落格　□其他＿＿＿＿＿＿

您對本書的評價：（請填代號　1.非常滿意　2.滿意　3.尚可　4.再改進）

　封面設計＿＿＿　版面編排＿＿＿　內容＿＿＿　文／譯筆＿＿＿　價格＿＿＿

讀完書後您覺得：

　□很有收穫　□有收穫　□收穫不多　□沒收穫

對我們的建議：＿＿＿＿＿＿＿＿＿＿＿＿＿＿＿＿＿＿＿＿＿＿＿

＿＿＿＿＿＿＿＿＿＿＿＿＿＿＿＿＿＿＿＿＿＿＿＿＿＿＿＿＿＿＿

＿＿＿＿＿＿＿＿＿＿＿＿＿＿＿＿＿＿＿＿＿＿＿＿＿＿＿＿＿＿＿

11466
台北市內湖區瑞光路 76 巷 65 號 1 樓
## 獨立作家讀者服務部　　　　收

......................................................................

（請沿線對折寄回，謝謝！）

姓　　名：＿＿＿＿＿＿＿＿＿　年齡：＿＿＿＿　性別：□女　□男

郵遞區號：□□□□□

地　　址：＿＿＿＿＿＿＿＿＿＿＿＿＿＿＿＿＿＿＿＿＿＿＿

聯絡電話：(日) ＿＿＿＿＿＿＿＿＿　(夜) ＿＿＿＿＿＿＿＿＿＿

E-mail：＿＿＿＿＿＿＿＿＿＿＿＿＿＿＿＿＿＿＿＿＿＿＿